100% KROATIË & SLOVENIË

DOOR TOM NØRGAARD

ZEKER DOEN

OVERNACHTEN

- **Ljubljana**, Celica hostel ▷ 101
- **Podčetrtek**, Hotel Sotelia ▷ 134
- **Zagreb**, Hotel Regent Esplanade ▷ 71
- **Opatija**, Design hotel Astoria ▷ 37
- **Rovinj**, Hotel-Villa Angelo D'Oro ▷ 36

SHOPPEN

- **Bled**, Atelje Laurus ▷ 127
- **Ljubljana**, Rogaška ▷ 103
- **Zagreb**, Modni atelier Boudoir ▷ 77
- **Split**, Vismarkt ▷ 44
- **Livade**, Restaurant Zigante ▷ 33

ETEN & DRINKEN

- **Ljubljana**, Restaurant Pri Vitezu ▷ 98
- **Kobarid**, Restaurant Hiša Franko ▷ 113
- **Pula**, Valsabbion ▷ 30
- **Rovinj**, Monte ▷ 37
- **Dubrovnik**, Gil's ▷ 60

UITGAAN

- **Zagreb**, Bogovićeva ▷ 70
- **Ljubljana**, Le Petit café ▷ 103
- **Dubrovnik**, Buža beach bar ▷ 58
- **Rovinj**, Valentino bar ▷ 38
- **Hvar**, Hula Hula Beach Bar ▷ 51

MET DE KIDS

- **Ljubljana**, Atlantis Water Park ▷ 100
- **Izola**, Parenzanamuseum ▷ 106
- **Bled**, Zomersleebaan ▷ 120
- **Istriê**, Zelena laguna ▷ 28

DE NATUUR IN

- **Škocjanske jame**, ▷ 111
- **Het Sočadal**, ▷ 112
- **Bohinj en Triglav Nationaal park**, ▷ 123
- **Plitvice Nationaal park**, ▷ 21

INHOUD

VOORWOORD

Aan het eind van de middag baden de adellijke paleizen in het zonlicht. Een groepje kinderen kan maar moeilijk afscheid nemen van opblaaskrokodillen en luchtbedden. *'Neću!'*, roept een meisje naar haar ongeduldige vader, die haar het water uit wil hebben – 'ik wil niet!' De vriendinnen die paraderen over de strandboulevard zijn ook al opstandig. Minimalistisch gekleed en met een houding van 'je kan me wat' trekken ze flink de aandacht. Ook het personeel, dat met de armen over elkaar staat te roken voor de restaurantjes aan de haven, blijft het niet onopgemerkt.

Even verderop is een buschauffeur aan de praat geraakt met een paar Noorse toeristen, die op zoek zijn naar een ondergrondse grot. Terwijl hij hen de weg wijst, roept hij uit: 'Dit is het mooiste land ter wereld'. Toch is hij oud genoeg om te weten dat vrede, rust en idylle in deze omgeving slechts welkome afwisselingen vormden in conflicten, oorlogen en catastrofes. Maar misschien is dit écht het begin van een nieuw hoofdstuk?

Aan zelfvertrouwen ontbreekt het Kroatië en Slovenië in elk geval niet. Na een aanloop van vele jaren zijn deze voormalige Joegoslavische republieken nu serieus bezig zich te positioneren als populaire Middellandse Zeelanden. Met een kust van bijna 6000 kilometer, havens die tot de schoonste van Europa gerekend worden, een voor een groot deel onontdekte archipel en oude steden die belangrijke cultuurhistorische schatten in zich bergen, presenteert Kroatië zich als *De Middellandse Zee zoals die vroeger was*. En in Slovenië – dat vaak ten onrechte gezien werd als het land waar zonliefhebbers alleen kwamen op weg naar het zuiden – ontdekte men dat het land ook veel te bieden heeft. Het dwerglandje met zijn grote geografische verschillen doet denken aan een modeltreinlandschap waar tijdens een rondrit maar weinig stations worden aangedaan tussen de Adriatische kust, de Alpen, de onderaardse grotten en de als rustoorden geëxploiteerde thermische bronnen.

Kroatië en Slovenië hebben veel gemeen. De Romeinen waren hier, de Habsburgers regeerden hier, Tito verenigde de twee landen in het communistische Joegoslavië en beide landen delen zowel de landsgrenzen als het vakantieschiereiland Istrië.

Er zijn echter ook belangrijke verschillen. Waar Slovenië zich bijna ongemerkt kon losmaken uit Joegoslavië en koers richting EU zette, moest Kroatië een lange, moeizame omweg met oorlog en grensconflicten maken. Maar nu gaat het de goede kant op. En velen die *Balkan's darlings* de komende jaren bezoeken, zullen net als het meisje in het water *'Neću!'* roepen bij vertrek.

Tom Nørgaard

SLECHTS WEINIGEN WAGEN ZICH TIJDENS DE SIËSTA BUITEN IN DE HITTE. PASTELKLEUREN LICHTEN BETOVEREND OP IN DE MIDDAGZON

KROATIË NU

Op strandslippers. Op petten en T-shirts. Op etiketten en souvenirs. Op straat en in de kerk. Op gebroken armen in het gips. De geblokte Kroatische vlag zie je overal. De nationale trots is groot. En als je eerste ontmoeting met Kroatië bestaat uit promenades met palmen in Dalmatië, jachthavens vol zonnebadende meisjes op het jacht van hun ouders, of uit oude steden op Istrië met Venetiaanse charme, dan begrijp je direct dat de Kroaten van hun land houden. Hun zelfvertrouwen wordt gesterkt tijdens sportwedstrijden – met grote triomfen op wereldkampioenschappen, Olympische Spelen en Davis Cup bereikt Kroatië opmerkelijke resultaten voor een natie met slechts 4,5 miljoen inwoners.

DE GEBLOKTE KROATISCHE VLAG ZIE JE OVERAL. DE NATIONALE TROTS IS GROOT.

KRASSEN IN DE LAK

Kroatië is zeker geen poesieplaatjesland. Ook al kwam het goed uit de breuk met Joegoslavië, er liggen lijken in de kast. Opvallend zijn de houding ten opzichte van de eigen rol tijdens de oorlog in Joegoslavië en het tegenwerken van het Joegoslavië-tribunaal. En als je overal op straat graffiti en T-shirts ziet die sympathiseren met de gearresteerde generaal Ante Gotovina, kom je erachter je dat oorlogsmisdadigers nog steeds als nationale helden gezien worden. Maar Kroatië moet ook vechten tegen corruptie en georganiseerde misdaad. Dat merk je niet als je als gast naar dit land komt, maar journalisten die de duistere onderwereld met het vele geld belichten, voelen het daarentegen vaak maar al te goed. Toen misdaadverslaggever Dusan Milijus in juni 2008 voor zijn huis in Zagreb mishandeld werd, was dat een 'bedankje' voor het doorlichten van de wapensmokkel tussen de EU en voormalig Joegoslavië. Het incident zorgde ervoor dat vele collega's meeliepen in een protestmars. Ze hadden er genoeg van: de politiek doet niet genoeg, niet om gangsters af te remmen, niet om journalisten die het gevecht tegen hen opnemen, te beschermen.

SOLO OF SAMEN

Zodoende kon Kroatië pas later beginnen met de onderhandelingen over toetreding tot de EU dan bijvoorbeeld buurland Slovenië. Kroatië is al vanaf 2009 lid van de NAVO, maar treedt in 2010 toe tot de EU. Niet tot ieders genoegen overigens, want beide lidmaatschappen brengen verplichtingen met zich mee. Als het contract ondertekend is, kan Kroatië niet langer volstaan met het tonen van de geblokte vlag. Maar er zijn er ook die vinden dat Kroatië zich net zo goed zelf kan redden. Het heeft immers bijna 6000 kilometer kust, het schoonste zwemwater van de Adriatische Zee en een toeristenindustrie die zich in sneltreinvaart ontwikkelt.

KROATIË IN HET KORT

Oppervlakte: 56.542 km² (NL 41.526)
Kustlijn: 5.835 km inclusief eilanden (kustlijn van de eilanden: 4.058 km)
Eilanden: 1.185; waarvan 67 bewoond
Grenzen: Slovenië, Bosnië en Herzegovina, Servië, Montenegro, Hongarije
Hoogste punt: Dinara, 1.831 m
Bevolkingsgrootte: 4.437.000 inwoners (2009)
Hoofdstad: Zagreb, 779.145 inwoners (2009)
Op een na grootste stad: Split (189.000)
Staatshoofd: President Stjepan (Stipe) Mesić, premier Ivo Sanader
Taal: Kroatisch, Latijns alfabet
Religie: 88% katholiek, 4,4% orthodox, 1,3% moslim
Belangrijkste sectoren: landbouw, visserij en toerisme
Werkeloosheid: ca. 12%
Onafhankelijk: Van Joegoslavië, 25 juni 1991

VOOR GOD EN VADERLAND

Meisjes gekleed in strakke jurkjes ver boven de knie, doen Paris Hilton er als het braafste meisje van de klas uitzien. Hun vriendjes bestellen champagne zonder op de prijs te letten. De privéhelikopter is geland op het jacht aan de kade onder aan de torenhoge stadsmuur. Nouveaux riche Russen en de jonge Kroatische elite gaan 's avonds de strijd aan met de haute cuisine. Ook al liggen de Franse gastronomische uitdrukkingen niet meteen op het puntje van hun tong, niets kan het vrolijke avondje uit bederven. Het stijlvol geklede personeel stoort zich nergens aan; het kan rekenen op een flinke fooi zodra de rekening betaald wordt.

LUXELEVEN EN SCHADUWBESTAAN

In Dubrovnik en op het jetset vakantie-eiland Hvar denk je al snel dat Kroaten zwemmen in het geld. Het Balkanequivalent van de Franse Rivièra is de afgelopen jaren uitgegroeid tot favoriete zomerbestemming van de Europese crème de la crème. In het exclusieve gastenboek hebben zich dan ook al leden van verschillende koningshuizen ingeschreven – dit deel van Dalmatië is erg populair onder toeristen die niet op hun reisbudget hoeven te letten.

Maar Kroatië is een klein land met grote verschillen. Verschillen in geografie, economie en mentaliteit. De kust spiegelt zich aan Italië en de Adriatische Zee met een parelsnoer van idyllische gehuchten. Stadjes versierd met oude, adellijke paleizen en aantrekkelijke vakantieresorts. Oker- en zandkleurige huizen met oranje dakpannen spelen een prachtig kleurenspel met de turquoise zee. Het milde Middellandse Zeeklimaat zorgt ervoor dat je je tempo een tandje terugschroeft.

De keerzijde wordt gevormd door Bosnië en Servië. Daar is het land vlak en lijkt de vegetatie trots. Alles is verweerd en overal ligt kreupelhout. Schoorstenen die reiken naar de duistere Dinarische bergtoppen. En boeren die hun territorium en ingebakken tradities wantrouwig koesteren. Passiviteit en kettingrokende mannen die de tijd stukslaan in bouwvallige cafeetjes. Grensgebieden die gebukt gaan onder werkeloosheid en verzinken in het economische moeras dat de Joegoslavische burgeroorlog veroorzaakte.

KERK EN NATIE

Met een gemiddeld inkomen van zo'n € 675 per maand vormt het bestaan voor velen een taai gevecht. In de Kroatische media lees je hoe gezinnen met twee werkeloze volwassenen zich moeten zien te redden voor minder dan € 400 per maand. En maar weinigen kunnen rekenen op een pensioen van meer dan een paar honderd euro. En ook al zijn levensmiddelen en woonruimte goedkoper dan in de EU, het is onder deze omstandigheden bijna onmogelijk om zonder zwart werk,

OOK AL ZIJN DE KROATEN GELOVIG, MEISJES WETEN HEEL GOED HOE ZE MET AARDSE VERLEIDINGEN OM MOETEN GAAN.

een dubieuze moraal of hulp van Onze Lieve Heer te overleven.

Vooral het geloof heeft de Kroaten stevig in zijn greep. De zondagse mis wordt goed bezocht. Het katholicisme is na de val van het communistische Joegoslavië een nationaal handelsmerk geworden, en een steeds belangrijker deel van de collectieve identiteit. Want de kerk in Kroatië bestaat uit meer dan mirakels, vergiffenis in de biechtstoel en een schouder om op te huilen. De kerk heeft veel invloed en over bijna alles een mening. Ook over sluitingstijden en andere politieke onderwerpen.

Met de sterke katholieke kerk in gedachte is het niet vreemd dat Kroaten met conservatieve ogen naar zaken als homoseksualiteit kijken. Daarnaast is de kerk verantwoordelijk voor de ongenuanceerde kijk van veel Kroaten op de eigen rol tijdens de oorlog in het vaderland en buurland Bosnië en Herzegovina. De kardinalen koesterden niet alleen sympathie voor Kroatische generaals die vervolgd en veroordeeld zijn voor het deporteren en vermoorden van burgers. Zij zouden zelfs de uitlevering van verantwoordelijken voor oorlogsmisdrijven aan het oorlogstribunaal in Den Haag hebben vertraagd. Maar daar is de kerk zeker niet minder populair door geworden. Want de Kroaten mogen dan van God houden, het vaderland verafgoden ze. En het beschermen daarvan heiligt alle middelen, vinden velen.

DE STEM VAN HET GEWETEN

Intussen zijn er ook mensen die een beroep doen op het geweten van de natie en aanzetten tot collectieve reflectie. Of die hun vlijmscherpe pen in Kroatiës ongeheelde wonden boren. De markantste geluiden komen van vrouwen.

Slavenka Drakulić, die tegenwoordig in Zweden woont, wekte internationaal opzien in debatten en als essayist. In de essaybundel *Balkan Express* uit 1993 ontleedde ze de aard van de oorlog en betoogde ze hoe mensen er ongemerkt door veranderen en medeschuldig gemaakt worden. Schuld is ook het thema van haar laatste boek, *Ze zouden nog geen vlieg kwaad doen* uit 2004. Vanaf de publieke tribune in het Joegoslavië-tribunaal in Den Haag komt ze hierin dicht bij een verklaring voor het deelnemen van gewone mensen aan de bloedige roes die de Balkan de eerste helft van de jaren '90 in zijn greep hield.

Journaliste, schrijfster en maatschappijcritica Vedrana Rudan gaat polemischer en provocerender te werk. Als frequente gast op Kroatische televisie presenteert zij zich altijd als het nationale enfant terrible en grijpt ze elke gelegenheid aan om vastgeroeste rolpatronen en westerse hoogmoed aan te vallen; niemand ontkomt. Ook God en het Vaderland niet – of degenen die de oorlog benutten om zich een luxe leventje aan de mondaine kust te verschaffen.

STRIPHELDEN EN TRAGIKOMEDIES

In de vorige eeuw bestond er voor alle problemen een oplossing. Die kwam van één man. Een oudere, halfkalende man met bolhoed, witte baard, ronde bril en kleurig vlinderdasje. In zijn laboratorium was hij omringd door glazen kolven, giftig uitziende vloeistoffen en een wondermachine die aangetrapt moest worden als een wetenschappelijke fiets. Van daaruit hielp hij kinderen, huisdieren, politieagenten, ambtenaren die levensmoe zijn, ouderen of andere gekwelde mensen.

Zijn naam was Professor Baltazar en in een serie van 59 films raakte deze mensen- en dierenvriend ook wereldwijd bekend bij miljoenen kijkers. De serie werd van 1967 tot 1978 gemaakt en is tot op heden het grootste internationale succes van productiemaatschappij Zagreb film, opgericht in 1953.

DE DOOD VAN EEN STRIPHELD

Zagreb Film specialiseerde zich van het begin af aan in tekenfilms; een discipline waar Kroatië trots op is. De geestelijk vader van professor Baltazar, Zlatko Grgic, was tot zijn dood in 1988 een van Kroatiës bekendste striptekenaars. De tekenfilmmakers van Zagreb Film ontwikkelden een eigen stijl. In 1963 doorbrak een van hen, de Montenegrijnse Dusan Vukatic, het Disney-monopolie door als eerste niet-amerikaan een Oscar te winnen voor de beste tekenfilm. Zagreb Film stond voor een baanbrekende stijl, maar vergat zich later te vernieuwen. Na de successen van de jaren 60 en 70 kreeg het de nieuwere tekenfilmtechnieken nooit echt goed onder knie. Toen rond 1990 nam de politieke onrust in Joegoslavië toe en de oorlog uitbrak, moesten tijd en geld ergens anders aan besteed worden.

TEKENFILMS MET EEN MENING

Nu krabbelt de Kroatische tekenfilm weer op. Maar ook al bestaat Zagreb Film nog steeds, het zijn vooral jonge kunst- en media-talenten die het estafettestokje overgenomen hebben. Zoals de gelauwerde videokunstenares Ana Husman uit Zagreb, die de zogenaamde *stop motion* of *frame by frame*-techniek

gebruikt – een vorm waarbij met tussenposes losse beelden (frames) worden gemaakt, die vervolgens achter elkaar in een snelle weergave worden afgespeeld, waardoor voorwerpen zelfstandig lijken te handelen (zoals bijoorbeeld een tomaat die zichzelf schilt). Ze maakt echter ook gebruik van echte mensen en in de korte film *Plac* (de Markt) neemt zij het Kroatische patriottisme geraffineerd onder de loep. Is Kroatische groente en fruit beter dan andere, zoals de filmpersonages suggereren? Husman is samen met haar inspirator, de pionier van de Kroatische videokunst Ivan Ladislav Galeta, te zien op de jaarlijkse festivals in de hoofdstad Zagreb, waaronder het traditierijke Animafest.

OORLOG OP HET FILMDOEK

Waar Kroatië altijd voorop liep als het om tekenfilms ging, stond men op het gebied van speelfilms in de schaduw van buurrepubliek Servië. En zo is het nog steeds. Acteurs als Mira Furlan en Rade Serbedzija hebben in het buitenland carrière gemaakt met rollen in grote films en tv-series als *Lost* en *24*, maar als filmland heeft Kroatië zijn grote internationale doorbraak nog tegoed. Er is niemand zoals de Servische Emir Kusturica of zoals Danis Tanovic uit Bosnië en Herzegovina, die Oscars of andere grote filmprijzen wint. Maar toch worden er in Kroatië mooie films gemaakt. Net als de filmmakers in de Zuid-Slavische buurlanden, blijven jonge Kroatische

regisseurs hangen in de naweeën van oorlog van de jaren 90. Er zijn er helaas niet veel die de goedkeuring van de Nederlandse distributiemaatschappijen, kunnen wegdragen, maar bij verschillende gelegenheden waren er op filmfestivals toch nieuwe Kroatische films te zien, waaronder de pikzwarte tragikomedie *Fine mrtve djevojke* (Fine Dead Girls, 2002) van Dalibor Matanic. Deze wordt, zoals vele naoorlogse films, gedreven door een burleske woestheid – een bijzonder kenmerk van films uit de Balkan. Houd ook de jonge regisseur Vinko Bresan in de gaten, die met zijn film over de oorlog en het vroegere Joegoslavië zijn naam gevestigd heeft als grootste hoop van de Kroatische film. Zijn film *Svedoci* (Getuigen) was in 2004 in Berlijn genomineerd voor een Gouden Beer, maar op het controversiele plot, waarin de Kroaten te zien zijn als schurken en de Serviërs als slachtoffers, kreeg hij in het vaderland ook kritiek. Tegenwoordig is Vinko Bresan desalniettemin directeur van Zagreb Film – daar waar het sprookje over Professor Baltazar begon.

NAÏEVE KUNST

De afstand tussen enerzijds tekenfilms en barokke oorlogsdrama's en anderzijds het vlaggenschip van de Kroatische naoorlogse kunst – het naïeve – is uiteindelijk niet zo groot. De Kroatische Naïeven schilderen de wereld met dezelfde mix van kleuren, montere wildheid en afwijkende perspectieven als de tekenfilmtekenaars en -regisseurs. Hier zie je wulpse dames met grote brillen, slungelige mannen die meisjes op hun achterwerk slaan op losgeslagen dorpsfeesten en beschonken dwazen die in de verte buiten het doek staren. De naïeve kunst was oorspronkelijk het creatieve uitdrukkingsmiddel van boeren en simpele mensen, maar de talentvolste beoefenaars ervan werden in de loop der tijd toch succesvol. De grootsten van de Kroatische Naïeven, Ivan en Josip Generalic, Franjo Mraz en Franjo Gazi, komen allemaal uit Hlebine – een dorp in noordwest Kroatië, dat door hun toedoen internationaal bekend raakte. Ze zijn allemaal te zien in de Galerie voor Naïeve Kunst in de hoofdstad Zagreb – de thuishaven van professor Baltazar en de Kroatische cultuur.

DE MAN DIE OOIT DE HELE WERELD KON REDDEN HEEFT JONG GEZELSCHAP GEKREGEN. PROFESSOR BALTAZAR EN ANA HUSMAN.

PATRIOTTISME, PORNO EN POP

31 Mei 2008. Het is een bijna tropische voorjaarsavond. Na een paar hete dagen trekken zware, zwarte wolken zich samen boven Trg bana Jelačića in Zagreb. Politie en veiligheidsmensen zijn in groten getale uitgerukt – meer dan 55.000 mensen worden op het centrale plein verwacht. Als vijf uur voor het begin van het concert arriveren oorlogsveteranen en jongeren uit de voorsteden die op de eerste rij willen staan. Het zijn aanhangers van de fascistische *Ustaša*-beweging – een beweging, aangevoerd door Ante Pavelić, die van Kroatië tijdens de Tweede Wereldoorlog een nazi-vazalstaat maakte. Het is geen toeval dat de jonge concertbezoekers met de fascistische voorgeschiedenis flirten. De sterren van die avond doen dat namelijk ook.

VERNOEMD NAAR EEN MACHINEPISTOOL

Als Marko Perković-Thompson het toneel opkomt, wordt hij verwelkomd met een collectief gebrul. Zijn beginleus *Za Dom spremni*, *Paraat voor het vaderland*, wordt prompt beantwoord door een bulderend *spremni*: Wij zijn paraat! Geen onschuldige beleefdheidsuitwisselingen. Volgens Perković-Thompson werd deze begroeting al in het begin van de 19e eeuw gebruikt, maar iedereen verbindt hem met de strijdkreet van de Ustaša. Perković-Thompsons Amerikaans klinkende kunstenaarsnaam stamt eveneens uit de oorlog; Thompson is de naam van een machinepistool, dat de rockster begin jaren 90 gebruikte bij het verdedigen van zijn vaderland tegen de Serviërs. Het nummer *Boj na Cavoglave*, *Cavoglave slagveld*, waar ze mee doorbraken, is geïnspireerd op die ervaringen. Het concert in Zagreb wordt gehouden op de dag waarop de Kroaten eren wat zij met een positief beladen woord noemen *Dan branitelja – De dag van de verdedigingssoldaten*.

MUZIKAAL PATRIOTTISME

Thompsons hits nodigen met hun mengsel van pompende volksmuziek, traditionele rock-'n-roll en onverhuld patriottisme uit tot controverses – maar ook tot meezingen. De liefdesverklaring aan het vaderland, *Lijepa li si, Zo mooi ben jij*, wordt onder andere gespeeld als het Kroatische nationale voetbalelftal een thuiswestrijd speelt in Zagreb. In Nederland zijn zijn concerten verboden, maar thuis en in landen als de USA, Canada en Australië vult hij grote stadions met oorlogsveteranen, sportsterren, fotomodellen en skinheads. En patriottische nakomelingen van Kroaten die, nadat ze tijdens de Tweede Wereldoorlog behoorden tot de extreemrechtse vleugel, vluchtten toen de communisten aan de macht kwamen.

Het huidige staatshoofd Stipe Mesić heeft de volkszanger meerdere keren verdoemd, maar onder het gewone volk blijft

SEVERINA EN MARKO PERKOVIC-THOMPSON HEBBEN IEDER OP HUN EIGEN TERREIN VEEL FANS.

hij populair. 'Hij houdt gewoon van zijn land – en wat is daar mis mee?' Dezelfde houding heeft men bij het uitleveren van hoge militairen aan het Joegoslavië-tribunaal in Den Haag. Thompson zelf zegt dat zijn liedjes alleen maar over God, familie en vaderland gaan – een drie-eenheid die in Kroatië aanslaat. Zijn tijd is nog lang niet voorbij.

Thompson is een van de bestverkopende artiesten in Kroatië. En de trouwe fans kunnen er geen genoeg van krijgen. Ook al stortregent het in Zagreb op de Dag van de verdedigingssoldaten, de geblokte vlag wappert over Trg bana Jelačića.

JOEGOSLAVISCHE NEW WAVE

Aan de iets kuisere kant van het Kroatische muziekleven vind je diva Josipa Lisac. Ze staat bekend om haar krachtige stem, verfijnde kledingsmaak en aparte kapsels. In de tijd van Joegoslavië was ze al een grote persoonlijkheid, en altijd een populaire en kleurrijke gast in muzikale amusementsprogramma's.

Lisac heeft nog steeds veel aanhangers. Ook in de nieuwe buurlanden Servië, Slovenië en Bosnië en Herzegovina is ze geliefd. Haar muziek is tegengesteld aan die van Thompson; het is muziek die mensen verenigt. Deze muziek gaat over etnische en religieuze grenzen heen. Hetzelfde geldt voor oude bands uit Zagreb, die belangrijke ambassadeurs van de Zuid-Slavische new wave zijn. In de jaren 80 was Joegoslavische rockmuziek een oost-Europees exportartikel en groepen als als Haustor en Azra zijn klassiekers geworden in de alternatieve scene.

Er zijn ook andere spannende, nieuwe namen in de Kroatische muziekscene: bands en kunstenaars als Quasarr, Yammat, Hladno pivo en Bambi Molesters zijn jongere representanten van progressieve ritmische muziek.

POP EN PORNO

Maar je kunt in Kroatië ook niet om Severina Vuckovix, superster van de populaire muziek, heen. De carrière van het vroegere fotomodel werd nieuw leven ingeblazen na diefstal van een homevideo in 2004. Een fragment van elf minuten toont de zangeres en haar getrouwde minnaar 'in actie in de slaapkamer'. Met de onbarmhartige snelheid van het internet werd het filmpje over de hele wereld verspreid. Severina, tot dan toe iemand van de moreel onaantastbaren, was toen in één klap ook buiten de landsgrenzen bekend.

Het valt te betwijfelen of Severina ooit op websites had willen belanden in het gezelschap van celebrity's als Pamela Anderson. Maar beoogd of niet: slecht voor de marketing was het zeker niet. Toen de ergste storm in het katholieke Kroatië was gaan liggen, werd ze weer in genade aangenomen. En in 2006 mocht ze haar land vertegenwoordigen op het Eurovisie Songfestival. In naam van het vaderland kan veel vergeven worden.

NIEUWE KROATISCHE GASTRONOMIE

Vergeet de grote vleesschotels, vette pomme frites, erwtjes uit blik en geplastificeerde menukaarten met verkleurde maaltijdfoto's. De Balkan is misschien berucht om zijn eenvoudige, niet-verfijnde keuken, in Kroatië is een nieuwe generatie keukenkunstenaars opgestaan. Het is soms een gevecht – niet in de laatste plaats met de bevolking, voor wie kwantiteit vaak nog steeds zwaarder weegt dan kwaliteit.

Maar *slowfood* wordt bespreekbaar en met een schatkamer aan ingrediënten waar de meeste topkoks jaloers op zijn, werd dat ook wel tijd. Nog even en de Michelinvertegenwoordigers moeten capituleren en de eerste sterren aan Kroatië geven. De vernieuwendste restaurants liggen in de Kvarner Baai en op Istrië – onder fijnproevers en gelukszoekers bekend als het schiereiland waar elke herfst gejaagd wordt op de gewilde truffels. De truffelpaddenstoel, die groeit op boomwortels, ruikt sterk naar mos en aarde, maar als ingrediënt in de keuken voegt hij iets extra's toe.

TRUFFELJACHT EN GOURMETMENU

De truffeljacht gebeurt met speciaal getrainde honden, die met hun snuit de bosbodem afspeuren. En als je geluk hebt, valt er veel geld te verdienen. De paddenstoel, die in een witte en een zwarte variant voorkomt, brengt 2500-4000 euro per kilo op – de witte is het kostbaarst. Het epicentrum van de truffel ligt in en rond het dorp Livade en het bosgebied in het Mirnadal tussen Motovum en Buzet. Alleen in de Piedmonte, in buurland Italië, is de witte truffel zo goed als hier.

De delicatesse vindt zijn weg naar de vele goede restaurants in de omgeving. In restaurant Zigante, dat ook vestigingen in de rest van het land heeft, wordt elk gerecht opgebouwd rond de truffel. Hoewel ze in de herfst, pasgeplukt, het allerbeste smaken, maken moderne conserveringsmethoden het mogelijk het hele jaar door truffel te serveren. Grofgeraspt komen ze het best tot hun recht, in sauzen en tapenades of in de pastavariant *fuži*.

Ook andere restaurants in de omgeving gebruiken graag lokale ingrediënten – van wilde asperges in het voorjaar tot *pršut*, luchtgedroogde ham, in de winter. En als je de kans krijgt om Istrische *boskarin* te proeven, moet je ongeacht het jaargetijde toeslaan. Als je dit vlees eenmaal geproefd hebt, loop je voortaan met een grote boog om het koelvak in de supermarkt heen.

ISTRIËS WIJN EN OLIJFOLIE

In Istrië is men ook het verst in het veredelen van druiven. In oude, verweerde geschriften valt al te lezen hoe Griekse en Romeinse kooplieden de schepen aan de kades in Istrië vollaadden met druiven. Maar pas in de 19e eeuw, onder Oostenrijk-Hongarije, werd de productie gesystematiseerd. Tegenwoordig groeien de ambities net zo snel als de vele kleine wijnhuizen die in handen komen van de jongere generatie. En omdat Kroatische wijnen in Nederland net zo zeldzaam zijn als truffels in een fastfoodrestaurant, moet je van de gelegenheid gebruik maken als je er bent.

Met name drie wijnen zijn de moeite waard. De droge Istrische Malvasia is het resultaat van een witte druif die bijna overal in Istrië geteeld wordt – maar niet op veel andere plaatsen; een vlasblonde drank met een vleugje amandelachtige bitterheid en een bouquet van versgeplukte bloemen. Proef bovendien de robijnrode Teran, die vaak naar wilde bessen smaakt – de jongere jaargangen worden ook gebruikt in Istrische soepen, waarbij warm geroosterd brood in kokend druivensap gedoopt wordt. De bijzondere Istrische dessertwijn Momjan Muscat is ten slotte een goede kandidaat om de maaltijd mee af te sluiten.

De Istrische grond is ook ideaal voor olijfbomen. En al hoort Kroatië niet tot de grootste olijfproducerende landen ter wereld, veel van Kroatiës producenten hebben eervolle plaatsen behaald in de Italiaanse olijvenbijbel *L'extravergine*. Breng een bezoek aan de producenten – na het proeven weet je pas wat een goede olie voor een maaltijd kan betekenen.

AL HET GOEDE UIT DE ZEE

Er wordt ook wijn en olijfolie geproduceerd in Dalmatië. Wat men hier aan raffinement ontbeert, wordt meestal gecompenseerd door verse vis en een Adriatische Zee die het hele jaar door een rijk gevarieerde schatkamer vormt. Doordat die in verhouding tot andere wereldzeeën niet zo diep is, een hoog zoutgehalte heeft en een constante watertemperatuur van rond de 13 graden, zijn de omstandigheden bijzonder gunstig. De lage bassins vlak voor de kust zijn ideaal om in te vissen.

Kies een visrestaurant wel met zorg. Eet daar waar ze het hele jaar door geopend zijn, want dan heb je een kleinere kans op diepvriesvis. Elke vissoort heeft, net als alle andere ingrediënten, zijn eigen seizoen en het maakt wel degelijk uit wanneer je wat bestelt. Tonijn moet van juli tot december gegeten worden, inktvis van januari tot april en oesters zijn het beste in de eerste helft van het jaar. Als je helemaal geen zin hebt in *seafood*, *slowfood* of truffels: geen paniek! De traditionele Balkan-keuken verkeert in goede gezondheid en bij de lokale *Ćevapčići-pusher* kun je je voor zelfs het slankste reisbudget te buiten gaan aan gegrild vlees.

EEN NIEUWE GENERATIE PROBEERT DE BALKAN OP DE CULINAIRE WERELDKAART TE ZETTEN.

GESCHIEDENIS

ONDER DUIZEND OVERHEERSERS

Voetbalcommentatoren noemen het geschreeuw van de Kroatische aanhangers op de tribunes in Oostenrijk niet. Tv-kijkers, verzameld rond cafétafeltjes om de kwartfinale van Kroatië in de EK te volgen, kennen de leuzen echter maar al te goed. *Za dom spremni, Paraat voor het vaderland,* is een bekende commandokreet die elke Kroaat associeert met oorlog. Patriottisme heeft de wind weer even mee en te oordelen naar het aantal Kroatische shirts deze zomeravond, zijn velen vervuld van trots. Op het veld staan de jongens van succestrainer Slaven Bilic. Terwijl het volkslied *Lijepa naša domovino, Ons mooie vaderland,* door het stadion schalt, leggen jonge sterren als Luka Modric en Ivan Rakitic hun rechterhand over hart.

VECHTEN VOOR HET VADERLAND

Vlak bij het café waar twee grote flatscreens zijn opgehangen om het voetbal te verslaan, staat de boodschap in neonletters op de T-shirts van de souvenirverkoper: *Proud to be a Croat*. Kroaten hebben een sterk eergevoel en het vaderland valt door recente gebeurtenissen gemakkelijk te exploiteren. Bijna 20 jaar geleden verklaarde het land zich onafhankelijk van Joegoslavië, maar pas in 1995 – toen het Dayton-accoord eindelijk een eind maakte aan de strijd tussen de voormalige Joegoslavische republieken – konden de Kroaten serieus vooruit gaan kijken. Met het lidmaatschap van de NAVO en het EU-lidmaatschap in 2010 is er sindsdien veel veranderd. Maar ook veel bleef hetzelfde. De balans van de oorlog is nog niet helemaal opgemaakt en de processen in Den Haag tegen Kroaten die vochten voor het vaderland vormen een pijnlijk feuilleton dat de bevolking nog steeds verdeelt en pijn doet.

NATIONALISME EN OORLOG

Bij de eerste verkiezingen in Joegoslavië in 1990, kozen de Kroaten een generaal die een vorm van alleenheerschappij invoerde gebaseerd op vriendendiensten, corruptie, wapenmacht en staatsgecontroleerde media. Franjo Tuđmans partij HDZ – de Kroatische Democratische Unie – behaalde een monsterzege en bezette tweederde van het Kroatische parlement. Daardoor kon hij er hard tegenaan gaan in een periode waarin het nationalisme alle republieken in het voormalige Joegoslavië ophitste. Tuđman kwam aan de macht met hulp van invloedrijke Kroaten uit onder andere de USA, Australië en Canada. Dit zijn nakomelingen van mensen die vluchtten toen in 1945 het communistische Joegoslavië gevormd werd. Zij vullen grote stadions en zwaaien met vlaggen als de controversiële volkszanger Marko Perković-Thompson in het buitenland op tournee is (▷12).

De zege van uiterst rechts vormde de opmaat tot het verdwijnen van Joegoslavië. De nieuwe grondwet noemde Kroaten en

TITO IS TEGENWOORDIG EEN SOUVENIR; WEINIG MENSEN HEBBEN HEIMWEE NAAR JOEGOSLAVIË. TOCH IS NIET IEDEREEN DOL OP DE NAVO.

Serviërs niet langer gelijkwaardig en op grote schaal werden Serviërs ontslagen, onder andere bij de politie. In de Servische hoofdstad Belgrado herinnerde men de Kroaten daarop aan hun fascistische verleden. De situatie verslechterde verder toen Servische milities Krajina binnentrokken, een Servisch gebied in Kroatië. Wegversperringen en treinblokkades bedreigden de Kroatische toeristenindustrie, want de rechtstreekse weg van Zagreb naar de kust liep, tot de aanleg van een nieuwe snelweg in 2005, via de hoofdstad van Krjina (Knin).

In januari 1991 trok het door Serviërs gedomineerde Joegoslavische volksleger (JNA) Kroatië binnen. Om de Servische minderheid te beschermen, zei men. Ook een van Kroaties grootste toeristische trekpleisters, het Nationale Park Plitvice, werd bezet. Na de zomer breidde de oorlog zich uit naar het etnisch gemengde Slavonië en een aantal steden in het zuiden, aan de Adriatische kust. De vele duizenden mensen die het jaar ervoor nog vakantie vierden aan de Kroatische Adriatische kust hadden het dramatische uiteenvallen van Joegoslavië niet kunnen voorzien.

VAKANTIELAND JOEGOSLAVIË

Kroatië maakte met Slovenië, Servië, Montenegro, Bosnië en Herzegovina en Macedonië sinds 1945 deel uit van de Zuid-Slavische gemeenschap. De Volksrepubliek Joegoslavië kwam voort uit de overwinning op de nazi's door de partizanen, aangevoerd door Josip Broz Tito. Hij was niet alleen een soldaat die wist hoe hij de Duitsers voor de gek moest houden in het onherbergzame bergen van de Balkan – hij bleek ook een strategisch politicus.

Het lukte Tito ogenschijnlijk om de verschillende etnische volkeren bijeen te brengen. En in de naoorlogse periode die Europa verdeelde, lukte het hem om Joegoslavië, door diplomatische bokkensprongen tussen het Warschaupact en de NAVO, buiten allianties te houden. Open grenzen creëerden een relatief gezonde economie en al in de jaren 60 werd Joegoslavië vakantieland. Het meeste verkeer ging richting de Adriatische kust en de Kroaten kregen snel in de gaten dat ze zich net zo goed zelf konden redden. Waarom zouden ze de achterlijke republieken en provincies in het zuiden blijven vetmesten?

Ontevredenheid stak de kop op tijdens het *Kroatische voorjaar* in 1971, toen de nationalistische *Maspok*-beweging separatistische ideeën op de politieke agenda zette. Het oproer werd echter snel neergeslagen en veel studenten en intellectuelen werden gearresteerd en gevangengezet. Zo ook de latere president Tuđman. Maar in 1980 overleed Tito en hij werd in het bijzijn van 200 staatshoofden uit 115 landen begraven. Daarna werd de opkomst van het nationalisme serieuzer. En toen de politieke monopolie van

BELANGRIJKE JAARTALLEN

400 v.C.
Eerste Griekse kolonies gesticht op de Adriatische eilanden

100 v.C.
Romeinen heersen over het oostelijk deel van de Adriatische kust

305
Romeinse keizer Diocletius neemt huidige Split in

600
Kroaten (Zuid-Slaven) trekken gebied binnen dat nu Kroatië is

825
Kroatië voor het eerst in een officieel document genoemd

925
Tomislav wordt koning van Kroatië, dat in de 10e eeuw een bloeiperiode doormaakt

1102
Grote delen van Kroatië gaan onder Hongarije vallen

1242
Bela IV roept Zagreb uit tot vrije koninklijke stad

1433
Verdediging tegen de Turken, die van tijd tot tijd delen van het Kroatische territorium innemen

1527
Kroatië onderworpen aan de Habsburgse troon

1699
Kroatië min of meer bevrijd van de Turken; vasteland blijft onder Habsburgers. Grootste deel Adriatische kust en eilanden onder Venetië; alleen Dubrovnik blijft onafhankelijk

Ca. 1800
Napoleon sticht provincie Illyrië, die Kroatië, Slovenië en Dalmatische kust omvat, maar het lukt niet om een vaste staatsvorm te creëren

1815
Heel Kroatië weer onder Habsburgse heerschappij

1847
Kroatisch de officiële taal

1848
Nationale held Josip Jelacic (1801-1859), officier en staatsman, verdedigt Kroatië tegen aanvallen vanuit Hongarije en verenigt de Kroatische provincies

1866
Bisschop Josip Juraj Strossmayer sticht de Kroatische Academie voor Kunst en Wetenschap, eerste in zijn soort in Zuidoost-Europa

1906
Slavoljub Penkala vindt vulpen en balpen uit

1918
Stichting Koninkrijk van Serviërs, Kroaten en Slovenen

1929
Koninkrijk van Serviërs, Kroaten en Slovenen omgedoopt in Koninkrijk Joegoslavië

1939
Lavoslav Ružička wint Nobelprijs voor de scheikunde

1941
Duitse en Italiaanse troepen bezetten Joegoslavië; partizanenbeweging georganiseerd onder leiding van Kroatische antifascisten en Josip Broz Tito

1945
29 november oprichting Federatieve Volksrepubliek Joegoslavië

1980
Joegoslaviës president Tito overlijdt, 88 jaar oud

1990
Eerste verkiezing na Tweede Wereldoorlog met meer partijen. Kroatische Vergadering benoemt Franjo Tuđman tot president

1991
Kroatië onafhankelijk verklaard op 25 juni; Begin Servische oproer, gesteund door Joegoslavische leger uit Belgrado – een derde van Kroatië bezet

1992
De Kroatische Republiek lid van de VN

1994
Dinar afgelost door munteenheid kuna

1998
Laatste bezette deel van Kroatië geïntegreerd met behulp van VN

1999
President Tuđman overlijdt

2000
Stipe Mesić gekozen tot president

2001
Goran Ivanišević wint als eerste ooit Wimbledon op een wildcard

2003
Kroatiës Democratische Unie (HDZ) wint verkiezingen

2004
Kroatische handballers weer Olympisch kampioen

2005
EU start toetredingsonderhandelingen met Kroatië

2008
Proces tegen de Kroatische generaal Ante Gotovina ingeleid

2009
Kroatië lid Navo

de communistische partij in 1990 eindigde, kon de rebelse student Tuđman plaatsnemen in de belangrijkste stoel van de Kroatische republiek.

ONAFHANKELIJKHEID

Toen Franjo Tuđman in juni 1991 de soevereine staat Kroatië uitriep, begon er een nieuw hoofdstuk in de Kroatische geschiedenis. Het huidige Kroatische grondgebied maakte vanaf onze jaartelling deel uit van het Romeinse rijk. De Romeinen bouwden onder andere het amfitheater in Pula en het paleis van keizer Diocletius in Split – nu de grootste Romeinse ruïne van Oost-Europa. In de 6e eeuw vielen de Kroaten vanuit het huidige Oekraïne binnen en vestigden zich in het Romeinse Pannonië in het noorden en Dalmatië in het zuiden. De Kroaten bekeerden zich snel tot het katholicisme en zijn daar tot op heden trouw aan.

In 925 werd Tomislav I de eerste Kroatische koning, toen hij Pannonië en Dalmatië verenigde. Maar in 1102 kwam de Hongaarse koning Koloman aan de macht. De Hongaarse verbintenis hield stand tot aan de Eerste Wereldoorlog, maar de tussenliggende periode werd bepaald door wisselende bedreigingen. In de 15e eeuw rukten de Turken op in de Balkan. Net als Hongarije werd Kroatië in de eerste helft van de 16e eeuw opgedeeld – de republiek Venetië behield zijn greep op Dalmatië, het centrale deel rond Zagreb kwam onder Habsburgs bewind en Slavonië, dat zich uitstrekte naar Servië, werd bezet door de Turken.

Kroatië vormde vanaf dat moment de scheidslijn tussen de christelijke en de islamitische wereld. In een gebied ten noordoosten van Zadar wierpen de Habsburgers een bolwerk op tegen de verdere Turkse opmars. Krajina – het grensgebied – werd naderhand bewoond door Serviërs, op de vlucht voor de Turkse agressor. Zij mochten zich daar vestigen en fungeerden als schild tegen de Turkse aanvallen. De Serviërs ontwikkelden er een samenleving met behoud van het orthodoxe geloof, maar ze vormden ook een ruwe wapencultuur, die karakter gaf aan dit enigszins duistere gebied. Het gebied dat honderden jaren later een geschilpunt zou vormen in de oorlog tussen Kroatië en Servië.

BAN JELAČIĆ, DE GOUVERNEUR DIE IN DE 19E EEUW BIJDROEG AAN DE EENWORDING, IS POPULAIR IN HET JONGE KROATIË.

KROATIË EN EUROPA

Tegen het eind van de 17e eeuw liep de bloeiperiode van het Osmaanse rijk af en kwam het grootste deel van Kroatië onder Oostenrijks-Hongaars bewind. Na de Eerste Wereldoorlog werd het Koninkrijk van Serviërs, Kroaten en Slovenen gevormd; in 1929 omgedoopt tot Joegoslavië. De verhouding tussen Serviërs en Kroaten bleef echter gespannen en tijdens de Tweede Wereldoorlog werd een zelfstandige Kroatische staat gesticht, vanuit Zagreb bestuurd door de Ustaša. Deze beruchte fascistische beweging, onder leiding van Ante Pavelić, was verantwoordelijk voor de dood van vele honderdduizenden mensen. Een nachtmerrie die pas eindigde toen Tito aan de macht kwam.

In het begin van de jaren 90 bliezen felle nationalisten de retoriek en symbolen uit de Tweede Wereldoorlog nieuw leven in. En ook vandaag nog kun je Kroaten tegenkomen die flirten met demonen uit het verleden. De meesten willen echter vooruitkijken. Sinds de bijna symbolische dood van Tuđman op de drempel naar de 21e eeuw, heeft een nieuwe politieke leiding toenadering gezocht tot de EU. In 2010 wordt Kroatië volwaardig lid van het deftige gezelschap. Het hart onder de voetbalshirts klopt echter het snelst voor Kroatië – *ons mooie vaderland.*

ADAM, EVA EN DE DOLFIJNEN

In de kerk om de hoek moet je netjes gekleed gaan. Maar op de camping worden de gasten zelfs aangemoedigd hun kleren uit te doen. De duizenden naturisten die Kroatië elk jaar bezoeken, geven gehoor aan die boodschap. Hier zie je kromme penissen, hangborsten en slappe buiken. Maar ook jonge, strakke atleten, die er uiteindelijk ook zo uit zullen zien.

Kroatië heeft weliswaar een traditie van naturisme, maar die is geïmporteerd. Waarvandaan is niet helemaal zeker en verschillende verhalen doen de ronde. Het populairst is het verhaal over de Engelse koning Edward III, die op het eiland Rab in 1935 samen met zijn verloofde uit de kleren ging. En wie valt er niet voor een leuke royalty-roddel? Er is echter goede reden om aan te nemen dat de naaktcultuur vooral meekwam met de Duitse toeristen in de jaren 60.

Vier je het liefst een kledingvrije strandvakantie in Kroatië, dan volg je de borden met daarop FKK – *Freie Körper Kultur*.

DE ADRIATISCHE KUST

Kroatië grenst in het noorden aan Slovenië en Hongarije, in het noordoosten aan Servië en in het zuiden aan Bosnië en Herzegovina en aan Montenegro. Het vlakke landbouwgebied Pannonië-Slovenië is het grootste – en met Zagreb ook het dichtstbevolktste deel van Kroatië, maar de meesten associëren het land met de aantrekkelijke kustgordel, die aan de voet van de Dinarische Alpen kronkelt.

Toen Kroatië nog deel uitmaakte van Joegoslavië, droeg het Adriatische-Zeetoerisme flink bij aan de staatskas. Hemelsbreed is de kust niet langer dan 600 kilometer, maar de kustlijn kronkelt zo dat het over de weg bijna 1800 kilometer is. Veel Kroaten ergerden zich eraan dat ze de opbrengsten van het toerisme moesten delen met de kustarme republieken in het zuiden en zuidoosten.

Met nog 4000 kilometer kust rond de 1185 eilanden is er alle ruimte om de badhanddoeken neer te leggen. De stranden bestaan

vooral uit stenen en rotsen en bijna overal is de zee zo helder als bronwater. Dus als je wilt zwemmen zonder kleren, moet je er niet op rekenen dat je je kunt verstoppen onder de waterspiegel.

De beste stranden vind je in Dalmatië, rond de eilanden Brač en Hvar (▷ 46-47). Maar ook al vormt de toeristische industrie er een zeer belangrijke inkomstenbron, men wil de natuur niet inrichten volgens het ideaalbeeld van de bezoekers. De zandstranden liggen ver uit elkaar en als de kinderen kastelen willen bouwen, moeten ze dat met stenen doen.

DOLFIJNENSHOWS? NEE BEDANKT

Zo denken de Kroaten ook over het behoud van planten- en dierenleven: zo oorspronkelijk mogelijk. De natuur heeft veel vrienden en recent lukte het de dierenwelzijnsorganisatie Prijatelji sivotinja een gepland dolfinarium in het stadje Vodnjan op Zuidwest-Istrië te dwarsbomen. Ze kregen hulp van de WSPA (World Society for the Protection of Animals). En de boodschap was duidelijk: toeristen kunnen alle natuurbelevenissen krijgen die ze willen, maar de dieren moeten ervaren worden worden in hun eigen element – niet in een circus. Als je dolfijnen wilt zien, moet je de zee opgaan. Ze moeten toch elke vijf minuten naar de oppervlakte komen om adem te halen – en de zitplaatsen aan de reling van het schip zijn gratis.

THE BIG BLUE

De Kroatische dolfijn, de tuimelaar, wordt nauwkeurig bestudeerd door het wetenschappelijk initiatief Adriatic Dolphin Project – een samenwerking tussen de organisatie Plavi svijet (*blauwe wereld*) en het Kroatisch Natuurhistorische Museum. De organisatie heeft, net als een groot deel van de dolfijnen, zijn thuisbasis rond de grote eilanden Cres en Losinj, die in de Kvarnerbaai bij het schiereiland Istrië liggen.

De organisatie heeft als doel de zeezoogdieren beter te leren kennen en de bevolking te interesseren voor hun welzijn. Dolfijnen leven primair van kleine vissen, inktvissen en krabben. Omdat ze vaak met lokale vissers concurreren, botsen dierenwelzijn en economie vaak. Ook eindigen tuimelaars, ondanks hun legendarisch goede oren en prima ogen, vaak in een visnet. Want er wordt flink gevist; visserij vormt een andere grote inkomstenbron in Kroatië. De zee is rijk aan onder andere barnsteenvis, zeebaars, goudbrasem en enorme tonijn, die in grote hoeveelheden naar Japan geëxporteerd wordt. En aan de gevaarlijke en giftige schorpioenvis, murene en rog. Vooral op de zeebodem voor Istrië verstoppen zich veel zeeëgels. Waterschoenen zijn dus een goed idee – ook als je het liefst helemaal bloot bent.

DE NATIONALE PARKEN

Het populaire Nationale Park Plitvice in Kroatiës achterland telt zestien smaragdgroene meren en een lange rij watervallen, omringd door beboste bergen. Er leven 140 verschillende vogelsoorten en in de bossen kun je wolven, beren, dassen en wilde katten tegenkomen. Plitvice is het oudste Kroatische nationale park. Sinds 1949 zijn er zeven bij gekomen, waaronder de Brijuni-eilanden (▷ 31), waar de privéwoning van president Tito was. Hier ontving hij staatshoofden en regeringsleiders uit de hele wereld, die vaak als dank een giraffe of een zebra meebrachten. Tegenwoordig hoeven noch de nationale parken en de dieren, noch de Adriatische kust met anderen gedeeld te worden. Kroatië kan profiteren van zijn rijke natuur en goede geografische ligging. En geld verdienen aan toeristen uit alle windstreken.

ER GEBEURT VEEL IN THE BIG BLUE, EN JE MAG NATUURLIJK OOK GEWOON JE KLEREN AANHOUDEN

RV 1056
RV 1080

ISTRIË EN KVARNER

Een oude visser met gelooide handen ontwart de netten terwijl zijn lichaam in de kleine Batanaplatbodem als een pendule heen en weer zwaait. Zijn pet heeft hij flink ver over zijn ogen getrokken – de namiddagzon staat laag boven de haven en werpt haar gouden licht op de de bontgekleurde 18e-eeuwse huizen aan de baai. Als verfklodders op het palet van een aquarelschilder.

De kades weerkaatsen het geklots van de vissersboten en het water in de baaien weerspiegelt de Venetiaanse paleizen. In het achterland staan de oude stenen huizen in de knalrode aarde, die de Romeinen *Terra Magica* noemden – magische grond. De laatste tien jaar is die aarde benut voor de productie van kwaliteitswijnen en olijfolie. En de truffels uit de bossen rond het Mirnadal worden professioneel gebruikt in de gastronomie. Istrië, het schiereiland van 3200 km^2 dat qua vorm doet denken aan een grote groene tros druiven in de Adriatische Zee, heeft zichzelf gepresenteerd als het Toscane van de Balkan.

ONDER VIER OVERHEERSERS

Het leven is hier, zacht uitgedrukt, veranderlijk geweest. De oudste inwoners van Istrië kunnen er prat op gaan vier verschillende overheersers te hebben meegemaakt. Sinds 1991 in een onafhankelijk Kroatië, van 1945 tot 1991 in de Volksrepubliek Joegoslavië, tussen de twee wereldoorlogen viel Istrië onder Italië, en tot 1918 maakte het deel uit van het Oostenrijks-Hongaarse rijk.

Verder terug in de tijd regeerden de Venetianen hier vijf eeuwen lang tot aan het eind van de 18e eeuw. En daarvoor drukten de Romeinen duidelijk hun stempel op het gebied. De grote arena in Pula, met tegenwoordig onder andere opera en rockconcerten, is een van de overblijfselen uit die tijd. De Italiaanse invloed merk je overal. Alle steden en straatnamen hebben zowel een Italiaanse als een Kroatische naam en beide talen worden bijna even goed gesproken.

ETNISCH ISTRIË

Veel Italianen komen vandaag de dag kijken naar wat eens van hen was. Na de Tweede Wereldoorlog werden er nogal wat Italianen uit het gebied verdreven. En dat terwijl inwoners uit de andere republieken van het nieuwe Joegoslavië gelokt werden

DE PLATTE BATANABOTEN MOGEN DAN WEL EEN EIGEN MUSEUM HEBBEN, ZE DOEN NOG STEEDS DIENST BIJ DE VANGST.

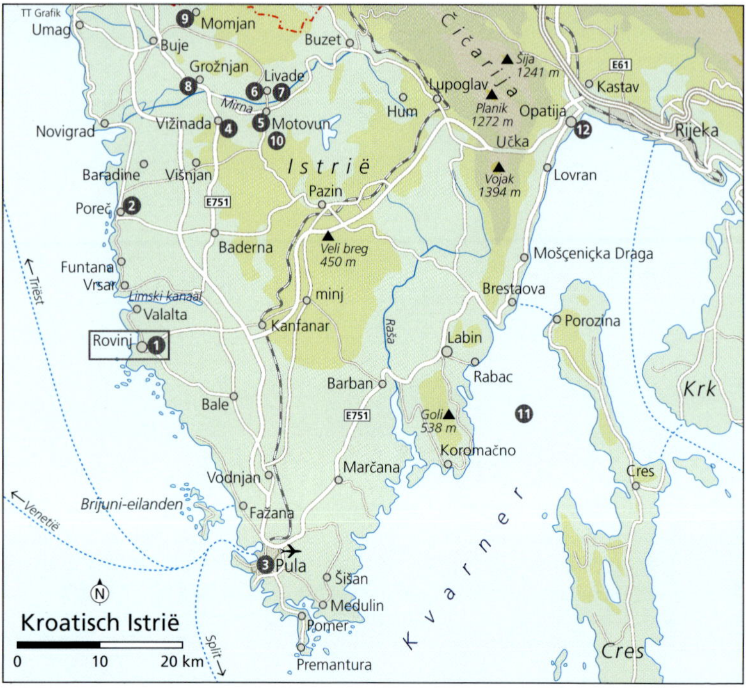

❶ Rovinj (▷25) ❷ Poreč ❸ Pula ❹ Lavendelkwekerij Oklen ❺ Motovun ❻ Olijvenplantage Ipša ❼ Restaurant Zigante ❽ Grožnjan ❾ Wijnboerderij Kabola ❿ Agroturizam Tikel ⓫ Kvarnerbaai ⓬ Opatija

om als seizoensarbeider te komen werken. Ook Bosniërs, Serviërs, Kosovo-Albanezen en Montenegrijnen moesten meewerken om alles in Istriës grote, nieuwe hotel- en campingcomplexen draaiende te houden. Velen zijn blijven hangen; in de verder zo onrustige jaren 90 waren er hier, in tegenstelling tot de rest van Kroatië, geen noemenswaardige conflicten. En met de verwachting dat Istrië records in aantallen zonaanbidders en waterliefhebbers uit heel Europa gaat breken, is er behoefte aan nog meer handen.

IN DIT HOOFDSTUK

Istriës kuststeden, met overal een maritieme sfeer, maken dit gebied de moeite waard. Maar **het achterland van Istrië**, met vele gastronomische belevenissen, kunstenaarskolonies en ecologische landbouw is ook niet mis. Sla ook de **Kvarnerbaai** niet over. Die is vooral interessant vanwege het oude Oostenrijks-Hongaars geïnspireerde kuur- en hoteloord Opataija en een aantal goede restaurants. Kvarner staat strikt gesproken op zichzelf. En ook al zullen lokale patriotten nog steeds wijzen op de verschillen tussen Istrië en Kvarner, die afstand is te overbruggen – ook geografisch gezien.

ISTRIËS KUSTSTEDEN

Oude mannetjes met strohoedjes verkopen badschoenen, vrouwen en stelletjes spreiden hun handdoeken uit op de rotsen en kinderen spelen op het strand winkeltje met afgeronde stenen en versteende zeeëgels.

Istriës kuststeden vormen sinds 1960 de motor van Kroatiës toeristenindustrie. En na een teruggang in de jaren 90, toen de toeristen wegbleven vanwege een oorlog die daar nooit kwam, keerden de vakantievierders terug. Italianen van de noordelijke Adriatische-Zeekust bijvoorbeeld, ervaren elk jaar dat het water aan deze kant van de Adriatische Zee veel schoner is. Daarnaast zijn er veel andere dingen te doen – ook op regenachtige dagen.

 Kaart p. 24

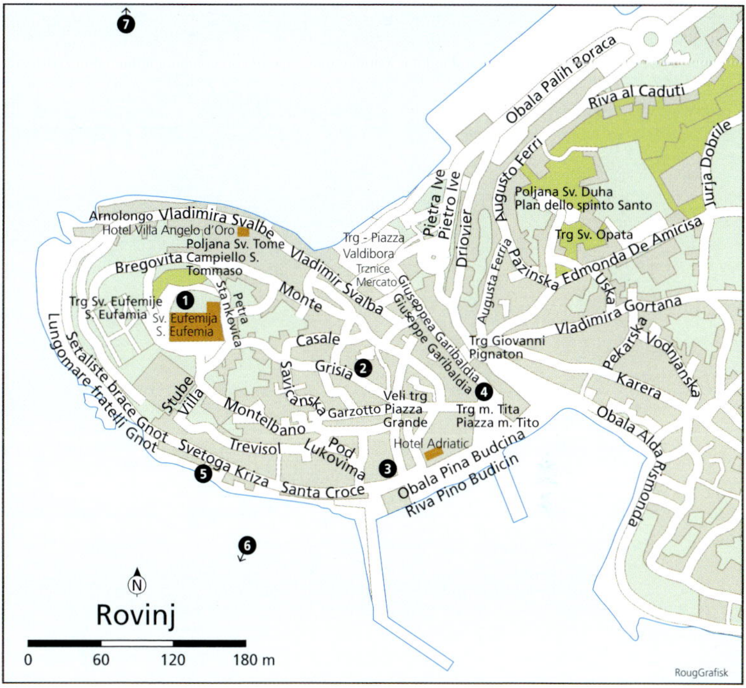

❶ St. Euphemiakathedraal ❷ Grisia ulica ❸ Het Batanamuseum ❹ Rovinjs Museum van Cultureel Erfgoed ❺ Rovinj stadsstrand ❻ Crveni otok (het rode eiland) ❼ Limski kanaal

ROVINJ/ROVIGNO ❶

De gevels met stoffige pastels en warme aardkleuren baden in de zon. Ze liggen op een heuvel die leidt naar de opvallende kerktoren. In de smalle straatjes bezet met kinderkopjes komt de zon echter maar zelden. Tot 250 jaar geleden was Rovinj een eiland, maar toen is er een vaste verbinding met het schiereiland gemaakt. En sindsdien is de stad aan de haal gegaan met de titel *mooiste en meest romantische* kuststad van Istrië.

De tabaksfabriek uit de Oostenrijks-Hongaarse periode verschaft nog steeds werk voor behoorlijk wat mensen. Hier wordt Kroatiës favoriete sigaret, Ronhill, geproduceerd. Maar verder houden de bewoners zich vooral bezig met visserij. En met het bedienen van de klanten op het enigszins pretentieus genoemde *Klein-Montmartre*. Die flatteuze bijnaam heeft het te danken aan de aantrekkingskracht op kunstenaars uit heel Kroatië. Die werken hier en houden bovendien tentoonstellingen in de kleurrijke straat Grisia ulica.

Rovinj ligt om deze 'openluchtgalerie' in de oude stad heen, op en rond de havenboulevard, waar ook het beste stadsstrand en de aanlokkelijkste cafés te vinden zijn. En het draait letterlijk en figuurlijk om het handelsmerk van de stad, de St. Euphemiakathedraal. Die vormt een populaire trouwlokatie, te oordelen naar de grote schare bruidsmeisjes en huwelijksfotografen. Geniet ook van het uitzicht van bovenaf en beklim de 60 meter hoge klokkentoren. En vergeet vooral niet om een vaartochtje naar de eilandjes voor de kust te maken.

St. Euphemiakathedraal ❶

Op de klokkentoren, die 60 meter hoog is, staat in koper martelaar Euphemia. Zij eindigde jammerlijk, als bloederige leeuwenmaaltijd. Rovinjs patroonheilige verdween volgens de legende in het jaar 800 tijdens een stormachtige nacht uit Constantinopel.

DE ST. EUPHEMIAKATHEDRAAL TROONT BOVEN ROVINJ UIT EN IS EEN PEILBAKEN IN HET DOOLHOF VAN STRATEN ERONDER.

En ze spoelde vervolgens in een marmeren sarcofaag aan in Rovinj. Op de zijkant daarvan stond de inscriptie *Hoc est corpus Eufemiae Sancte* (Dit is het lichaam van St. Euphemia). Katholieken houden natuurlijk van wonderen, en dit mirakel wordt sindsdien elk jaar halverwege september gevierd als de Euphemia-feestdag (ook wel St. Fuma). Hiervoor gaan pelgrims uit heel Istrië naar Rovinj op bedevaart.

De barokkerk uit 1736 is boven op twee vroegere kerken gebouwd. Aan de zuidgevel is een gotisch reliëf van Euphemia te zien. Binnen kun je haar laatantieke sarcofaag bekijken. En voor het uitzicht beklim je de klokkentoren. Onder je liggen slingerende straatjes, een levendige haven en eilandjes voor de kust. Met helder weer is in de verte zelfs Venetië te zien, de oude bezettingsmacht aan de andere kant van de Adriatische Zee.

Crkva Sv. Eufemije, ⏲ dgl 10-14 & 15-18.

Grisia ulica ❷

Hoofdstraat Grisia ulica slingert van de oude stadspoort en het centrum van het caféleven bij Trg Marsale Tita, naar het karakteristieke middelpunt van de stad, de St. Euphemiakathedraal. Sinds eind jaren 50 is de straat bekend vanwege de vele kunstenaars.

Als je halsoverkop verliefd bent geworden op Istrische landschappen en de Batana-bootjes, kun je hier een blijvende herinnering aanschaffen. Aan de buitenmuur hangen schilderijen en kunstnijverheid. De kunstenaar werkt meestal binnen.

Batanamuseum ❸

In alle mogelijke kleurschakeringen zie je kleine, platte bootjes in de haven liggen. Deze bootjes, Batanaboten genoemd, zijn typerend voor de hele Noord-Adriatische kust. En ze betekenen veel voor de bevolking van Rovinj. Daarom heeft men een museum ingericht in een oud 17e-eeuws pand aan de haven. Dit bood vroeger onderdak aan zeevarenden en aan de lokale havenarbeidersvereniging.

Je zou niet verwachten dat er ook maar íets leuk kan zijn aan een museum over één bepaald boottype. Maar dit museum is echt leuk. Het verhaal over de Batana, zijn geschiedenis en wordingsproces zijn interactief gemaakt. Op displays tover je foto's tevoorschijn. En op de eerste verdieping worden herinneringen en anekdotes creatief naar voren gebracht; met foto's van elke geregistreerde Batana in Rovinj.

Obala/Riva P. Budicin, batana.org, ✆ 052 805 266, ⏲ jun-sep 9-13 & 19-22, okt-mei 10-13 & 15-17, gratis.

Kaart p. 25

Rovinjs Museum van Cultureel Erfgoed ❹

Nachthemden, ondergoed, traditionele klederdrachten van boerenvrouwen en foto's van de vingervlugge arbeidsters bij de opening van de tabaksfabriek in 1872. Op de begane grond vertellen lades van de kledingkasten en mooie zwart-witfoto's het verhaal over Rovinj. Eénhoog hangen mooie exemplaren van Istrische kunst. Op de bovenste verdieping schittert een verzameling Italiaanse kunst uit 1400-1900. En scheepsmodellen die meer dan 100 jaar geleden gemaakt werden. Het museum is gevestigd in een mooi lichtroze barokpaleisje dat in de 17e en 18e eeuw toebehoorde aan het graafschap Califfi.

Zavičajni muzej grada Rovinja, Trg Maršala Tita 11, muzej-rovinj.com, 052 816 720, di-vr 9-15 & 19-22, za-zo 9-14 & 19-22, ma gesloten. 's Winters 9-15, zo-ma gesloten volwassenen 15 kuna, kinderen 10.

Rovinj stadsstrand ❺

Preutse gymnasiummeisjes verkleden zich discreet onder hun badlakens. Intussen temperen mannelijke excursiedeelnemers hun testosteronspiegel in het glasheldere water. Werkelijk elk steentje onder water is hier te zien. De rotsen op het stadsstrand vlak bij de Euphemiakathedraal zitten bomvol. Maar er zijn ook betonplaten voor degenen die languit willen liggen om egaal bruin te worden. Als je je boek vergeten bent, kun je genieten van het uitzicht op het eiland Sv. Katarina. En als je dorst krijgt, ligt om de hoek Valentino, de leukste bar van de stad. Rovinjs stadsstrand is misschien niet het kindvriendelijkste strand ter wereld, maar de plaatselijke jeugd heeft daar geen last van.

Svetog križa, ga de trap af bij Restaurant Puntonella, dicht bij Valentino bar (▷38).

Crveni otok (het rode eiland) ❻

Weelderige pijnbomen, glasheldere water en mooie, met rotsen beklede landtongen. *Het rode eiland* Crveni otok bestaat eigenlijk uit twee samengegroeide eilanden; St. Andrea en Maškin. Het laatste is gereserveerd voor naturisten. Crveni otok heeft de kindvriendelijkste zwemgelegenheid dicht bij Rovinj en ligt op 15 minuten varen met de watertaxi.

Vanuit de haven bij Trg Maršala Tita, vertrek twee keer per uur.

Limski kanaal ❼

Limski kanaal slingert als een lange slang richting kust, voordat hij met een slag van zijn staart in de Adriatische Zee verdwijnt. De grote excursieschepen krijgen gezelschap van privéjachten en boten op avontuur. De schelpdierrestaurants Fjord en Viking, die 10 kilometer stroomopwaarts liggen, flirten beide met het Hoge Noorden. Maar de 600 meter brede stroom, begrensd door steile rotsoevers, vormt absoluut geen fjord. Hij is namelijk niet uitgesleten door een gletsjer, maar door de Pazincicarivier die de aarde op weg naar de zee heeft weggespoeld. Dit fenomeen wordt een *estuarium* genoemd; een watergebied waar zoet en zout water geleidelijk vermengd worden tot brak water. En dit vormt de ideale omgeving voor oesters en mosselen.

Dit mooie decor van het estuarium werd in 1958 gebruikt door Richard Fleischer, toen hij *The Vikings*, met in de hoofdrol Kirk Douglas, regisseerde.

Excursieboten uit de haven van Rovinj bij Trg Maršala Tita. Met de auto 20 min. langs de kust.

HANDIG OM TE WETEN OVER ROVINJ

Netnummer 052.

Obala P. Budicina 12, 052 811 566, istria-rovinj.com.

Autobusni kolodvor Rovinj, Trg na lokvi, 052 811 453. Pula 45 min.

052 811 100.

@ Internet Club A-mar, Carera 26, Rovinj, 052 841 211.

POREČ / PARENZO ❷

Hier vind je topless meisjes met zand op de billen – en honderden andere soorten ansichtkaarten. Poreč is de bekendste vakantiestad van Istrië; als je begin jaren 80 naar Joegoslavië op vakantie ging, is de kans groot dat je hier geweest bent. Poreč bestaat intussen niet meer alleen uit stranden, waterglijbanen en nachtclubs. In het oude stadsdeel sieren de oude Venetiaanse paleizen de havenfronten; oude kruithuizen en uitzichtstorens zijn verhuurd aan cafés en restaurants. Het drukst is het richting de stranden, met lokkende namen als *de blauwe lagune* en *de groene lagune*, en naar de 1500 jaar oude Eupharsius-basiliek. Deze heeft een plaats op de UNESCO Werelderfgoedlijst. In de tijd van de Romeinen was Poreč al bekend, toen nog onder de naam Colonia Iulia Parentium. Op die naam rust geen patent; tegenwoordig is er in de stad een strandbar met dezelfde naam. Vergeet zeker het achterland niet – Poreč heeft een goede ligging ten opzichte van Istriës truffelroutes, olijfolieproducenten en wijnhuizen.

Caffe Torre Rotunda

Als je de scheve trap omhoog neemt, vind je boven in de ronde toren intieme hoekjes en een indrukwekkend uitzicht over de oude stad en haven van Poreč. De centraalgelegen uitkijktoren stamt uit 1474. Je betaalt er zowel voor de middeleeuwse sfeer als voor het uitzicht. Met andere woorden: de koffie is er wat duurder, 14 kuna voor een macchiato en 18 voor een cappuccino.

Narodni trg 3a, Poreč, lokale bus, 10-1.

Euphrasiusbasiliek

Stralende wandmozaïeken van ingelegd parelmoer. Halfedelstenen en marmer op de vloer. Midden in de apsis de maagd Maria met Jezus, omgeven door aartsengelen en martelaren. Er klinkt klassieke muziek. Een groot bord maant tot *Silentium*, stilte. Hier worden voorbereidingen getroffen voor een concert.

De 6e-eeuwse Euphrasiusbasiliek is een van de best bewaarde Byzantijnse gebouwen van Europa. Het complex bevat behalve de kerk ook een mooi klein atrium, een doopkapel, de 14e-eeuwse bisschopsresidentie en een klokkentoren. Daarvandaan krijg je tegen een kleine entree een duizelingwekkend uitzicht over de Adriatische zee en de oude stad Poreč. De basiliek kwam in 1997 op de UNESCO Werelderfgoedlijst.

Eufrazijeva ulica 22, 7-20, Basiliek gratis, klokkentoren 10 kuna, museum 10 kuna.

Plava laguna

Lage, uitstekende rotsen, schaduwgevende eikenbomen en water zo helder als pasgezeemd glas. Plava laguna, *de blauwe lagune*, is een strand met blauwe vlaggen. De strandwachten zijn paraat van 9 tot 18 uur. Denk aan badschoenen, want hier verbergen zeeëgels zich op de bodem, zoals op zoveel plaatsen aan de kust van Istrië. Als het te saai wordt om de tijd liggend door te brengen, kun je waterskiën, surfen, volleyballen en tafeltennissen. De blauwe lagune ligt een paar kilometer van Poreč.

Minitreintje van en naar het centrum langs het water, ca. elk half uur 10-0. Lopen duurt 15-20 min. Volg vanaf de jachthaven de weg naar het zuiden.

Zelena laguna

's Morgens een zandkasteel bouwen, tijdens de lunch een kaartenhuis ontwerpen en 's middags tussen de rotsen een dutje doen met je nieuwe vriendje Dario. Dat is het fijne aan Zelena laguna, *de groene lagune*: hier zijn zowel stukken met grof zand als betonplaten en rotsen. Papa en mama zijn geparkeerd op het schaduwrijke terras van de taverne, onder de pijnbomen. Ze mogen ook uitrusten voordat jij hen uitdaagt voor de minigolf.

Zelena laguna ligt vijf kilometer van het centrum en herbergt altijd een krioelende massa zwemmers, zonnebaders, sporters en feestvierders. Als Sem in bed ligt, vertrekken de clubliefhebbers naar Byblos – een van de grootste clubs van Kroatië.

Minitreintje heen en terug naar het centrum, ca. elk half uur 10-0 volwassenen 15 kuna, kinderen 5 kuna. Lopen duurt 25-30 min. Volg vanaf de jachthaven de weg naar het zuiden.

HANDIG OM TE WETEN OVER POREČ

Netnummer 052.

Zagrebačka 9, istria-porec.com. Stadsplattegrond ca. 15 kuna in de kiosk.

Autobusni kolodvor Poreč, Karla Huguesa 4, 052 432 153. Poreč–Rovinj 40 min., 27 kuna.

Dichtstbijzijnde luchthaven Pula 60 km ten zuiden van Poreč. Taxi ca. 500 kuna.

@ Internet centar Cybermac, Mire Grahalića 1, cybermac.hr, 10-22.

091 583 00 97 (Mario Vlizlo).

Windsurfing Poreč/Zelena laguna – SC Lotosi, 052 410 585, eurospektar.hr/sportcenter, 900 kuna voor acht lessen, plankhuur 50-70 kuna per uur.

LEUK OM TE DOEN

DE BAREDINE-GROT

De maagd Maria, Buddha, de Scheve Toren van Pisa, en nog meer creatieve namen heeft men de natuurlijke formaties in de Baredine-druipsteengrot gegeven. Je vindt de grot in de buurt van Nova Vas, 7 kilometer ten noordoosten van Poreč. De 150 meter lange grot, 60 meter onder het aardoppervlak,

Kaart p. 24

TIJD VOOR NIEUWE VRIENDEN? ER IS VOOR KLEINE WATERRATTEN VEEL KEUS LANGS ISTRIËS KUST

herbergt de bijzondere Proteus anguinus – *de mensenvis*, in het Nederlands ook wel grottenolm genoemd. Het is een bijzondere salamander van 25-30 centimeter, en voor zover bekend het enige gewervelde dier dat enkel in grotten leeft.

Zijn mensachtige huid is kleurloos en doorzichtig als van een foetus. Hij heeft kiewen en een lange staart waarmee hij tijdens het zwemmen navigeert. Maar hij kan zich ook voortbewegen op zijn vier poten. Je hoeft geen medelijden met hem te hebben; Proteus kan jaren overleven zonder voedsel. En van de duisternis heeft hij ook geen last, want hij is blind. De grot wordt slechts belicht ter ere van de bezoekers, die daar alleen mogen komen onder begeleiding van een gids. Kinderen zijn meer dan welkom, maar moeten minstens zes jaar oud zijn.

Baredine, Nova Vas, 042 13 33, mei-jun 10-17, jul-aug 9.30-19, baredine.com. Check excursies en vertrektijden bij Poreč, Zagrebačka 9 (▷28).

PULA/POLA 3

Rock in de 2000 jaar oude arena, zebra's op Tito's oude paradijseilanden en een van Kroatiës beste restaurants. Industriestad Pula is met zijn 60.000 inwoners wel groot, maar niet echt druk bezocht. Naast het oude amfitheater heeft de stad echter nog veel meer te bieden.

Pula wordt gedomineerd door de grote Uljanik-scheepswerf, waar meer dan 3.000 mensen werken. Opgericht in 1856 voor de Oostenrijks-Hongaarse vloot en daarmee een van de oudste werven ter wereld. De keizerlijke dubbelmonarchie is slechts een van de vele imperia die in Pula geregeerd hebben. Vóór hen heersten de Romeinen daar en later leefde men onder andere onder Frankische en Venetiaanse heerschappij. Pula werd net als de rest van Istrië na de Tweede Wereldoorlog herenigd met Kroatië, na jarenlange Italiaanse overheersing. In het Joegoslavië van Tito kon het toerisme zich ontwikkelen. En het communistische luxeverblijf van de president, even buiten Pula op het Nationale Parkeiland Brijuni, is tegenwoordig een van Istriës grootste attracties.

Amfitheater in Pula

's Zomers biedt de arena rockconcerten, klassieke muziek, opera's en filmfestivals. Het imponerende, 2000 jaar oude Romeinse amfitheater vormt de steunpilaar van moderne industrie- en universiteitsstad Pula.

Het werd oorspronkelijk gebruikt voor

IN RESTAURANT VALSABBION WORDT MET HET ETEN GESPEELD. EN ELKE HAP IS EEN BELEVENIS.

gladiator- en roofdiergevechten, precies zoals in het Colosseum in Rome. Oorspronkelijk was er plaats voor 26.000 bloeddorstige toeschouwers, tegenwoordig voor ongeveer een derde daarvan. De ellipsvormige arena stamt uit de 2e eeuw. Hij is 133 meter lang, drie verdiepingen hoog en 105 meter breed. In het ondergrondse gedeelte zie je tentoonstellingen van archeologische vondsten uit het theater en uit andere Romeinse gebouwen.
Flavijevska ulica/Južnjačka utjeha, ⏲ 8-21, 40 kuna, studenten 20 kuna.

Restaurant Valsabbion

De obers knikken met een blik van verstandhouding naar elkaar en pakken vervolgens ieder hun hamer. Met een precieze slag splijten ze de zwarte zoutkubus, waardoor binnenin in een soort vulkaankrater een mossel open gaat. Even later wordt het vlees van de Istrische Boskarin-stier bereid met een keuken brander. Tenslotte is er als dessert venkelijs, warme chocoladesoufflé, gember, madagaskarzout en een druppeltje olijfolie. Het eten in Restaurant Valsabbion bevat 500 g gastronomische hard- en software, 150 g pure creativiteit, 150 g traditie en cultuur, 10 g natuur - en een vleugje irrationaliteit.

Het restaurant ligt aan de mooie Valsabbionbaai, even buiten Pula en biedt uitzicht op de Verudelabaai aan de overkant. De kok gebruikt alleen lokale ingrediënten. Vis en schaaldieren uit Istrië en de Kvarnerbaai. Witte en zwarte truffels uit Livade. Wijn en olijfolie uit het achterland. En soep gemaakt van planten die beneden aan het strand groeien. Het restaurant, onder leiding van de zusjes Sonja en Sandra Peric, behoort tot de beste van Kroatië. De koks hebben stage gelopen in het wereldberoemde, geraffineerde El Bulli in Noord-Spanje.

Ook in Valsabbion kun je beter reserveren. Laat de auto staan – een taxi vanuit het centrum kost 80 kuna; vanuit Verundela is de prijs hetzelfde.
Valsabbion, Pješčana uvala IX/26, lokale bus, 052 218 033, valsabbion.hr, ⏲ dgl. 12-0.

Kaart p. 24

Aquarium Pula
Hier zie je kleurrijke zeesterren en geniepige zeeëgels. En stekelhaaien, met hun halfopen kaken tegen de ruit. Inktvissen die rondzwieren en zich vastzuigen aan het glas, terwijl ze lui op je neerkijken met hun grote, hangende gezichten. En trekkervissen die rondhangen als zwemmende pannenkoeken met verleidelijke, vrouwelijke lippen. Schorpioenvissen en murenen en een heleboel andere fascinerende zeewezens. Het is er wel wat koud en donker – de zon dringt hier niet zo gemakkelijk naar binnen. Aquarium Pula is gevestigd onder in een 120 jaar oud Oostenrijks-Hongaars fort. Dat ligt op het Verudela-schiereiland, even buiten Pula stad. Een mooie, schaduwrijke belevenis voor visliefhebbers en de jongste zeebiologen.
Verudela bb, 091 568 2986, aquarium.hr, volwassenen 25 kuna, studenten 20 kuna, kinderen (3-7 jaar) 15 kuna, dgl 9-21.

De Brijuni-eilanden
Wat geef je een man die alles heeft? Een giraf, een zebra, een antilope, een olifant? De vroegere Joegoslavische president Tito hield van dieren. En als staatshoofden, regeringsleiders en celebrity's de Brijuni-eilanden bezochten, namen ze graag iets exotisch voor hem mee. Tito is al lang dood, maar veel van de dieren leven nog steeds – of hebben nakomelingen gekregen. En tegenwoordig is Veliki Brijuni, het grootste van de eilanden, een klein safaripark.

De eilanden fungeerden van 1947 tot 1979 als Tito's zomerresidentie en op de permanente tentoonstelling Josip Bros Tito op Brijuni krijg je een interessant beeld van de bezigheden van de president. De kleurrijke gastenlijst vermeldt onder anderen Fidel Castro, Ho Chi Minh, Gadaffi, koninging Elizabeth II, Sophia Loren en Elizabeth Taylor. Tito vermaakte zich bovendien met ongeveer 150 vogelsoorten en meer dan 680 verschillende lokale en exotische planten, waaronder palmen, bamboes, eucalyptusen, cypressen en een onbekend aantal kruiden.

De Brijuni-eilanden hebben de status van Nationaal Park, maar worden bovendien nog steeds bezocht door staatshoofden; de Kroatische president heeft er ook een zomerhuis.
Brijuni safaripark, Veliki Brijuni, van Fažana, een paar kilometer buiten Pula. Check vertrektijden op website brijuni.hr, ca. 180 kuna voor transport en entree voor de bezienswaardigheden van het eiland.

De Medulinrivièra
Een zongebruinde vent schiet als een raket uit de blauwe, schuimende mond van de waterglijbaan. En hij is niet de enige. De Medulinrivièra verandert 's zomers van een slaperig vissersdorpje in een populair vakantieresort. Het ligt op 10 kilometer van de arena in Pula, een comfortabele afstand voor de Romeinen die hier in hun zomervilla's vakantie vierden als ze genoeg hadden van gladiatorgevechten. Ook nu nog biedt de Medulinrivièra de beste zwemgelegenheid voor de inwoners van Pula. Behalve de waterglijbanen bij het kindvriendelijke Bijecazandstrand, zijn hier talrijke rotsstrandjes. Bij het dorp Premantura vind je de perfecte surfomstandigheden.

Stelletjes en anderen die ervan houden om alles – en elkaar – voor zichzelf te hebben, moeten richting Kamenjak, aan het zuidelijkste puntje van Istrië. Het is een 10 kilometer lang, beschermd schiereiland met Robinson Crusoebaaien. Als je met de auto komt, moet je rekening houden met een kleine tolbijdrage – en moet je het gebied voor 21.00 uur weer verlaten.
Lokale bus vanuit Pula.

HANDIG OM TE WETEN OVER PULA

Netnummer 052.
Autobusni kolodvor Pula, Šijanska cesta 4. (Rovinj 45 min.), +385 52 500 012
Pula luchthaven, Valtursko Polje 210 (bus van centrum 29 kuna).
Autohuur Hertz bij Hotel Histria op Verudelaschiereiland, 052 21 08 68 en Sixt car rental op het vliegveld, 052 53 03 18.
Windsurfing, Premantura – AC Stupice, 091 512 3646, school 2 uur 300 kuna, 8 uur 800 kuna, 12 uur 1000 kuna, plankhuur 40-100 kuna per uur.
Windsurfing centre Medulin (Hotel Belvedere), 091 512 3646, school 2 uur 300 kuna, 8 uur 800 kuna, 12 uur 1000 kuna, windsurfing.hr.

HET ACHTERLAND VAN ISTRIË

Middeleeuwse burchten tronen op groene heuvelruggen, kunstenaarskolonies krijgen nieuw bloed van buitenaf en mensen gaan op jacht in de beboste dalen vol truffels. In het geïndustrialiseerde Joegoslavië werden kleine steden als Motovun, Grožnjan en Hum bijna ontvolkt. Maar in het begin van de jaren 90 kwam er aandacht voor agrotoerisme in de vorm van boerderijvakanties, wijnteelt en olijfroutes. Sindsdien is Istriës achterland weer opgebloeid. En ook buiten het zomerseizoen is Istrië een bezoek waard.

LAVENDELKWEKERIJ OKLEN ❹

Zodra je de auto uit stapt, komt de lavendelgeur je tegemoet. Het 6 hectare grote lavendelveld toont zijn lila pracht in een dorpje tussen Groznjan en Motovun. Het is in Kroatië het grootste in zijn soort. Binnen verpakt de dochter van de kweker de lavendel in kleine zakjes, te koop voor thuis. Lavendel is goed tegen onder andere migraine en hoofdpijn, depressies en jicht en tegen motten, muggen en andere insecten.

Lavanda Oklen, Vrbani 3, Vižinada, ✆ 052 446 101, ⏲ dgl 9-18.

MOTOVUN (MONTONA) ❺

De vlakke landweg onder in het dal wordt geflankeerd door bossen vol wilde truffels, waardoor Modovun bekend is geworden. De stad zelf ziet er betoverend uit op de top van de begroeide berg – als een diamanten ring op een fluwelen kussen.

De weg naar de 800 meter oude stadsmuur en burcht, die jaarlijks de achtergrond vormen van het bijzondere Motovun Filmfestival, maakt je wagenziek. Maar het is elke samentrekking van je maag waard. De straat richting de top is gevuld met winkels die truffels, olijfolie en lokaal geproduceerde Teran- en Malvasijawijn verkopen. En hier zie je het werk van houtsnijder Toni, die al 35 jaar kunstzinnige voorwerpen uit lindenhout snijdt.

De allergrootste attractie in Istriës middeleeuwse stad is echter het geweldig mooie uitzicht over het dal en de rivier de Mirna, die parallel aan de beroemde truffelweg loopt.

OLIJVENPLANTAGE IPŠA ❻

'Houd het glas in je handen en verwarm het met ronddraaiende bewegingen, net als bij wijn of cognac – neem dan een slokje en

OP ISTRIËS TERRA MAGICA HEERSEN IDEALE OMSTANDIGHEDEN VOOR HET TELEN VAN ONDER ANDERE OLIJVEN. DE FAMILIE IPŠA MAAKT HIER AL GENERATIES LANG GEBRUIK VAN.

Kaart p. 24

merk hoe de frisse, gekruide smaak achter in je mond het best tot zijn recht komt'.

Klaudio Ipša kijkt zijn gasten vrolijk aan. Hij heeft een oude familietraditie nieuw leven ingeblazen. De goede mix van zon, regen en vruchtbare grond is ideaal voor de productie van olijfolie. En met behulp van nieuwe teeltechnieken is het bedrijf in een paar jaar tijd goed gaan draaien.

De 1000 olijfbomen groeien op steile, groene hellingen dicht bij het oude stenen huis in Noordwest-Istrië. Binnen staan de grote roestvrijstalen tanks waarin de olijfolie onder gecontroleerde temperatuur bewaard wordt. Ipša Extra Virgin Olijfolie wordt – zoals vele andere Istrische producten – in de olijfoliebijbel *L' Extravergine* genoemd als een van de beste ter wereld. Proef of je het daarmee eens bent.

Ipši 10, 52427 Livade, ✆ 052 66 40 10. Bel van tevoren en reserveer een rondleiding. Olijfolie te koop voor thuis.

RESTAURANT ZIGANTE ❼

Doradecarpaccio met witte truffel, donkere pannenkoeken met chocolademousse en zwarte truffel, truffel als vulling in een dessert, als vulling van vis of als garnering bij inktvis. *Tartufi* vormen in Zigante het terugkerende karakteristieke element. Het restaurant ligt dan ook in het moederland van deze delicatesse: Aan de rivier de Mirna, dicht bij de bossen waarin de truffelhonden elke herfst worden losgelaten.

Restaurant Zigante is een restaurant voor fijnproevers. En dat terwijl een viergangenmenu in het oude stenen gebouw of buiten in het atrium met elegante witte meubels nog geen 55 euro kost. Misschien omdat het een beetje verstopt ligt in het achterland tussen Motovun en Groznjan. Je kunt er voor kiezen de kok je menu te laten bepalen, maar je kunt ook a la carte dineren. Als je zin hebt in meer, ligt Zigantes truffelwinkel in het pand ernaast. En als je autorijden na al dat heerlijks niet meer kunt opbrengen, kun je boven overnachten.

Livade-Levade 7, 52427 Livade-Levade, lokale bus, ✆ 052 664 302, www zigantetartufi.com, ⏲ 12-23

GROŽNJAN (GRISIGNANA) ❽

In de kleine galeries en werkplaatsen in oude steile straatjes, werken handen en penselen op volle toeren. De kunstenaarshoed schuin op het hoofd, meisjes met blote voeten en uitbundige zomerjurkjes. Hier worden schilderijen, keramiek, handgemaakte poppen, handbeschilderde zijden sjaaltjes, sieraden en nog veel meer verkocht.

Grožnjan is een lieflijk dorp op een kleine bergtop met een schitterend uitzicht op het Mirna-dal en de rest van Istrië. De 15e-eeuwse stadsmuur en -poort zijn gedeeltelijk bewaard gebleven. Ook staat er een mooie barokkerk uit 1770, met prachtige koorstoelen en wandschilderingen.

Na de Tweede Wereldoorlog is het dorp bijna leeggelopen. Maar in 1965 werd het in zijn geheel omgevormd tot kunstenaarskolonie. Sindsdien is het inwonertal gestegen tot tweehonderd. Van juni tot september zijn de straten extra levendig. Dan worden er internationale muziekcursussen voor jonge musici gehouden.

www groznjan-grisignana.hr.

WIJNBOERDERIJ KABOLA ❾

De koude wijnkelder ruikt licht naar verrotting. Het ondergrondse donker vormt een groot contrast met het licht en de groene omgeving boven. Buiten rijpen de druiven op vruchtbare hellingen in de zon. St. Martin beschermt de druiven, zegt men, maar de grote onderaardse vaten spelen natuurlijk ook een rol. In de vaten met 1.800 liter inhoud overwintert de wijn een jaar lang, totdat hij gebotteld wordt. De druiven, waaronder de lokale trots Malvaija, komen uit Momjan en Buje in Noordwest-Istrië. Er worden zo'n 100.000 tot 150.000 flessen per jaar geproduceerd.

Kabola wordt sinds 1891 geleid door de familie Markezic. De rondleiding vormt een goede kennismaking met wijnbouw en biedt natuurlijk de gelegenheid om de verschillende producten te proeven. Reserveer van tevoren.

Kanedolo 90, 52462 Momjan, ✆ 052 77 92 08, www kabola.hr. Volg de borden naar Koper en Momjan, ⏲ 9-17.

AGROTURIZAM TIKEL ❿

Een oude, bijziende man trekt een muilezel over het veld naar huis. Druiventrossen hangen zwaar aan de wijnstokken, geworteld in de rode aarde. Vanaf het terras van Tikel heb je vrij uitzicht op de Cicarijaheuvelrug en de middeleeuwse burcht op de top van Motovun. Wandel over het 13 hectare gro-

DE KROATEN TELEN AL EEUWENLANG DRUIVEN. ZE WERDEN ECHTER PAS ECHT AMBITIEUS TOEN STAATSMONOPOLIES VERDWENEN EN DE WIJNSTOKKEN IN PARTICULIERE HANDEN KWAMEN.

te terrein tussen de konijnen en kippen. De boerderij produceert zowel vlees als groente. Ook de geserveerde Malvasia- en Teranwijnen zijn lokale producten.

Tikel is een van de 180 *Agroturizam*-boerderijen in Istrië. Dit zijn boerderijen die onderdak en ecologische gerechten aanbieden, over het algemeen redelijk geprijsd. De regels zijn eenvoudig doch streng: alle ingrediënten moeten afkomstig zijn van de desbetreffende boerderij of uit de directe omgeving.

Špinovci 88, 52423 Karojba, ✆ 052 083 404, www istra.net. Even buiten Motovun, richting Poreč (23 km vanaf Poreč).

KVARNERBAAI ⓫

Het zoete water van de rivieren mengt zich in de Kvarnerbaai met het zoute, warmere water van de Adriatische Zee. Dit vormt een ideale cocktail voor vis en schaaldieren. De baai grenst in het noordwesten aan Istrië en in het oosten aan de Kroatische kust. Hij vormt een corridor tussen het noordelijke Kroatië en het centrale Dalmatië.

Kvarners grote troef is de oude stad Opatija. En de eilanden her en der in de baai bieden zowel verlaten, rotsachtige landschappen als uitnodigende stranden.

OPATIJA ⓬

Achter het stadsstrand Slatina staan elegante hotels uit *la belle epoque*. In de verte zie je het steile Učka-gebergte, de hoogste berg van Istrië. Vanaf de top heb je een werkelijk prachtig uitzicht over de Kvarnerbaai.

Opatija is een van de oudste toeristenoorden aan de Kroatische kust. Tot 1844 bestond Opatija – toen nog Abbazia genoemd – uit 35 onbeduidende vissershutjes. Maar industrieel en aristocraat Iginio Scarpa bouwde er Villa Angiolina, vernoemd naar zijn echtgenote. In het park met ceders en palmen groeiden al snel bananen, magnolias, bamboe en nog veel meer exotische gewassen, meegenomen door zeelieden en vrienden uit verre oorden.

Bezoekers vertelden aan thuisblijvers over de villa. En met de aanleg van de spoorlijn van Wenen naar Triest in 1873 werd Opatija bereikbaar voor de Centraal-Europese aristocratie. Artsen wezen bovendien op de gunstige ligging in de luwte van het Učka-gebergte. Zij noemden het milde

Kaart p. 24

klimaat met een wintertemperatuur van 10 graden ideaal voor een kuuroord. Het eerste echte hotel werd gebouwd in 1884. En Quarnero – dat nu Kvarner genoemd wordt – is nog steeds een van de meer dan 50 exclusieve hotels in de stad.

Sinds de begindagen kwamen er vele prominente gasten. Zo koos Tito in het vroegere Joegoslavië Opatija vaak uit voor staatsbezoeken. Ook al vormt de enigszins vergane glorie een deel van de charme, niemand in Opatija wil van de stad een wellnessmuseum maken. Er zijn de laatste jaren dan ook verschillende nieuwe resorts en luxeklinieken gebouwd; 'Wenen aan zee' is mooier dan ooit.

Toerismemuseum

'Weet je nog toen we voor het eerst gingen waterskiën; toen kleine Martijn van oma won met midgetgolfen en toen Sandra plotseling verdween bij de ijstaart met sterretjes?' De geschiedenis van het toerisme gaat ver terug, ook in Kroatië.

Na de Oostenrijks-Hongaarse elite vanaf 1884, kwamen in het communistische Joegoslavië de campingtoeristen en backpackers. Het is allemaal te zien op wandpanelen, dia's en ontroerende amateurfilmpjes. Het Toerismemuseum is gevestigd in de mooie Villa Angiolina. De rijke Iginio Scarpa (▷34) bouwde deze villa in 1844 en noemde hem naar zijn vrouw.

Hrvatki muzej turizma, Park Angiolina 1, ✆ 099 2391 446, ⏲ di-zo 10-18, gratis.

Strandboulevard Lungomare

Het korset ingesnoerd, de lange, witte rok strak om de taille en het haar opgestoken onder de breedgerande strohoed. De hand elegant om de parasol – frisse lucht is gezond, maar wel met mate.

Lungomare, de 12 kilometer lange boulevard van Lovran tot Volosko, was vanaf het eind van de 19e eeuw een van de grootste attracties van Opatija. Tegenwoordig is het er iets minder druk, maar de wandeling langs de schilderachtige hotels aan de ene kant en de Kvarnerbaai aan de andere is nog steeds prachtig. Eindig bij Restaurant Le Mandrač – een van de beste van Kroatië.

Restaurant Le Mandrač

Brandnetelgnocchi en vacuümbereide zeeduivel zijn twee van de fantasievolle gerechten die Le Mandrač serveert. Denk ook aan de versgevangen Adriatische Zeetonijn. Dit is een zeldzaamheid, omdat de meeste tonijn naar Japan geëxporteerd wordt. Chef-kok en mede-eigenaar Denis Zembo is opgeleid in Londen, maar als je door de panoramaramen over de Voloskobaai kijkt, begrijp je waarom hij een van Kroatiës allerbeste restaurants precies hier gevestigd heeft.

Obala F. Supila 10, Opatija-Volosko, ✆ 051 701 357, www lemandrac.com, ⏲ 12-0 (2 weken gesloten in januari)

HANDIG OM TE WETEN OVER OPATIJA

✆ Netnummer 051.
i Vladimira Nazora 3, ✆ 051 271 710, www opatija-tourism.hr.
Pula–Opatija 70 kuna.
Naar Cres en naar Krk.
Plitvice 3 uur.

WENEN AAN ZEE. DE OUDE PRACHTHOTELS VAN ROND 1900 STAAN IN OPATIJA ZIJ AAN ZIJ.

ISTRIË EN KVARNER

OVERNACHTEN

ROVINJ

↔ **Hotel - Villa Angelo D'Oro**, Via Svalba 38-42, Rovinj, ✆ 052 840 502, www rovinj.at, www angelodoro.hr. Een whisky in de bibliotheek voor het diner en een nachtmutsje met panorama over de oude stad en Istriës kust.

Als je je graag omringt met antieke meubels, oude olieverfschilderijen en personeel dat er niet moe van wordt je te bedienen, moet je inchecken in Hotel-Villa Angelo D'Oro. Met stijlvol ingerichte kamers met uitzicht. En met toegang tot onder andere jacuzzi, sauna en ruisende binnentuinen waar je koffie kunt drinken, ontbijten en de keuken en wijnkelder van het huis kunt uitproberen.

Het hotel is gevestigd in de oude residentie van de bisschop; een oud 17e-eeuws paleis midden in Rovinjs oude stad. En slechts 100 meter van het strand. In het hoogseizoen moet je rekenen op ongeveer 200 euro voor een tweepersoons kamer, maar in het voor- en najaar zijn er mooie aanbiedingen. Een parkeerplaats krijg je er bij.

↔ **Hotel Eden**, L. Adamovića bb, ✆ 052 800 400. Groot hotelcomplex met lichte, smaakvol ingerichte kamers in de het groene Zlatni rat – tien minuten lopen van Rovinjs oude stad. Fitness, sauna, zwembad, massage en mogelijkheden voor het beoefenen van allerlei sporten; basketbal, tafeltennis, tennis en jeu de boules. Kinder- en pakketreisvriendelijk. Prijzen variëren tussen 600-1.000 kuna per persoon, afhankelijk van het seizoen.

+ **Camp Koversada**, Koversada 52450 Vršar, ✆ 052 441 378, www maistra.hr. Camp Koversada in de buurt van Vršar en aan de oever van het 'fjord' Limski kanaal – is een van Europa's bekendste naturistencampings. Goede sanitaire voorzieningen, zwemmogelijkheden en strand.

PULA

+ **Youth hostel Pula**, Valsaline 4, ✆ 052 391 133. Met zijn ligging aan het strand en twee kilometer van Pula aantrekkelijk voor lowbudgetreizigers, die zowel voor een strandvakantie als voor feesten komen. De kamers zijn niet duurder dan 15 euro – maar dan moet je die wel met zes anderen delen.

POREČ

+ **Camping Zelena laguna**, ✆ 052 410 700, www plavalaguna.hr. Grote, kindvriendelijke camping met speelveldjes, kinderbad, midgetgolfbanen en aktiviteitenprogramma's – ook voor volwassenen. Direct gelegen aan een van Istriës beste stranden, met ruimte voor naturisten. 5 kilometer van

Poreč-stad. Als dat te ver is, zijn er op de camping zowel bars als restaurants. En diverse mogelijkheden om boodschappen te doen.

HET ACHTERLAND VAN ISTRIË

+++ **Hotel San Rocco**, Srednja ulica 2, 52474 Brtonigla – Verteneglio, ✆ 052 725 000, www san-rocco.hr. Mooi hotel met romantische kamers, fijne tuin, aangename bron- en wellnessfaciliteiten, zwembad en kwaliteitsrestaurant.

Hotel San Rocco ligt in het dorp Brtonigla in het achterland van Istrië, 5 kilometer van de kust en dichtbij Istriës gastronomische hoogtepunten. Om de hoek kun je de lokale Cabernet Sauvignon, Pinot Grigio en Chardonnay proeven, of truffels uit Motovun. Bovendien is het slechts 10 kilometer naar de Sloveense grens en in minder dan een uur rijd je naar Triëst in Italië.

+ **Agroturizam Tikel** (▷33). Ecologisch eten, vrolijke huisdieren en nachtrust.

OPATIJA

++ **Design Hotel Astoria**, Ulica Maršala Tita 174, 51410 Opatija, ✆ 051 706 350, www hotel-astoria.hr, www vi-hotels.com. Oud van buiten, nieuw van binnen. Mooi modern hotel, centraal gelegen in Opatija.

ETEN & DRINKEN

ROVINJ

+++ **Monte**, Montalbano 75, ✆ 052 830 203. Lekker eten in een mooie omgeving aan de voet van de St. Euphemiakathedraal (▷25). Gourmetmenu's en a la carte. Zonder twijfel Rovinjs beste restaurant.

PULA

+++ **Valsabbion** (▷30). Kroatische kookkunst in een van de toprestaurants van het land.

POREČ

++ **Restaurant Sv. Nikola**, Obala Maršala Tita 23, ⏲ 11-23. De mosselen komen uit het nabije 'fjord', de vis is gevangen in het bassin voor de deur en de specialiteiten van het huis zijn genoemd naar de favoriete gerechten van de dochters. Ook andere kinderen zijn welkom in het restaurant met goede prijs-kwaliteitverhouding. Daarom is er naast stijlvolle meubels ook ruimte gemaakt voor kinderstoelen.

HET ACHTERLAND VAN ISTRIË

+++ **Restaurant Zigante** (▷33). De truffelmeester in het hart van het truffelland.

+++ **Konoba Toklarija**, Sovinjsko Polje 11, 52420 Buzet, ✆ 052 663 031, ⏲ 13-22, dinsdags gesloten. Konijnroulade, salade van wilde asperges en gerechten met witte truffels en *prosciutto*. Konoba Toklarija ligt in het dorpje Sovinjsko Polje

tegenover het Butonigameer, in een 600 jaar oud stenen familiehuis. Eerder werd het gebruikt voor de productie van olijfolie. In Istrië rijdt men ver voor goed eten, dus ook al ligt het kleine restaurant een beetje afgelegen, het is een goed idee om te reserveren.

+ **Agroturizam Tikel** (▷33). Ecologisch eten en drinken in mooi gelegen landbouwbedrijf.

OPATIJA

+++ **Le Mandrač** (▷35). Het gastronomische hoogtepunt in de Kvarnerbaai.

UITGAAN

ROVINJ

ZanziBar, O.P. Budicina bb. ⏲ tot in de late uren. De meisjes bewegen verleidelijk op latinmuziek en de jongens bestellen de drankjes. Het overdekte terras is ingericht in koloniale stijl, met donkergevlochten meubels en grote, witte loungekussens. Het is propvol, ook met mensen die wachten op de liefde van hun leven.

Zanzibar is een van Rovinjs beste plekken voor zien en gezien worden. En als er geen interessante mensen zijn, heb je altijd nog het mooie uitzicht op de haven, vakkundig geschudde cocktails en ze verkopen sigaren.

Valentino bar, Sv Krizia 28. ✆ 052 830 683, ⏲ 10-1. De champagne staat koud, de golven spoelen langzaam over de rotsen, de maan belicht de Adriatische Zee en op de pier heeft een man zijn armen om zijn vrouw geslagen. Klinkt het bijna afgezaagd?

Valentino bar is voor romantici - als de witte rieten stoelen zat bent, kun je op kussens buiten op de rotsen aan het water zitten. Goede cocktails en een mooi uitzicht op eiland Sv. Katarina en de luxejachten die buiten Rovinj ronddobberen.

Monvi, ✆ 052 545 197, www monvicenter.com. Rovinjs attractiepark nummer een voor volwassenen – en bijna-volwassenen. Behalve snackgelegenheden en cocktail- en wijnbars vind je er onder andere galeries, discotheken en een 'amfitheater' voor openluchtconcerten en -feesten.

Monvi is de plek waar je na zonsopgang pas vertrekt en waar liefhebbers van elektronische muziek internationale dj's en kunstenaars als Timo Mass, Sven Vaeth, Basement Jaxx en Asian Dub Foundation kunnen beluisteren.

POREČ

Byblos, Zelena laguna bb, www byblos.hr. Smaakvol ingerichte 4000 m^2 grote nachtclub bij Zelena laguna. Wisselende programmering en internationaal gerenommeerde dj's als de Franse dj en producer Martin Solveig. Er wordt vooral house, zwetende r&b en elektro gedraaid.

PULA

Café Uliks, Uliks, Trg Portarata 1, ✆ 052 219 158. Grappen voor ingewijden waar hard om wordt gelachen en klinkende bierpullen. *Uliks* – Ulysses – is een kleine, springlevende bar aan Sergis triomfboog in het centrum van Pula. De naam refereert aan het meesterwerk van de Ierse schrijver James Joyce. In het begin van de 20e eeuw woonde hij hier met zijn vrouw Nora op een steenworp afstand, terwijl zij Engelse les gaf in Berlitz. Buiten staat een beeld van de magere Joyce met zijn karakteristieke hoed en hoornen bril, kijkend naar zijn Kroatische huis.

Bura Beach Bar, Ližnjan Marina, www burabeach.com. ⏲ tot in de late uren. Overdekte strandbar met hangmatten, loungestoelen en goede cocktails. Een 200 jaar oude vijgenboom die schaduw geeft en verschillende dj's die opduiken als de zon onder gaat. Groene omgeving en uitzicht op de Adriatische Zee.

Bura Beach Bar ligt in het dorp Ližnjan – een kwartier rijden van Pula – en trekt zowel meisjes die zich thuis hebben omgekleed als degenen die net het water uitkomen. Lokale sfeer, *global attitude*. Af en toe live muziek. Volg de weg van Pula naar Medulin en daarna naar Ližnjan. Na het dorp richting zee, voorbij de baai met viskotters.

OPATIJA

Café Palme (in Hotel Bristol), Ulica Maršala Tita 108, ✆ 051 706 300, www hotelbristol.hr. ⏲ 8-23. Uitstekende Weense taarten en goede koffie. In de geest van het oude Habsburgse vakantieparadijs.

SHOPPEN

ROVINJ

Galerija Peti-Božić, Grisia 22, ✆ 091 578 65 28, ⏲ 9-20. Scheve verhoudingen, eenvoudige verfstreken en knallende kleuren. Kroatië staat bekend om naïeve kunst en de bijzondere Hlebine-school – genoemd naar een dorp in Noord-Kroatië dat veel grote naieve kunstenaars heeft voorgebracht (▷11).

Ook Marija Peti-Božić, die verschillende tentoonstellingen in onder andere Zagreb hield, hoort bij deze school. Haar galerie en winkel in Rovinjs hoofdstraat dragen de naam van de kunstenaar en worden gerund door haar man, die de talenten van zijn vrouw trots en vrolijk laat zien.

Sheriff & Cherry, Carera 6, ✆ 052 84 23 10, www sheriffandcherry.com. ⏲ ma-vr 10-17, za 10-15. Internationaal design van de meer vernieuwende soort, waaronder WoodWood.

POREČ

Markt, Trg Joakima Rakovca, Poreč, www porec.hr, ⏲ dgl. Truffel- en olijfolie, wijn en grappa, kunst en kunstnijverheid en bergen vers fruit en groente – lokale specialiteiten uit Istrië. Op de grote markt in het hart van Poreč kun je zowel dingen kopen om meteen op te eten als herinneringen voor thuis. Je mag onderhandelen over de prijs.

PULA

Zigante Tartufi, Smareglina 7, ✆ 052 214 855, www zigantetartufi.com, ⏲ dgl. 9-21. Mooie delicatessenwinkel in het hart van Pula. Behalve een grote keuze in witte en zwarte truffels, truffelproducten, kaas en olijfolie vind je hier ook goede, lokaal geproduceerde wijn.

Markthal Gradska tržnica, Narodni trg, www gradpula.com, ⏲ 8-21. De grote overdekte markthal, opgetrokken in een mooie stalen constructie, vormde in 1903 een prestigieus object. Ook vandaag de dag een van Istriës beste plekken om inkopen te doen. Binnen vind je alle soorten vis en vlees en in de bars en restaurants op de eerste etage kun je lekker eten en drinken. Buiten, onder de verkoelende kastanjebomen, worden groente en fruit verkocht. Alles is natuurlijk ecologisch.

HET ACHTERLAND VAN ISTRIË

GROŽNJAN

Zigante Tartufi Enoteka, U. Gorjan 5, ✆ 052 776 099, www zigantetartufi.com, ⏲ dgl tot 21. Gevestigd in het Spinotti-Morteanipaleis, een van de mooiste gebouwen van Grožnjan. In de oogsttijd zijn hier verse zwarte en witte truffels uit het Mirnadal te koop. Maar ook andere truffelproducten als truffeltapenade met bospaddestoelen, schapenkaas met truffels en truffelsnacks.

De winkel verkoopt ook Istrische wijn en olijfolie en delicatessen uit de omgeving.

DE LEUKSTE ADRESSEN

58105-A
DUSA

SPLIT EN CENTRAAL DALMATIË

Zwaluwen cirkelen rond de grote Jadrolinijaferry's. Oude vrouwen omarmen reizigers die uit de geopende mond van het schip stromen. De sjacheraars in de straten kunnen de dienstregeling met militaire precisie voordragen en roepen *'rooms, rooms, apartments for rent. Excuse me, sir, do you need place to stay?'* Een buschauffeur volgt het schouwspel onder het genot van een sigaret, terwijl hij zich klaar maakt voor vertrek.

De haven krioelt van mannen in blauwe overalls en vissers met petten op het hoofd en gezichten van leer. En van kapiteins die hun uniform met de waardigheid van een vorst dragen. Ze laten een spoor van olie, zweet en aftershave achter en werken allemaal in de belangrijkste sectoren van Dalmatië: in de scheepvaartindustrie, de visserij en het toerisme. Die overigens allemaal met elkaar te maken hebben: de kapitein stuurt de grote ferry's, de ferry's vervoeren de toeristen en de vissers leveren voedsel aan de altijd drukbezochte restaurants.

ROMEINS ERFGOED

Centraal Dalmatië is met zijn gunstige ligging aan de Adriatische Zee populair in Kroatië. En is dat al vele duizenden jaren; of zo lang de kust bewoond wordt. Dalmatië heeft zijn naam te danken aan de Illyrische stam die de Romeinen *Dalmatea* noemden, de bewoners van de oostelijke Adriatische kust in de eerste eeuw voor Christus. Later vestigden de Romeinen zich hier. Zij lieten de vele gebouwen, steden en cultuurhistorische werken die tegenwoordig op ansichtkaarten staan, achter.

DE REPUBLIEK VENETIË

Het Romeinse rijk viel in twee delen uiteen. Dalmatië was even een speelbal tussen het West-Romeinse rijk en Byzantium, waarbij laatstgenoemde won. Maar de Dalmatiërs kwamen in opstand en sloten verschillende pacten met de Pannonen in het huidige Noord-Kroatië. De opstand werd neergeslagen en Dalmatië kwam bijna 800 jaar lang onder Venetiaans gezag. Toen ook deze republiek uiteenviel, stond een nieuwe grootmacht klaar en kwam het in 1797, net als de rest van Kroatië, onder Oostenrijks-Hongaars bewind.

AAN DE CENTRAAL DALMATISCHE SCHERENKUST SCHOMMELEN LUXEJACHTEN EN CATAMARANS STEVEN AAN STEVEN.

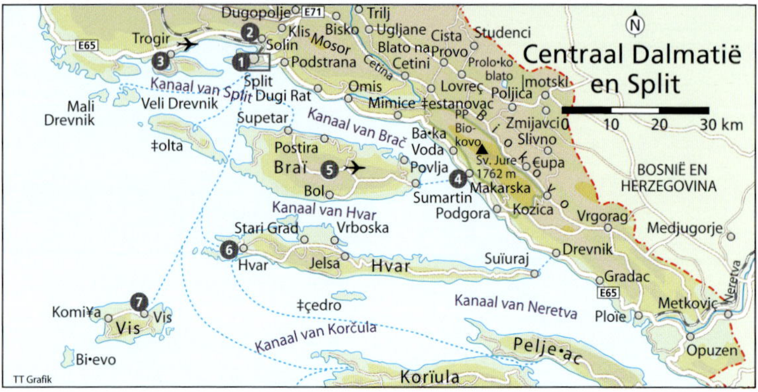

❶ Split (▷deze pagina) ❷ Salona ❸ Trogir ❹ Makarska-rivièra ❺ Brač en Zlatni rat ❻ Hvar Stad ❼ Vis

PATRIOTTISCH DALMATIË

Er moesten nog 200 jaar verstrijken voordat Dalmatië opging in het zelfstandige Kroatië. Na de Eerste Wereldoorlog werd het ingelijfd door het Koninkrijk van de Serviërs, Kroaten en Slovenen en na de Tweede Wereldoorlog maakte het deel uit van het communistische Joegoslavië. Niet tot ieders tevredenheid, want toen het in 1990 begon te wringen tussen de Joegoslavische republieken, kwam een lang onderdrukt patriottisme naar boven. Verschillende Dalmatische steden staan nog steeds bekend om hun steun aan de generaals die de thuisbasis en het vaderland tijdens de oorlog in het vroegere Joegoslavië met alle middelen verdedigden. Kapiteins, vissers en scheepswerfarbeiders vechten ook hier voor een gemeenschappelijke zaak.

IN DIT HOOFDSTUK

Split, de hoofdstad van Centraal Dalmatië en Kroatiës op een na grootste stad, is veruit de interessantste in het gebied. Het heeft goede verbindingen met de populaire vakantiebestemming de Makarska rivièra.Bezoek ook een van 's lands mooiste eilanden **Hvar en de eilanden** in de Centraal Dalmatische archipel. In het bergachtige achterland kun je onder andere wandelen en raften op de Cetina rivier.

SPLIT ❶

Een mannenkoor in witte gestreken overhemden zet nog eens in, om cd's te verkopen. Mensen zitten met hun koffiekopjes op de trappen langs de Peristil. In Split vormt het culturele erfgoed niet slechts versiering. De stad is gebouwd rond het meer dan 1700 jaar oude paleis van de Romeinse keizer Diocletius, gericht op de Centraal-Dalmatische eilanden in de Adriatische Zee.

Voordat Diocletius hier ging wonen, was het gebied dunbevolkt. En nadat hij zich in 305 weer uit het gebied terugtrok, bleef de omvang van Split tot ver in de middeleeuwen beperkt tot binnen de muren van het paleis. Een reeks wisselende lokale leiders droeg bij aan het verval van het paleis, maar het keizerlijke complex leefde in de 7e eeuw onverwacht op. De bevolking, op de vlucht voor de binnentrekkende Slaven en Avaren, verliet toen de antieke buurstad Salona om zich hier te verschansen. In ruil voor hun zelfbeschikkingsrecht, kwamen de inwoners onder Byzantijnse voogdij en in de 11e eeuw werd Split opgenomen in het Hongaars-Kroatische koninkrijk.

❶ Paleis van Diocletius ❷ Peristyle ❸ Havenboulevard Riva ❹ Vismarkt ❺ Bačvice-strand

 Kaart p. 42

Later werd Split onder de republiek Venetië een belangrijke handelsstad. Toen de zeevaart in de 17e eeuw tot bloei kwam, groeide de stad tot ver buiten de paleismuren. Het werd een belangrijke schakel in de handel tussen Venetië en het Turkse deel van de Balkan. Toen Split in de 19e eeuw in het Oostenrijks-Hongaarse rijk werd ingelijfd, kwam er schot in de industrialisering. Door de aanleg van spoorwegen, een effectiever gebruik van de haven en het bouwen van een scheepswerf. Die ontwikkeling zette zich na de Tweede Wereldoorlog voort, toen de grote industrieën arbeidskrachten van buiten aantrokken. De nieuwelingen moesten ergens wonen en de enorme, tot 30 verdiepingen hoge, betonnen woonblokken die net buiten het centrum staan, tonen dat de prioriteit toen niet bij mooie architectuur lag. Ook in de Joegoslavische oorlog in de jaren 90 werd Split het doel van volksverhuizingen, deze keer voor Kroatische vluchtelingen uit Herzegovina.

Overal in de stad laat de graffiti sympathie zien voor de oorlogsheld – of -misdadiger – Ante Gotovina. En men laat blijken dat de oorlog niet vergeten is. Split werd er echter nooit direct door geraakt en als de zomernachten uitnodigen tot drankjes onder de hemel in het paleis van Diocletius, lijkt de oorlog in elk geval lichtjaren ver.

PALEIS VAN DIOCLETIUS ❶

Op het plein voor de poort staat een gigantisch beeld van bisschop Grgur Ninski uit Aenona. Zijn grote teen is helemaal glad geworden door de vele handen die hem elke dag aanraken. Want als je dat doet, gaat een wens in vervulling. Het beeld is in 1929 gemaakt door Kroatiës beroemdste beeldhouwer Ivan Meštrović en staat voor de 4,5 meter hoge Porta Aurea (De Gouden Poort). Deze vormt de noordelijke van de vier toegangswegen tot het paleis en de oude stad. Het paleis, met een oppervlakte van 180 x 215 meter, de gevel naar de zee gewend en verdedigingsmuren en -torens aan de drie landzijden, heeft veel van zijn oorspronkelijke architectuur behouden. Zoals een tempel en een mausoleum voor de keizer, wiens sarcofaag verwijderd werd toen het mausoleum 500 jaar later omgebouwd werd tot kerk.

Diocletius' paleis is het enige Romeinse paleis dat het centrum van een middeleeuwse stad werd en nu nog deel uitmaakt van die stad. In het oude stadsdeel wonen meer dan 3000 mensen. In de wirwar van steegjes en straatjes zie je alle bouwstijlen van de oudheid tot in onze tijd. Het staat allemaal op de Werelderfgoedlijst van UNESCO.

PERISTYLE ❷

Een straatmuzikant speelt R.E.M. voor een trouw, bierdrinkend publiek binnen in het Romeinse paleis. Het peristyle, de ruimte voor de verblijven van de keizer, fungeert nu als aangename ontmoetingsplaats en als toneel voor allerlei artiesten. Vroeger was het plein voor de domkerk omgeven door een rij Egyptische marmeren en granieten zuilen, onderling verbonden door bogen, maar alleen de oostelijk zuilenrij met open arcades is bewaard gebleven. Aan de westkant zijn de zuilen geïntegreerd in middeleeuwse gevels. En een reeks trappen voert naar de lange, ondergrondse passage waar tegenwoordig de kraampjes van sieraden- en souvenierverkopers staan. Vervlog hier de excursie in de ondergrondse verblijven van de keizer.

HAVENBOULEVARD RIVA ❸

Jonge meisjes lopen heupwiegend over straat, terwijl ze de bewonderende blikken

DE VISMARKT IN SPLIT IS EEN BELEVENIS. OOK ALS JE NIET DOL BENT OP DAT WAT DE ZEE TE BIEDEN HEEFT.

Kaart p. 42

HET 1700 JAAR OUDE PALEIS VAN DIOCLETIUS STAAT ER NIET ALLEEN VOOR DE SIER, HIER SPEELT ZICH OOK HET UITGAANSLEVEN VAN SPLIT AF.

van voorbijgangers registreren van achter hun designbrillen. Nergens anders in Kroatië zie je zo veel winkels met designzonnebrillen. Intussen rusten oude mannen met stokken uit onder de hoge palmbomen. Je hoort gesnurk vermengd met tienergelach en het gebrom van de ferrymotoren in de verte. Verderop meren de ferryboten aan. Split is de toegangspoort tot Dalmatiës scherenkust en de staatsrederij brengt de passagiers naar de eilanden voor de zonnigste kust van Kroatië.

Havenboulevard Riva, parallel aan de muren van het paleis van Diocletius, is de laatste 100 jaar het centrum van Splits kleurrijke volkscultuur. Er zijn vaak concerten, parades en demonstraties op Riva – ook demonstraties tegen de renovatie van de havenpromenade, waaraan in 2007 zonnepanelen en een spiegelgladde bestrating werden toegevoegd.

VISMARKT ❹

Grote, brullende mannen in blauwe overalls, gespierde dwergen met gelooide huid en vrouwen met stemmen als schuurpapier. De vishandelaars klinken als opgewonden speakers bij de paardenrennen, maar de lucht van versgevangen vis vertelt je al van ver waar het hier om draait. Je ziet er emmersvol sardines, grote, bloedrode tonijn, volwassen kreeften en garnalen zo groot dat je blij bent dat je boven aan de voedselketen staat. Onthoud de gouden regels: verse vis heeft blinkende schubben, heldere ogen, rode kiewen (niet grauw), stevig vlees en ruikt naar de zee. Vraag de vishandelaar de vis in ijs te pakken. Verse vis moet je bewaren bij 0-2 graden en dezelfde dag opeten.

Ribarnica, Marmontova (achter langs Trg Republike), ⏲ dgl 7-14.

BAČVICE-STRAND ❺

Met acrobatische handigheid en de techniek van Braziliaanse voetballers, liggen de jongens horizontaal om de bal boven water te houden. Ze worden maar net belicht door de lichtkegels van de omringende strandbars. Daar bespreken de gasten onder het genot van koele cocktails en dorstlessende biertjes de toestand van de wereld, de lokale voetballiga en de bikinilijn.

Bačvice is overdag bijna een gewoon zandstrand even ten zuiden van de haven,

Kaart p. 42

maar na het vallen van de avond stijgt de temperatuur een paar graden. Nachtzwemmers en feestgangers zorgen ervoor dat Splits stadsstrand 's avonds minstens zo levendig is. Bačvice ligt een kwartier lopen van het paleis van Diocletius, voorbij de ferryterminal en het treinstation.

HANDIG OM TE WETEN OVER SPLIT

Netnummer 021.

Trg Republike 2, 021 34 86 00, visitsplit.com. dalmacija.net.

Luchthaven Cesta dr. Franje Tuđmana 96 P.P.2 Kastela, 021 203 555, split-airport.hr. Vluchten naar Zagreb. Internationale verbinding met veel grote steden. Luchthavenbus van Obala Lazareta 3 (aan de haven/ Riva).

Autobusni kolodvor, Obala Kneza Domagoja Domagoja 12, 060 327 777, ak-split.hr. Verbinding met Zadar, Zagreb, Rijeka, Pula en Rovinj. Dubrovnik–Split 111 kuna. Het land uit naar Ljubljana (Slovenië), Međugorje, Mostar, Sarajevo (Bosnië en Herzegovina). 37 naar Solin, Split luchthaven en Trogir.

Station, Željeznički kolodvor, Obala Kneza Domagoja 11, 060 833 444, Domagojeva obala 9.

Ferry's naar Hvar, Ubli (Lastovo), Supetar (Brač) en Rijeka-Zadar-Split-Dubrovnik. Marina: ACI Split, 021 398 548, hele jaar aci-club.hr.

LEUK OM TE DOEN

SALONA 2

Romeinse soldaten voeren de paasprocessie aan. Hun vuurrode uniformen verlichten een kille voorjaarsdag. Zeven misdienaren in het wit staan te klappertanden, terwijl fakkeldragers zich warmen aan hun vlam. De priester draagt zijn tekst plechtig voor en de 400 discipelen in de ruïnes van de oude stad luisteren geduldig.

Salona ligt tussen Trogir en Split, vlak bij de monding van de rivier Jadro, aan de voet van de berg Kozjak. In het opgravingsgebied bevinden zich resten van oude stadsmuren, thermische baden, mozaïeken, villa's, grafplaatsen en een amfitheater uit de eerste helft van de 2e eeuw na Christus. Toen kondern er 20.000 mensen zitten, die zich konden vermaken met bloedige gladiatorgevechten en andere vormen van theater.

Salona is misschien niet zo bekend als Knossos en Pompeji, maar in de bloeiperiode woonden hier toch 60.000 inwoners – drie keer zoveel als in die stad ten zuidoosten van Napels. In het jaar 240 werd Gajus Aurelius Valerius Diocletius hier geboren en ook toen hij inmiddels keizer van het Romeinse rijk geworden was, vergat hij zijn geboortestreek niet. Op zestigjarige leeftijd liet hij een paleis bouwen in het kleine Grieks-Illyrische vissersplaatsje Aspalathos – het huidige Split. Vele honderden jaren na Diocletius' dood vernielden oprukkende Slaven en Avaren zijn geboortestad en vestigden zich op hun beurt in het lege keizerlijke paleis.

Split-Trogir. Stap uit bij Solin (8 km). Hierna is het ca. 2 km, af te leggen per taxi of te voet. 20 kuna.

TROGIR ❸

Rondom liggen de ongenaakbare bergen, maar Trogir lonkt met zijn wuivende palmen, volle mandarijnbomen, een levendige groentemarkt en een haven met Dalmatische kerktorens.

Je komt de stad vanuit het noorden binnen via de meer dan 400 jaar oude renaissancepoort met beeld van de patroonheilige en eerste bisschop, Ivan Ursine (1066-1111). In de ommuurde stad verschijnen door UNESCO beschermde straten en gebouwen met terrassen, straatmuzikanten en klassieke concerten. De romaans-gotische kathedraal Sv. Lovre, gebouwd tussen 1200 en 1400, bevindt zich aan het centrale plein. Het portaal uit 1240 is van de hand van lokale meester Radovan en wordt geflankeerd door twee leeuwen die Adam en Eva dragen. Binnen vind je onder andere een achthoekige stenen preekstoel uit de 13e eeuw en de Sv. Ivan-kapel, een belangrijk renaissancemonument uitgevoerd door Nikola Firentinac, een leerling van de Italiaanse beeldhouwer Donatello. De kathedraaltoren biedt een duizelingwekkend uitzicht over de stad – en op een andere bezienswaardigheid op het plein, het 15e-eeuwse stadhuis.

Split-Trogir (27 km), 22 kuna.

MAKARSKA-RIVIÈRA ❹

Aan de ene kant torenen de gouden Biokovo-bergen, aan de andere kant eindigt de glooiing bij de blinkende, blauwe zee met rotsachtige inhammen, naakte zonaanbidders en langgestrekte witte zandstranden, die vooral veel gezinnen met kinderen aantrekken.

De 60 km lange Makarska-rivièra begint even ten zuiden van Split, en strekt zich aan beide kanten van de stad Makarska uit, richting de havenstad Ploče – de ingang naar de vruchtbare Neretva-delta. De lange rij badplaatsen was in het vroegere Joegoslavië een van de populairste strandbestemmingen. En de laatste jaren hebben veel reisorganisaties de rivièra een vaste plaats in de catalogi gegeven. Ook als je niet kiest voor steden als Makarska, Baška Voda of Brela, vormt de rit langs een van de mooiste stukken van de Kroatische Adriatische kust een mooie dagtocht. Rond Brela bevinden zich meerdere kleine inhammen met stenen, maar de grootste troef van de stad is het langgerekte zandstrand Punta Rata. Het water is hier, net als overal langs de kust, helder en schoon. Of het ook, zoals het Amerikaanse businessblad *Forbes* beweert, het beste strand van Europa is, valt moeilijk te zeggen. In het achterland met de hoogste bergen van Dalmatië kun je goed hiken.

Split-Dubrovnik.

BRAČ EN ZLATNI RAT ❺

Het paleis van Diocletius is er uit opgetrokken. En het Witte Huis in Washington. En Tito's Vila Bled in Slovenië (▷119). Evenals de imposante parlementen in de hoofdsteden Boedapest en Wenen. Het eiland Brač staat boven alles bekend om het witte kalksteen dat al vanaf de oudheid gebruikt wordt. Ook de huizen in de hoofdstad van het eiland, Supetar, zijn gebouwd van glimmend witte stenen uit de steengroeve. De autoferry uit Split legt hier overigens aan.

Ook al wordt de havenstad mooi omheind door dichte dennenbossen, kleine baaien, sinaasappelplantages en bloeiende oleanders, velen trekken naar de kleine stad Bol aan de zuidkant van het eiland, op 33 km (40 minuten) afstand. Bol ligt op een vruchtbare vlakte aan de voet van het hoogste punt van het eiland, de berg Vidova gora (778 meter boven zee), waar mooie wandelpaden naartoe leiden. De grootste attractie is echter het zandstrand Zlatni Rat, een landtong van 1 km lang. Een van de mooiste stranden en beste surfplekken in Kroatië. Van april tot oktober waait hier een stevige westenwind.

Split- Brač, lokale bus tussen Supetar en Bol.

Kaart p. 42

HVAR EN EILANDEN

Backpackers gooien hun rugzak af bij het groene baken en wachten tot de ferry aanmeert. Verderop aan de kade schommelen de luxejachten steven aan steven. De luie kapiteins hebben uitzicht op cocktailbars en meisjes die in een zelfgeleerd catwalkloopje over de gladde tegels van de palmboulevard schrijden.

Hvar trekt reizigers met alle soorten budgetten. En ook al is het zonrijkste eiland van Kroatië voor velen onbekend, het kent een lange toeristische traditie. Het begon in 1866, toen de Oostenrijkse dokter Franz Unger naar Hvar kwam en ontdekte dat het klimaat op het eiland ideaal was voor de behaneling van mensen met luchtwegproblemen. Een reeks ondernemende inwoners onder leiding van bisschop Juraj Duboković pikte het idee op. En met het vestigen van Hvars gezondheidsvereniging *Higijensko društvo Hvar* creëerde men niet alleen een verband tussen recreatie en reizen, maar ook een van de eerste Europese toeristische verenigingen en het eerste Hotel op Hvar.

Hvar was met zijn rozemarijn- en lavendelvelden, sappige druiven en citrusfruit al vroeg een populaire bestemming in de Kroatische archipel. De Grieken koloniseerden Hvar en de hele Adriatische kust eeuwen voor Christus en doopten het eiland Pharos – later verdraaid in Hvar. Het daaropvolgende Romeinse bewind werd in de middeleeuwen afgelost door het Kroatisch-Hongaarse koninkrijk. Maar pas onder de Venetianen (1420-1797) kwam er echt vaart in de ontwikkeling. Uit deze periode stammen dan ook de grootste culturele erfgoederen. Nadat Hvar in de 19e eeuw en tot de Eerste Wereldoorlog onder Oostenrijk viel, werd het eiland in het socialistische Joegoslavië een *fashionable* vakantieoord. En sinds Kroatiës onafhankelijkheid is het alleen maar populairder. Doordat *Traveller Magazine* Hvar uitriep tot een van de mooiste eilanden ter wereld, ontdekten ook Amerikaanse reizigers de potentie van het eiland.

Het aanbod van restaurants is groot; de goede liggen helaas wel ver uit elkaar. Het klimaat is hier goed voor de druiventeelt – proef onder andere de lokale *Hvar Plavac*. De hoofdstad Hvar en de omliggende Pakleni eilanden vormen de grootste attracties. Maar maak ook een tocht door het heuvelachtige achterland met zijn talrijke lavendelkwekerijenen en rozemarijnvelden.

DE AUTOLOZE PALMBOULEVARDS MET VELE CAFÉS VORMEN EEN MOOI DECOR OM LEKKER OM JE HEEN TE KIJKEN, MAAR OOK OM GEZIEN TE WORDEN.

HVAR STAD 6

Het eiland en de hoofdstad dragen dezelfde naam. Normaal is het aantal inwoners zo'n 4.000, maar 's zomers verdubbelt dat. Je ziet veel luxejachten. Vanaf een afstand lijken de *floating homes* die je normaal in de roddelbladen ziet op grote cruiseschepen. En elke keer als je er een ziet, vraag je je toch af of tenniscelebrity Goran Ivanišević er op zit. Of zou het Chelsea-milliardair Roman Abramovich zijn? Hier komen echter niet alléén maar oude sportsterren of nouveau riche zakenmensen. Want ook al lokken mondaine nachtclubs en exclusieve stranden kapitaalkrachtige bezoekers, het is hier net zo aantrekkelijk voor backpackers. Die gaan op ontdekkingsreis tussen met klimop begroeide patriciërshuizen en onderzoeken de meer dan 20 onbewoonde eilanden rondom Hvar.

Stefanskathedraal

Straatjongens voetballen op het plein voor Hvars meest imponerende gebouw. De renaissancekathedraal Sv. Stjepan werd gebouwd in de loop van de 16e en 17e eeuw en is opgedragen aan Hvars beschermheilige Stefan. Binnen, in de koelte onder de gewelven, vind je waardevolle schilderijen en liturgische voorwerpen – onder andere een vergulde bisschopsstraf uit 1509.

Trg Sv. Stjepana, ⏲ 8-12 & 17-20.

Fortica Španjola (de burcht)

Beneden glinsteren de elektrische lampjes als duizenden vuurwerksterretjes. De Pakleni-eilanden tekenen zich er af tegen de monding van de baai. Er zijn minstens twee goede redenen om de burcht boven op Hvar te bezoeken. Natuurlijk het uitzicht vanaf de burcht. En bij het beklimmen van de steile trappen vanaf het plein onderaan in Hvar stad doe je weer de nodige lichaamsbeweging op. Hij werd in het midden van de 6e eeuw gebouwd als verdedigingswerk.

⏲ zomer 8-0, winter 8-21, 5 kuna.

Arsenaal

Onder de hoge boog aan het centrale plein bevond zich vroeger een scheepshelling. Hier werden voornamelijk oorlogsschepen opgeslagen en gerepareerd. Het Arsenaal werd gebouwd van 1579 tot 1611. En in 1612 kreeg de bovenste etage de functie van theater. Inmiddels is het het oudste openbare theater in Europa. De huidige inrichting (uit 1806) herbergt ook een bioscoop en een galerie.

Trg Sv. Stjepana bb (aan de haven).

Pakleni-eilanden

De Pakleni-eilandengroep tegenover de stad Hvar lijkt op een lange, gebogen dinosaurusstaart. De stranden zien eruit als een ononderbroken gouden lint rond de vruchtbare binnenlanden. Jerolim ligt het dichtstbij en nodigt uit tot het imiteren van Adam en Eva. Stipanska cove is sinds de jaren 20 geliefd onder de naturisten.

Watertaxi. Vraag naar de prijs voor vertrek.

Palmizanastrand

Het water is schoon en helder en fonkelt als pasgezeemd glas. De sterke geur van rozemarijn op de vruchtbare, bosbegroeide hellingen rondom het strand mengt zich met die van zonnebrandcrème. Het Pamizana-strand op

STADSSTRANDEN

Je hoeft het zicht op de renaissancepaleizen en cocktailbars niet op te geven als je wilt zwemmen. Zowel ten oosten als ten westen van de markt Pijaca bevinden zich mooie stranden. Volg hiervoor de weg langs het Arsenaal, waar de luxejachten en ferry's aanmeren. Rond de landpunt, aan de voet van het 15e-eeuwse franciscanenklooster, ligt een strand met zowel stenen als pieren.

Het mooiste strand bevindt zich echter aan de andere kant, voorbij de haven aan de voet van het Amfora-hotel. Hier, tegen de achtergrond van schaduwrijke naaldbomen, kun je aan het kiezelstrand zowel waterfietsen als bootjes huren. (Ligstoel 30 kuna per persoon per dag, parasol 20 kuna, waterfiets 30 kuna).

Als je voor luxe gaat, kun je op een van de mooie houten vlonders liggen, die vanaf de oever boven het water uitsteken. Hier lig je onder verkoelende baldakijnen en heb je je eigen badhokje om je om te kleden. Een baldakijn voor twee personen kost 500 kuna, een parasol 200 kuna. En als je dorst hebt, krijg je boven op de veranda voor 200 kuna cocktails met uitzicht op zee.

Kaart p. 42

HET ZWEMWATER IN KROATIË IS SCHONER DAN OP DE MEESTE PLAATSEN IN EUROPA. MAAR VELEN BRENGEN ER HUN TIJD HET LIEFST ONDER PARASOLS DOOR, ZOALS HIER IN HVAR.

het kleine eiland dat dezelfde naam draagt, is het beste strand van Hvar – en van heel Kroatië. De vaartocht vanaf Hvar alleen al is de moeite waard.

Watertaxi. Vraag naar de prijs voor vertrek.

LEUK OM TE DOEN

VIS 7

Duikers in zwarte pakken schieten als dolfijnen uit het water omhoog en beginnen onmiddellijk te vertellen over hun belevenissen op de zeebodem.

De belangstelling voor de Kroatische archipel groeit snel. Een van de nieuwe, populaire bestemmingen is het kleine eiland Vis, het verst bewoonde eiland aan de Dalmatische scherenkust. Tot 1989 was het een afgesloten militair gebied. Nu wonen er zo'n 3000 mensen. Er gaan vele onderwateravonturiers naartoe om te duiken naar scheepswrakken.

De vissersdorpjes Vis en Komiža liggen ieder aan een kant van het eiland, verbonden door een slingerweg. Het is ongeveer een kwartier rijden van het ene naar het andere dorpje.

Hvar-Vis (35 min.) dgl vertrek mei-sep. Split-Vis (2 uur) hele jaar.

MODRA ŠPILJA

Het water in de onderwatergrot breekt het licht, intens blauwe kleuren verschijnen zo mooi op de wanden, dat je mond van bewondering openvalt.

Rond het middaguur, als de zee rustig is, dringen zonnestralen de grot binnen en reflecteren een magisch blauw, terwijl alles onder water als zilver oplicht. Modra špilja (*de blauwe grot*) werd ontdekt in 1884 en ligt op Biševo, een klein eiland van slechts 5,8 km^2, 5 km ten zuidwesten van Vis. Oorspronkelijk kon je de magie bereiken via een natuurlijke onderwateringang, maar nu is er een entree die het mogelijk maakt naar binnen te varen. Modra Špilja moet je beleven rond lunchtijd, als de zon op de waterspiegel voor de grot schijnt.

Watertaxi en excursies Vis/Komiža – Modra špilja (denk aan zwemkleding).

HANDIG OM TE WETEN OVER HVAR

Netnr. 021.

Trg Sv. Stjepana 16, 021 741 059, hvar.hr. Op de website staan o.a. vertrektijden van:

Autoferry Jadrolinija: Sućuraj-Drvenik en Stari Grad-Split. Split: 33 83 33, Hvar: 74 11 32,

Tussen ferryhaven en Hvar Stad. Of een van de vele particuliere busverbindingen, de prijs is bijna hetzelfde (ca. 30 kuna).

Kaart p. 42

OVERNACHTEN

SPLIT

↔ **Le Meridien Lav**, lemeridien.com. Nieuw aangelegde landschapstuinen, golven die de vestibule in stromen en een interieur Van de Italiaan Lorenzo Bellini. Centraal Dalmatiës eerste viersterren hotel ligt in Podstrana, een half uur van de luchthaven, en een kwartier rijden vanaf Split centrum. Als je dat te ver vindt, kun je ontspannen in het spa- en wellnesscentrum Diocletian met sauna, Turks bad en verschillende soorten massage.

↔ **Hotel Vestibul Palace**, Iza Vestibula 4, 021 329 329, vestibulpalace.com. Modern en stijlvol ingericht hotel in het hart van het paleis van Diocletius, een steenworp van boulevard Riva en Peristyle. Een mooi, zelfstandig hotel.

HVAR

↔ **Hotel Amfora**, Hvar bb, suncanihvar.com, 021 750 300. Mooi gelegen aan een van de beste stranden van Hvar stad. Met extra watervermaak bij het hotel.

VIS

↔ **Hotel San Giorgio**, Petra Hektorovića 2, 021 711 362, hotelsangiorgiovis.com. Centraal gelegen hotel in de oude stad van Vis met restaurant en kamers met uitzicht.

ETEN & DRINKEN

SPLIT

↔ **Restoran Nostromo**, Kraj Sv. Marije 10, 091 405 6666, restoran-nostromo.hr, 11-23. Prima klein restaurant tegenover de vismarkt. De ingrediënten zijn vers en te koop bij de buren. Geen creditcard.

↔ **Šperun**, Šperun 3, 021 346 999, 11-23. Goede, niet pretentieuze *konoba* met afbeeldingen van Diocletius op de muren, ongedwongen bediening en uitstekende visschotels. Als je eens geen zin hebt in *seafood*, hebben ze ook prima vleesgerechten. Probeer dan bijvoorbeeld lam en *janjetina na zaru*.

+ **Stellon**, Setalište Bačvice bb, ma-do 8-0, vr-zo 8-1. Stijlvol ingerichte pizzeria, die ook veel vis, schaal- en schelpdieren serveert. Prima gelegen aan het stadsstrand en met een sfeer die uitnodigt om tot lang na het dessert te blijven.

+ **Tonik juice bar**, Ban Mladenova 5, 098 641 376, ma-za 8-21, zo 8-15. Hier kun je terecht voor vitaminerijk voedsel in vloeibare vorm. Tonik maakt versgeperste sappen en smoothies in Amerikaanse hoeveelheden. Met bergen kiwi, manga, ananas en gember. De ingrediënten kies je zelf.

TROGIR

↔ **Konoba Tragos**, Budislavićeva 3, 021 884 729, 10-0. Solide gemetselde muren, sepiakleurige foto's aan de wand en plaatselijke sentimentele muziek die Dalmatië bezingt. Proef bijvoorbeeld *pasticado* – kalfsvlees met gnocchi in een bijzondere saus.

HVAR

↔ **Yaksa**, Hektorovićeva bb, 021 717 202, 9-1. Romantisch restaurant, elegant ingericht, ook in het atrium buiten. De prijzen liggen misschien een beetje hoger dan elders, maar gerechten worden het hele jaar door met de beste lokale ingrediënten bereid.

↔ **Restoran Palmižana**, Palmižana, 021 717 270, 11-23. Solide kookkunst onder een bamboedak op Hvars mooiste strand. Binnen hangt lokale kunst, buiten dringen lavendel en rozemarijn je neus binnen. En halverwege komt de bekende Kroatische tv-kok Ana Ugarković voorbij om even in de pannen te roeren.

VIS

+ **Doručak kod Tihane**, Obala Sv. Jurja 5, 021 718 472, 8-23. Breakfast bij Tihana doet een beroep op nostalgie en is gevestigd in hotel Tomić uit 1911, het eerste hotel op Vis. Na de Tweede Wereldoorlog werd Vis gesloten militair gebied van het Joegoslavische leger. Pas in 1992 kon de traditie herleven. Hier kom je voor uitzicht, versgeperst sap 's morgens en heerlijke gerechten tot laat in de avond.

UITGAAN

SPLIT

Žbirac, Bačvice-stranden, zbirac.hr, zo-do 7-0, vr-za 7-1. De veranda ligt onder de naaldbomen en de koffie wordt gedronken met uitzicht op het strand en de nachtzwemmers. Zibrac is de ontmoetingsplaats voor de *Splićani* die wel graag een strandbar willen, maar dan niet à la Ibiza. De prijzen zijn studentvriendelijk en als het buiten koud is, kun je naar binnen verhuizen waar je het strand kunt zien op foto's aan de muur.

Puls, Mihovilova širina. Puls ligt in een kleine zijstraat achter Peristil. Het is overdag meestal gevuld met koffieklanten en 's avonds met jongeren die hun dorst met andere drankjes lessen. Het is niet ver naar buurcafé Fluid – een goede gelegenheid om aan de praat te raken met iemand anders dan waar je mee uit bent. Binnen is het interieur industrieel ,maar dat ontdek je pas als je naar de wc gaat.

Getto, Dosud 10, 021 346 879, 10-1. De zwarte T-shirts zitten zoals ze moeten zitten, het haar is langer dan van andere Kroatische mannen en de meisjes kicken op rock-'n-roll en Albert Camus.

Lvxor, Carski trg/Kraj Sv. Ivana 11, 021 341 082, 8-0, vr-za 8-1. Elegant café met een mix van oudheid en Wenen anno 1900. Hier vind je goede taarten, prima service en onberispelijke koffie. En als je de welvingen en kroonluchters wel hebt gezien, kun je buiten tussen de 1700 jaar oude zuilen van het paleis van Diocletius op een kussen lekker loungen.

HVAR

Hula Hula Beach Bar, Majerovića bb, mei-okt 24 uur per dag. Slaap is een onhandige gewoonte die je in je vakantie wel kunt missen. De toegewijde dj doet er alles aan om de gasten wakker te houden tot zonsopgang, als de hemel buiten Hvar betoverende kleuren aanneemt. Later kun je op krachten komen in de ligstoelen voor de bar. Electronica, house en soul. Relaxte sfeer dicht bij Hotel Amfora.

Carpe Diem, Riva bb, 021 742 369, carpe-diem-hvar.com, 9-3. De gewillige gogomeisjes dansen uitdagend tussen de zuilen. En te oordelen naar de kring rondom hen, hebben ze veel bewonderaars. Overdag een relaxte hangout aan de haven, 's nachts een van de levendigste plekken op Hvar.

SHOPPEN

SPLIT

Vinoteka Bouquet, Trg Franje Tuđmana 3, 021 348 031, vinoteka.hr, 8-21, za 9-13. Lokale Dalmatische wijn en andere goede cadeaus.

Sfinga, Kraj Sv. Ivana 5, 9.30-14 & 17.30-20, za 9.30-14, 021 346 387. Fantasievolle, handgemaakte leren producten, waaronder tassen, portemonnees, sieraden en sleutelhangers.

Vismarkt (▷44). Straatleven en delicatessen van Dalmatiës scherenkust.

HVAR

Markt op Riva, Riva bb, dgl. 7-20. De kraampjes op de strandboulevard verkopen lavendelproducten, rozemarijn, olijfolie en vele ander mooie herinneringen.

Tanja Ćurin, Burak 4, 021 91 506 7140. Unieke Kroatische sieraden in verschillende prijsklassen.

DUBROVNIK EN ZUID-DALMATIË

Auto's kruipen over de helling omhoog als wagons van een oneindig lange goederentrein. Hun koplampen lijken flakkerende ogen in de nacht. Gasten van het restaurant genieten van hun visschotels en van het uitzicht op de haven, waar vissersboten gevuld met ingrediënten voor de volgende dag binnenlopen.

De hel brak los op 6 december 1991, toen het uit de hemel boven Dubrovnik kogels regende. Het kruis op de Srdberg werd neergehaald, de massieve muren rond de barokstad beefden en vijandige oorlogsschepen lagen zwaarbeladen in de centrale haven. Achter de stadsmuren stegen vlammen en rook op. Hier waren de inwoners sinds de belegering van Cavtat en andere omliggende steden al maanden bang voor, en nu werden de angstige vermoedens bewaarheid. De oorlog had ook Dubrovnik bereikt.

HEROPBOUW

De belegering duurde langer dan een half jaar. Dubrovnik kwam er niet onbeschadigd uit, maar hoopte op een snelle wederopbouw. De inzamelingen voor een positie als UNESCO-beschermde stad, en dus een bekende toeristenbestemming, kwamen snel op gang. De volgens velen mooiste kuststad ter wereld was er al na enkele jaren weer bovenop, en had de positie van drijvende kracht van de bestuurlijke eenheid van Zuid-Dalmatië, het kanton Dubrovnik-Neretva, weer ingenomen. Behalve uit Dubrovnik bestaat het Neretvakanton uit de steden Metković en Ploče in de Neretvadelta, en de eilanden Korčula, Mljet en Lopud.

EEN WANDELING OVER DE STADSMUUR BIEDT ONDER ANDERE UITZICHT OVER HET OUDE DUBROVNIK EN HET EILAND LOKRUM.

WISSELENDE OVERHEERSERS

De voorvaderen van de regio waren aanvankelijk speelbal tussen verschillende stammen, imperia en stadsstaten. De Illyriërs kwamen het eerst, de Romeinen namen het over, Slaven en Avaren trokken binnen in de vroege middeleeuwen en meer recent waren respectievelijk Napoleon, de Habsburgers, Italiaanse fascisten en Joegoslavische communisten de baas in zuidelijk Dalmatië.

Dubrovnik onderscheidt zich echter wezenlijk: de stad was honderden jaren lang een zelfstandige staat – totdat het Wener congres de stad in 1915 onder Oostenrijkse heerschappij dwong – en heeft een sterke lokale identiteit en vrijheidsdrang. Mensen uit Dubrovnik zijn niet minder trots dan andere Kroaten – maar ze zijn er in de eerste

❶ Neum ❷ Ston ❸ Mali Ston ❹ Trsteno-arboretum ❺ Korčula ❻ Dubrovnik (▷57)

plaats trots op dat ze uit Dubrovnik komen. De inscriptie op het Lovrijenac-fort buiten de stadsmuren luidt: *Non bene pro toto libertas venditur auro* (vrijheid is niet te koop voor al het goud van de wereld). Misschien was het die geest waar de heroïsche vrijheidsstrijd tijdens de Servisch-Montenegrijnse belegering begin jaren 90 van doordrenkt was.

EEN NIEUW BEGIN

Na de onafhankelijkheid van Kroatië leefde de hele regio op. En nu stromen duizenden mensen naar de Dalmatische archipel en naar Dubrovnik, trotse motor van het Neretvakanton. Voor sommigen gaat het haast te snel. De lokale salarissen kunnen de inmiddels bijna internationale prijzen moeilijk bijhouden. Het zijn dan ook zelden mensen uit Dubrovnik die je in de dure restaurants en loungebars ziet zitten. Positief is daarentegen dat de relatie tot de buren in Montenegro, slechts een half uur hiervandaan, merkbaar verbeterd is. En de Montenegrijnen komen nu met heel andere bedoelingen naar de stad.

IN DIT HOOFDSTUK

Dubrovnik ligt aan een smalle, rotsachtige kuststrook. Met de kale Dinarische Alpen aan de ene en de Adriatische Zee aan de andere kant. Een weg door **Dubrovniks voorsteden** voert over een smalle eenbaansweg naar wat ooit de badplaats Neum in Bosnië en Herzegovina moet worden. Vlak voor Neum strekt de vlakke, vruchtbare Neretvadelta zich uit. De belangrijkste eilanden in de Zuid-Dalmatische archipel zijn Korčula en het Nationale Parkeiland Mljet – beide binnen bereik van **Dubrovnik**.

DUBROVNIKS VOORSTEDEN

Het asfalt op de smalle kuststrook is gloeiend heet. Er rijden grote bussen, zwaarbeladen vrachtwagens, caravans en motorrijders vol adrenaline.

Badgasten springen in de baaien van de Adriatische Zee. Af en toe verleidt een afrit nieuwsgierige automobilisten af te slaan of te stoppen. Volg hun voorbeeld. Ook al ben je op weg naar Dubrovnik, er zijn vele redenen om de rest van Zuid-Dalmatië niet over te slaan. De weg uit Centraal Dalmatië voert door vruchtbare delta's, Bosnië en Herzegovina, botanische renaissancetuinen en kanalen die bekend staan om hun schelpdieren.

NERETVA-DELTA

Een sportvisser steekt boven het hoge riet uit. Het water rond de oude bouwvallen waar boten aanleggen is overdekt met witte waterlelies. Voorbij een inham ontvouwt zich, tussen een sierlijk net van drijvende paden, een patchworkkleed van vochtige velden in wisselend groene nuances. Een fata morgana midden in het stenen berglandschap van Dalmatië.

Op weg naar de Adriatische Zee mondt de mooie Neretvarivier uit in de 200 m2 grote Neretvadelta. Dit is een vruchtbaar landbouwgebied en een tijdelijk toevluchtsoord voor vele vogelsoorten op weg naar Afrika. Het is ook een mooi visgebied. Je kunt er onder ander de Adriatische zeeforel vangen die zich thuis voelt in het brakke water van de lauwwarme lagunes. De delta is vanaf de hoofdweg ook goed te zien vanuit de auto.

🚌 Split–Dubrovnik.

Kaart p. 54

NEUM ❶

Het café en de goedkope supermarkt op een plateau boven Neum in Bosnië en Herzegovina vormen een vaste stop voor de toeristenbussen, bijvoorbeeld op weg van Split naar Dubrovnik. De chauffeurs en passagiers stromen naar binnen om voor de halve prijs sigaretten, chocola en nog veel meer te kopen. Een deel daarvan wordt al genuttigd voordat de bus verder rijdt.

In de loop van een paar jaar is er een groot verschil in prijsniveau en levensstandaard ontstaan tussen de buurlanden die tot 1991 beide deel uitmaakten van Joegoslavië. Neum is ook een populaire badplaats; de enige van Bosnië en Herzegovina. Neum kan zich niet meten met de schoonheid van Dubrovnik, maar heeft veel goedkope producten te bieden. En daar wordt in de hoofdstad van Zuid-Dalmatië flink voor geadverteerd.

🚌 Split-Dubrovnik, Mostar-Dubrovnik enz.

STON ❷

Een vijf kilometer lange muur bestrijkt de bergrug. Ook de oude stad beneden is door een muur omringd. Ston, of Veliki Ston, was vele jaren de noordelijkste verdedigingspost van de Republiek Ragusas (Dubrovnik) en de belangrijkste plaats na de hoofdstad. De vestingwerken moesten Ston en de republiek weren tegen aanvallen vanaf zee en de gewilde en lucratieve zoutvlaktes, die nog steeds aan het stadje grenzen, beschermen.

En dat is gelukt. Je kunt er nog steeds zakjes zout kopen waar Ston op staat. Een wandeling door de kleine stad met renaissancepaleizen en gotische huizen is zonder twijfel de moeite waard.

MALI STON ❸

De zon staat hoog boven de houten palen en zeilen die over het zoutbassin gespannen zijn. Ze verraden Mali Stons belangrijkste rijkdom en inkomstenbron. De toevoer van vers, zuurstofrijk water uit de Adriatische Zee maakt de smalle strook tussen het schiereiland Pelješac en het vasteland een sublieme plek voor de teelt van mosselen en oesters. Oesterteelt kent hier een lange traditie en met hun scherpe

❶ Hoofdstraat Stradun ❷ Dubrovniks stadsmuur ❸ Buža beach bar ❹ War Photo Limited ❺ Sponzapaleis ❻ Rectorpaleis ❼ Copacabanastrand ❽ Stadsstrand Banje ❾ Kotor ❿ Mljet

Kaart p. 54

DE VRUCHTBARE NERETVA-DELTA LIGT ALS EEN GROEN EILAND MIDDEN IN HET ADRIATISCHE ZEEGEBIED.

blik weten de telers precies wanneer het tijd is de planktonetende weekdieren los te snijden. Oesters zijn meestal eetbaar na 3 tot 4 jaar, maar ze kunnen wel 15 jaar langer leven. Daar hoef je niet op te wachten. Langs Obala Maršala Tita - een kwartier lopen van buurstad Ston (▷55) doen meerdere restaurants (▷61) goede zaken met het afrodisiacum uit de zee. Een populaire plaats voor weekendtrips en verliefde stelletjes.
Dubrovnik–Orebić.

TRSTENO-ARBORETUM ❹

Een 500 jaar oude oosterse plataan verwelkomt je buiten met gebogen takken, de kruin een beetje scheef. Binnen staan Chinese palmen zij aan zij met peperbomen, gingko's, mirten en verschillende citrusbomen.

Het Trsteno-arboretum is een van de alleroudste van Europa. Aangelegd in een renaissancepark uit de 15e eeuw, dat toebehoorde aan de aristocratie van Dubrovnik. Behalve de uitgebreide verzameling planten en bomen uit de hele wereld, hebben ze een fontein versierd met Neptunus en nimfen en biedt het terras uitzicht op de haven van Trsteno en de Elafitieilanden.

Potok 20, Trsteno, Dubrovnik–Orebić, mei-okt 8-20, nov-apr 8-17, 15 kuna.

LEUK OM TE DOEN

KORČULA ❺

In de schemering lijkt Korčula op een gigantische hangar, of een slang die net gegeten heeft. Zuid-Dalmatiës grootste eiland beweert de geboorteplek van Marco Polo te zijn en ook al ontkennen velen (vooral in Venetië en Genua) dat de Kroatische eilandbewoners vernoemen van alles en nog wat naar de man die in heel Europa China tot leven bracht. Restaurants, hotels, en zelfs een museum dat het geboortehuis van de ontdekkingsreiziger zou zijn, dragen zijn naam.

Bezoek op Korčula de gelijknamige hoofdstad aan de noordoostkust. De meeste huizen in het oude stadsdeel zijn opgetrokken in goudkleurig steen, gedolven op het kleine eiland Vrnik tegenover de haven. Dat geldt ook voor de 700 jaar oude kathedraal St. Marco, geschapen door bouwmeester Andric in gotische renaissancestijl. Er is ook het stedelijk museum Gradski muzej Korčula dat met vondsten uit de oudheid tot en met modern kookgereedschap de geschiedenis van de stad navertelt. Rijd het eiland ook eens helemaal rond en bezoek bijvoorbeeld de charmante havenstad Vela Luka.

Autoferry vanaf Orebić op de punt van schiereiland Pelješac (▷55).

Kaart p. 54

DUBROVNIK ❻

Elke dag schrijden duizenden mensen over Stradun, de spiegelgladde kalkstenen winkelstraat in Dubrovniks oude stad. Japanse dames met witte handschoenen en een parasol, Russische nouveaux riches die met geld smijten, Amerikanen en Europeanen. En natuurlijk een deel van de 3500 mensen die binnen de stadsmuren wonen.

De afgelopen 30 jaar waren verschillende gebeurtenissen bijna fataal voor de Zuid-Dalmatische hoofdstad. Eerst een aardbeving in 1979 en daarna de bombardementen in 1991 en 92, toen Servische en Montenegrijnse troepen de stad belegerden. De schade was enorm en zo ook het bedrag die gemoeid waren met de wederopbouw van watervoorzieningen, gebouwen en infrastructuur. Die bedroeg iets minder dan 2 miljard euro. De wederopbouw was ook alleen mogelijk door donaties van UNESCO, Europese hulpfondsen en inzamelingen onder geëmigreerde Kroaten in landen als USA, Australië en Canada.

Nu heeft Dubrovnik haar positie als Kroatiës best bezochte vakantiestad weer ingenomen. Met jaarlijks 2774 zonuren, prima stranden en beschutting van de berg Srd tegen de koude continentale lucht is dat niet verwonderlijk. En er is nog veel meer te zien dan alleen de architectuur van de paleisstraten in de oude stad.

HOOFDSTRAAT STRADUN ❶

De gepolijste kalksteentegels zijn zo glad dat je je er bijna in kunt spiegelen. De wandelaars glijden erover, speurend naar een leeg plaatsje op een van terassen in de hoofdstraat. Anderen komen er voor de doofstomme dhr. Maro – een van de twee overgebleven barbiers in Dubrovnik.

Stradu –of Placa, zoals de straat ook heet– is Dubrovniks levensader. Hier liggen de prominentste gebouwen van de barokstad en kun je de stadsmuur beklimmen. Stradun werd in de 12e eeuw aangelegd, toen het smalle kanaal tussen Dubrovniks Slavische en Romeinse nederzettingen gedempt werd. Hier hebben ze na de bombardementen in de jaren 90 bijzonder veel geld moeten uitgeven aan herstelwerkzaamheden. Zo was de grote 15e-eeuwse bron Onofrio op Stradun flink beschadigd, maar die ziet nu er weer prachtig uit. Vlakbij vind je de centrale Pile-poort met de beschermheilige van de stad, St. Blasius. 🚌 4, 6.

DUBROVNIKS STADSMUUR ❷

Een kijkje in Dubrovniks woningen, waar supermanpyjama's te drogen hangen tussen de barokgebouwen. Een kijkje over de rand naar beneden, waar jongens een balletje trappen tegen een kerkmuur. Rondom uitzicht over de terracottadaken van de stad, die na 1991 nieuwe dakpannen gekregen hebben. Over het Lokrum-eiland buiten Dubrovnik. En op ooghoogte het Lovrijenac-fort en andere vestingwerken. In de diepte staat strandbar Buža op de verticale rotswand. Bij het geluid van de golven op de rotsen zijn bezoekers aan het lezen of zonnebaden. Of ze drinken cocktails. Overal op de 25 meter hoge stadsmuur heb je mooie panorama's. Ga in ieder geval naar het Minčetafort op het uiterst noordwestelijke punt. Daar is de oude stad met de zee op de achtergrond op zijn fotogeniekst. De stadsmuur is versterkt met drie ronde en twaalf vierkante torens, vijf bastions, twee uitwendige hoekvestingen en de vesting St. Ivan. Er werd vijf eeuwen lang aan gewerkt, van de 12e tot de 17e eeuw.

De bijna twee kilometer lange wandeling over de stadsmuur duurt anderhalf uur. Of

HET WATER SLAAT TEGEN DUBROVNIKS STADSMUUR. IN DE STAD POLIJSTEN DUIZENDEN VOETEN DE GLADDE KALKSTEENSTRATEN.

een beetje langer, als je onderweg stopt voor een drankje. De zon brandt er vaak onbarmhartig, dus denk aan een zonnehoed. Als je goede foto's vanaf de stadsmuur wilt maken, sta dan vroeg op of wacht tot later op de dag.
Toegang op Stradun links van de Onofrio-bron, ⏲ 8-17.30, 50 kuna, 4, 6.

BUŽA BEACH BAR ❸

Cold drinks staat er kernachtig buiten op het bord. De entree via een gat in de muur is ook niet opzichtig te noemen. Buža is niet zo makkelijk te vinden, maar de volhouder wordt beloond met de best gelegen bar van de stad. Onder het rieten afdak aan de rotskant van de stadsmuur, gericht naar de Adriatische Zee heb je uitzicht op het eiland Lokrum en zeilboten die diepte geven aan de Dalmatische zonsondergang. Een romantische plek waar je ook met de mannen onder elkaar kunt komen. Je kunt Buža het makkelijkst vinden aan de hand van de St. Ignatiuskerk, op het open plein Poljana R Boškovića). Loop tot boven aan een trap die doet denken aan de Spaanse Trappen in Rome.
Od Margarite, een steenworp verwijderd van de St. Ignatius-kerk op Poljana R. Boškovića, ⏲ 10-na middernacht, 4, 6.

WAR PHOTO LIMITED ❹

Kindsoldaten in Congo, bloedbad in Chad, mijnen in Bosnië, terreur in Bagdad. Oorlog is een onuitputtelijke bron en War Photo Limited toont uitsluitend oorlogsfotografie in al zijn messcherpe, koele eenvoud. De oorlog in voormalig Joegoslavië is natuurlijk goed gedocumenteerd en de galerie huist midden in Dubrovniks oude stad, waar zich een van de bekendste belegeringen uit de recente Europese geschiedenis afspeelde. De Kroaten zijn de oorlog allesbehalve vergeten, maar de galerie hier laat met onverheeld cynisme zien dat de oorlogstrom inmiddels op vele nieuwe slagvelden klinkt. De tentoongestelde foto's zijn afgedrukt, maar ook te zien op displays.
Antuninska 6 (zijstraat van Stradun), ✆ 020 322 166, ⏲ mei-okt di-za 10-16, zo 10-14, jun-sep dgl 9-21, nov-apr gesloten, war-photoltd.com, 4, 6, 30 kuna.

SPONZAPALEIS ❺

'Onze weegschalen toleren geen bedrog. Als ik de goederen weeg, weegt de Heer samen met mij'. Deze inscriptie is, in Latijn, op de boog van de ingang van het tolhuis van de stad gezet, om burgers gerust te stellen. Tijdens de hoogtijdagen van de Republiek Dubrovnik als handelsmacht en stadsstaat, kwamen alle goederen door het Sponzapaleis.

Nu is het paleis staatsarchief en Museum van Dubrovniks Verdedigers. Een vredige ruimte, met ook hier de architectonische mix van renaissance en gotiek. In woord en beeld worden er de burgers herdacht die in '91-'92 de verdediging van de stad met hun leven betaalden. Maar er worden ook klassieke concerten gegeven in het atrium.
4, 6.

RECTORPALEIS ❻

Beethovens Kreutzersonate komt tot leven onder de blote hemel van het atrium. De violist en pianist trekken zich er niks van aan dat mensen blijven toestromen in de met zuilen omringde binnenplaats. Zowel muziek als locatie zijn bovengemiddeld mooi – moeilijk te zeggen welke het aantrekkelijkst is.
Het Rectorpaleis is eigenlijk helemaal geen concertzaal. Het mini-Dogepaleis werd gebouwd als woning voor de wisselende rectoren van de stadsstaat, en als zetel van het bestuur van Dubrovnik. Het gebouw van architect Onofrio de la Cava uit de tweede helft van de 16e eeuw bevat nu Dubrovniks museum. Maar je ziet nog sporen uit de tijd toen het gebouw de democratie meer rechtstreeks diende. Boven de deur naar de vergaderruimte van de senaat staat bijvoorbeeld *Obliti privatorum publica curate*; 'Vergeet privéaangelegenheden en denk aan het algemeen belang'.
Pred Dvorom 3, ⏲ dgl 9-18, 20 kuna, 4, 6.

LAPADSTRANDEN ❼

'Dit zou het begin van een mooie vriendschap kunnen zijn,' zegt Marko in het Kroatisch. Jesse knikt begrijpend. Tussen sprookjesdieren onder de naaldbomen langs de strandboulevard zijn de allerjongste ambassadeurs het snel eens. Andere stranden, die in het verlengde van elkaar rond het speelterrein liggen, zijn ook kindvriendelijk. Hier vind je stenen waar je goed winkeltje op kunt spelen, betonnen onderlagen voor balspelletjes en zand voor het bouwen van kastelen. Vader en moeder hoeven zich ook niet te vervelen. Er zijn verschillende bars en restaurants op de stranden. En het uitzicht op de rotsen in de baai en de groene bossen op de omliggende

Kaart p. 55

heuvels zijn net zo boeiend als een goed hoofdstuk in je strandpocket. Het Lapadschiereiland staat ook bekend om zijn vele hotels. En, zoals je overal in de steile straatjes kunt zien, verhuren veel mensen kamers aan grote en kleine waterratten.
6.

COPACABANASTRAND ❼

Een waterglijbaan lanceert je de Adriatische Zee in; het duurt een paar seconden voordat je je weer kunt oriënteren. Achter het strand, waar meisjes in bikini doen denken aan Rio, kun je opdrogen in de zon terwijl je iemand verslaat met tafeltennissen. Of je vindt gewoon iemand om mee te voetballen of midgetgolfen.

Het kindvriendelijke 'Copacabanastrand' ligt in Babin kuk, het gebied op de punt van het Lapadschiereiland, ongeveer 6 kilometer van Dubrovniks oude stad. Vanaf de ligstoel (te huur voor ca. 30 kuna per dag) heb je uitzicht op Dubrovniks rotsachtige entree aan de andere kant van de baai. En op de mooie Tuđmanbrug, dat als een groot spinnenweb tussen de bergwanden zit gekleefd. De brug is vernoemd naar Kroatiës eerste president, die in zijn vaderland een betere reputatie heeft dan in het buitenland.
6.

STADSSTRAND BANJE ❽

De meisjes hebben een dagje vrij van hun luxejacht. Ze showen hun Dolce&Gabbana- en Guccibikini's op het sjieke stadsstrand links van de Pločepoort – de oostelijke toegang tot de oude stad. Bij East West Beach Club bestellen bruingebakken mannen in bermudashorts 's morgens vroeg al dry martini's, terwijl ze zakelijk snel de mooiste vrouwen aanwijzen. Het Banje-stadsstrand staat bekend om zijn aantrekkingskracht op de *rich and famous* – maar onderscheid maken tussen de sociale klassen als mensen hun kleren uitdoen is moeilijk. Probeer maar eens.
lokale bus naar de Pločepoort (met de auto vlak na Hotel Excelsior).

HANDIG OM TE WETEN OVER DUBROVNIK

Netnummer 020.
Dubrovačkih branitelja 7 (Pile) 020 427 591, 020 426 253, tzdubrovnik.hr.
Centraal busstation in Gruž op Obala Ivana Pavla II. 44a, Split–Dubrovnik (4,5 uur, ca. 120 kuna). Lokale bus 10 kuna aan boord, 8 in de kiosk, 25 voor een dagkaart.
Radio taxi, 24 uur, 020 970, taxistandplaats bij het busstation.
Rent a car, Avis, Obala Ivana Pavla II 1, 091 314 30 10.
Luchthaven, 773 171, 773 328 (lost and found), airport-dubrovnik.hr, transferbus naar het centrum (Pilepoort), 35 kuna.
Wandelingen met gids in en rond Dubrovnik, dgl mei-nov. Verzamelplaats Onofriobronn (Stradun), geen reservering – check dubrovnik-walking-tours.com.

LEUK OM TE DOEN

KOTOR ❾

De Lovćen-berg rijst donker en machtig boven de stadsmuren uit. Slippers klepperen in de straatjes. Oude adellijke paleizen leunen naar voren over de pleinen waar gasten op terrasjes de geschiedenis van de gevels kunnen aflezen. Langs de haven pendelen minibusjes tussen Kotor en de steden die een lint vormen langs de zuidelijkste fjord van Europa. Beleef de natuur en de UNESCO-beschermde stad in buurland Montenegro, slechts een uur van Dubrovnik.
, , dgl, met zowel bus als boot – informatie bij (▷59) over organisaties, prijzen en vertrektijden.

MLJET ❿

De zoutwatermeren liggen als grote blauwe ogen tussen de dichte aleppodennenbossen en de Romeinse ruïnes rond de havenstad Polače. De landbouwgrond staat bol van de goede druiven en sappige olijven. En langs de rotsachtige kust groeien de bijzondere Dubrovačka zečina en andere planten die alleen hier voorkomen.

Sommigen (vooral hier op het eiland) beweren dat dit het eiland Ogygia is. Dat is het eiland waar de Griekse held Odysseus door de nimf Kalypso zeven jaar gevangengehouden werd als sexslaaf, op zijn weg terug naar zijn geboorte-eiland Ithaka. Onder het dorp Babino polje liggen in elk geval grotten waar dat soort verschrikkingen plaatsgevonden zouden kunnen hebben. En als is je fantasie maar half zo groot als die van Homerus, dan is alles mogelijk.
Autoferry van Dubrovnik (Gruž) naar Sobra (2,5 uur, 216 kuna per auto, 32 kuna per persoon), of met de catamaran Nona Ana naar Polače 90 min, np-mljet.hr.

OVERNACHTEN

DUBROVNIK

+++ **Hotel Bellevue**, Pera Čingrije 7, 020 330 00, hotel-bellevue.hr. Vijfsterrenluxe met panoramauitzicht, privéstrand, jacuzzi in badkamer en suites waar je niet meer weg wilt. En het is maar een 'catwalk' van een kwartiertje naar de oude stad.

++ **Hotel Lero**, Iva Vojnovića 14, 020 341 333, hotel-lero.hr. Groot hotel in toeristenklasse dat er van buiten niet indrukwekkend uitziet. Maar de grootste troef is het uitzicht over zee. En vanuit de oude stad loop je er in slechts 10 minuten naartoe.

KORČULA

Hotel Korčula, Obala dr. Franje Tuđmana 5, 020 711 07, hotelkorcula.com. Centraal gelegen, mooi oud hotel in de oude stad. Met bijbehorend, uitstekend visrestaurant en uitzicht over de haven.

ETEN & DRINKEN

DUBROVNIK

+++ **Gil's**, Sv. Dominika bb, 020 322 222, gilsdubrovnik.com. Modern Frans met een vleugje oosters. Gil's is mooi gelegen op de stadsmuur, met uitzicht over de oude haven. Dubrovniks beste keus voor moderne fijnproevers. Menus van 80 tot 150 euro.

+++ **Atlas Club Nautika**, Brsalje 3, 020 442 526, esculap-teo.hr, 12-24. Formidabel uitzicht vanaf het terras. Geniet van het slaan van de golven tegen de oude stadsmuur. Nautika staat bekend als Dubrovniks

oudste restaurant voor fijnproevers. Achter het enigszins bedaagde uiterlijk serveert men inderdaad uitstekende visschotels.
↔ **Orhan**, Od Tabakarije 1, ✆ 020 414 183, 🖳 restaurant-orhan.com. Mooi gelegen buiten de oude stad en met uitzicht op het Lovrij enacfort en gekleurde vissersboten. Veel goeds uit de zee. Eten en wijn drinken onder het kabbelen van de golven tegen de rotsen.
↔ **Proto,** Široka 1, ✆ 02 323 234, 🖳 esculap-teo.hr, ⏲ 11-23. Een van de favoriete restaurants van de inwoners van Dubrovnik, gelegen in een zijstraat van Stradun. *Seafood*, vleesgerechten en een mooi terras. Bestaat sinds 1886.

KORČULA

↔ **Hotel Korčula**, Obala dr. Franje Tuđmana 5, ✆ 020 711 07, 🖳 hotelkorcula.com. Mooi gelegen hotelrestaurant met goede visgerechten en uitzicht over de haven.

MALI STON

↔ **Vila Koruna**, Mali Ston, ✆ 020 754 999, 🖳 vila-koruna.hr. Oesters, mosselen en al het andere goede uit de zee rond Mali Ston. Als je daar zin in hebt, kun je blijven logeren – de kamers zijn boven.

UITGAAN

Dubrovnik

Gil's Lounge, Sv. Dominika bb, ✆ + 385 (0)20 322 222, 🖳 gilsdubrovnik.com. Lounge-muziek en electro. Uitzicht op de stadsmuur, de haven en Russische fotomdellen met lange benen. Goede cocktails en flinke wijnprijzen.
Buža (▷58). Formidabele strandbar.
Talir, Antuninska bb, ⏲ 9-02. Goede sfeer, mensen dicht op elkaar en de muren vol foto's - onder andere portretten van lokale beroemdheden. Een van de allerpopulairste avondbars in Dubrovnik.

KORČULA

Café Bar Massimo, Šetalište Petra Kanavelića bb, ⏲ 18-02. Lijkt te zweven in de Zakerjantoren - een van de oude verdedigingswerken van het oude Korčula. Mooi uitzicht en lekkere drankjes, geserveerd op een lopende band.

SHOPPEN

DUBROVNIK

Croatian Designers Room, Od Puča 11, ✆ 020 412 299, ⏲ 10-20. Kroatische mode en sieraden van verschillende Kroatische designers (Nebo en Hippy Garden). Baljurken, lichte zomerjurkjes en andere zaken a la Carrie van *Sex and the City*.
Galerija Djardin, Miha Pracata 8, ✆ 020 324 744, ⏲ 9-20. Grote sieradengalerie met verschillende tentoonstellingsruimtes in zijstraat van Stradun. Het kost niet veel tijd om iets te vinden – maar misschien wel veel om te kiezen.
Æterna, Pera Budmani 9, ✆ 091 895 23 85, 🖳 aeterna.biz, ⏲ 10-20. Etnisch design, mooie, leergebonden notitieboekjes en oude Dubrovnik-motieven gedrukt op perkamentpapier. Het Kroatische designerechtpaar Lana en Mirko Matic maakt verre van gewone souvenirs. In een kleine zijstraat van Stradun.
Ljekarna Kod Male Braće, Placa 30, ✆ 020 321 411, ⏲ ma-vr 7-19.30, za 7.30-15. Apotheek van 100 jaar oud met witte apothekerskasten en porseleinen potten. Je kunt er ook zonnebrandcrème en paracetamol krijgen.

KORČULA

Marco Polo Shop, Stari grad bb, ⏲ 9.30-14 & 15-19.30. Rozemarijnzeepjes en vijgensap in een omgeving die doet denken aan een donkere laadruimte.

ZAGREB EN OMGEVING

Een gele tram rolt Trg Bana Jelačića op. De passagiers verspreiden zich over het plein richting de cafés, of naar de warenhuizen op Ilica. Een jongen koopt een maiskolf bij een oude man, tieners met heavy metal T-shirts verzamelen zich bij het ruiterstandbeeld en dames met hoeden drinken thee in Hotel Dubrovnik. Een toerist volgt het scenario vanaf het dakterras van het café met een verrekijker.

De openluchtcafés vullen zich met jonge meisjes in strakke kleren en met grote zonnebrillen. De middelbare scholen zijn uit. Alerte obers balanceren met dienbladen vol koffie, aardbeiensap en mineraalwater. 'Damir!' roept iemand voluit, 'Ivana!' roept iemand anders. Het is alsof iedereen altijd een van de voorbijgangers kent. Drie uur 's middags en het feest is begonnen.

Zagreb moet nog ontdekt worden als nieuwe, spannende hoofdstad. Voordat Zagreb er van kon profiteren de hoofdstad van een onafhankelijk land te zijn geworden, brak de oorlog uit. Daarvoor domineerde in het Joegoslavië van Tito de Zuid-Slavische metropool Belgrado. En toen de toeristen terugkeerden, was dat om vakantie te vieren aan de Adriatische kust. Maar Zagreb verdient vele weekendtrips en excursies vanaf het strand in Istrië. Zuid-Europa's oudste universiteit en de bijbehorende 40.000 studenten houden de oude stad jong.

OP TRG BANA JELAČIĆA ZIE JE VAN ALLES: VAN MAJORETTES TOT STRAATHEATER, FLIRTS EN ROCKCONCERTEN.

MIDDELEEUWSE STAD

Zagreb ontstond rond Kaptol en Gradec, twee middeleeuwse dorpen, elk op een verhoging. En nog bepalen die het heuvelachtige aanzien van de stad. Op Kaptol stichtte de Hongaarse koning Ladislaus in 1094 een bisschopszetel. Daarna breidde het gebied zich rond de grote kathedraal snel uit. Het meer wereldlijke Gradec werd in 1242 uitgeroepen tot koninklijke vrijstaat. De twee dorpen vochten jarenlang een bittere strijd. En na een bijzonder zware slag werd de brug die hen verbond 'Krvavi most' genoemd, De bloedige brug. En die naam heeft hij nog steeds. Toen de Osmanen het gebied leken te gaan innemen, vond men tijdelijk een gemeenschappelijke vijand in de Turken. En nadat Zagreb alsnog onder Habsburgs bewind kwam, smolten Kaptop en Gradec samen. In de 18e eeuw waarden een periode zowel branden als de pest rond. En in de 19e eeuw kreeg Zagreb, net als vele

PASSAGIERS VERSPREIDEN ZICH OVER TRG BANA JELAČIĆA RICHTING DE CAFÉZONE OF DE WARENHUIZEN OP ILICA.

andere Europese steden, groeipijnen door toedoen van de oude Oostenrijks-Hongaarse dubbelmonarchie.

ZAGREB EN DE HABSBURGERS

De invloed van de Habsburgers en van Oostenrijk-Hongarije was in cultureel en architectonisch opzicht snel merkbaar. Er ontstond een lager gelegen stadsdeel, Donji grad, en het inwonertal vermenigvuldigde zich. Met de komst van een spoorweg in 1862 werd Zagreb het centrale culturele centrum, en ontstond Het Groene Hoefijzer (▷70) – een hoefijzervormige reeks aangelegde tuinen en culturele centra.

Oostenrijk-Hongarije hield na de Eerste Wereldoorlog op te bestaan en Kroatië ging op in het Koninkrijk van Serviërs, Kroaten en Slovenen. Onder de Duitse bezetting, vanaf 1941, werd Zagreb de regeringshoofdstad. Toen Kroatië tussentijds zelfstandig was, werd het geregeerd door de beruchte Ustaša-beweging (▷12+19). Aangevoerd door de latere staatsman Tito, lukte het de partizanen om de fascisten te verslaan. En na de oorlog werd Zagreb de op een na grootste stad van communistisch Joegoslavië.

Zagreb bleef groeien en de nieuwe wijk ten zuiden van de Savarivier ging Novi Zagreb heten. De torenhoge carré's vormen een klassieke voorstad-skyline. En ze herinneren bovendien aan de Oost-Europese koude-oorlogarchitectuur. In 1991 werd Zagreb de hoofdstad van het onafhankelijke Kroatië, maar het zou nog vier onrustige jaren duren voor het vrede was. Nu staan vele *purgere*, zoals de burgers van Zagreb genoemd worden, achter het feit dat Kroatië lid wordt van de EU. Het merendeel van de nieuwe generatie cafébezoekers in Tkalčićeva is nauwelijks geïnteresseerd in Zagrebs dramatische geschiedenis.

IN DIT HOOFDSTUK

Zagrebs bovenste stadsdeel, Gornji grad, begint ten noorden van spoorwegknooppunt Trg Bana Jelačića en winkelstraat Ilica. Alles ten zuiden hiervan hoort bij het lagere stadsdeel Donji grad.

Gornji grad beleef je in en **rond Gradec**. In Gradec blijkt de trotse geschiedenis uit gebouwen en musea in stille middeleeuwse straten. In het andere oude stadsdeel ligt het religieuze centrum, daarover lees je alles in het hoofdstuk **Kaptol - het katholieke Zagreb**.

Donji grad leer je kennen in de **cafézone** rond de Bogovićevastraat en Trg Petra Preradovića (de Bloemenmarkt). En in het gebied tussen Trg Bana Jelačića en het Centraal Station, met de reeks parken, paviljoens

Kaart op achterflap

en tentoonstellingsruimtes onder de naam **Het Groene Hoefijzer**.

Ten zuiden van het centrum stroomt de rivier de Sava, de scheidslijn met woonwijk Novi Zagreb. Ga je graag **naar buiten**; ten zuidwesten van het centrum geniet je van de natuur bij het Jarunmeer, het Mirogojkerkhof een paar kilometer noordelijk, en in het noordoosten in het excursiegebied Maksimir.

ROND GRADEC

Beneden werken trams zich als gekleurde linten door de drukke straten en bewegen mensen als geluidloze stipjes voort. Vanaf het middeleeuwse stadsdeel Gradec heb je uitzicht over de rest van Zagreb. Alles is te belopen; je gaat door smalle straten met kinderkopjes. Na Trg Bana Jelačića en winkelstraat Ilica voelt het bovenste stadsdeel als een oase van rust – de politici en ambtenaren van het Kroatisch parlement moeten rustig kunnen werken. Hier vind je een reeks mooie, kleine galeries en musea. Die vertellen Zagrebs geschiedenis en belichten trots de erfstukken van de hoofdstad en de natie.

KABELBAAN USPINJACA ❶

Met een dof geluid zet de blauwe kabelbaan zich aan de top in beweging en glijdt de cabine in een slakkengangetje omhoog. Begin een bezoek aan Gradec met een ritje in de kabelbaan uit 1890. Zagrebs oudste transportmiddel werd gebouwd als vervanging voor de middeleeuwse trappen die de boven- en benedenstad met elkaar verbonden. Het is ongeveer 55 seconden naar de top, die 30 meter hoger ligt, aan de top van de Lotrščak-toren.

Tomićeva ulica (zijstraat van Ilica), 6.30-21 (elke 10 min.), 3 kuna voor een enkeltje.

LOTRŠČAK-TOREN ❷

Elke dag om twaalf uur wordt het kanon op de top van de Lotrščak-toren afgeschoten. Want waarom zou je de dag vergeten waarop de Turken teruggedrongen werden over de Savarivier, ook al is dat meer dan honderd jaar geleden? Anderen geloven eerder dat het kanon afgaat om de klokken van de kerken rondom gelijk te laten zetten.

De toren werd in het midden van de 13e eeuw gebouwd om Gradec te verdedigen tegen inbrekers en vijanden vanuit het zuiden, waaronder in die tijd buurdorp Kaptol. Toen luidde elke avond een grote klok voordat de Grič-poort dichtging. Als je niet op tijd was, was je overgeleverd aan jezelf, Gods genade of het lot.

Tegenwoordig is een galerie in de toren gevestigd en heb je vanaf de top 360 graden uitzicht over de stad. Vooral het bontgekleurde dak van de St. Marcus is prachtig hiervandaan. De toren ligt direct bij de kabelbaan en na de afdaling kun je een ijsje eten op de mooie Strossmayerovo šetalištepromenade.

Kula Lotrščak, Strossmayerovo šetalište, 01 48 51 926, di-zo 11-19, 10 kuna.

GALERIE VOOR NAÏEVE KUNST ❸

Scheve huizen in felle kleuren. Oude dames met grote brillen. Aangeschoten mannen op losgeslagen dorpsfeesten die meisjes op hun achterwerk slaan. Landschappen zonder perspectief die iets hebben van Teletubbiedecors. De Galerie voor Naïeve Kunst stemt vrolijk. Het museum bezit meer dan 1700 werken, vooral schilderijen en tekeningen maar ook beelden en prints. Er is helaas maar plaats voor 60 stuks aan de wanden van het 18e-eeuwse Rafajpaleis.

ZELFBEWUSTE MEISJES IN ZAGREB HOUDEN WEL VAN AANDACHT, ZE POSEREN GRAAG VOOR EEN FOTO.

Naïeve kunst neemt in Kroatië een grote, centrale plaats in (▷11). De kunstenaars van de internationaal beroemde Hlebineschool zijn in de permanente tentoonstelling het sterkst vertegenwoordigd. Hlebine is een dorp in Noord-Kroatië, dat bekendstaat om het voortbrengen van een paar van de grootste naïeve kunstenaars. Ivan Generalić, Josip Generalić, Franjo Mraz, Krsto Hegedušić en Franjo Gaži komen allemaal uit Hlebine en zijn allemaal te zien in Gradec.
Ulica sv. Ćirila i Metoda 3, 01 48 51 911, hmnu.org, di-vr 10-18, za-zo 10-13, volwassenen 20 kuna, kinderen, studenten en senioren 10 kuna, half geld met Zagreb Card.

ST. MARCUSKERK ❹

Niet alleen in de Galerie voor Naïeve Kunst worden veel kleuren gebruikt. Op het gekleurde dak van de buren is het wapen van Kroatië en Zagreb uitgebeeld in de dakpannen. Binnen bevinden zich werken van de bekende Kroatische beeldhouwer Ivan Meštrović – meer van hem op een steenworp afstand in het bijzondere Meštrović Atelier (▷66).

De St. Marcuskerk ligt op het plein Trg Svetog Marka in het hart van de middeleeuwse stad en stamt oorspronkelijk uit de 13e eeuw. Sindsdien is hij vaak gerestaureerd. Het oudst is het gotische zuidportaal. Hierin staan 15 beelden in ondiepe niches, uitgevoerd door de beeldhouwer Ivan Parler van 1364 tot 1377.

Op hetzelfde plein zijn ook het parlementsgebouw van Kroatië en het regeringsgebouw te zien. Het parlementsgebouw dateert uit 1908, het regeringsgebouw is gehuisvest in het 18e-eeuwse paleis Banski Dvori. Buiten is het te herkennen aan de wachten in rode uniformen. Elk weekend kun je om 12 uur de wisseling van de wacht zien, maar de gebouwen kun je niet in.
Trg Svetog Marka 5, 01 48 51 611, dgl 11-16 & 17.30-19.

MEŠTROVIĆ ATELIER ❺

Overal stuit je op werk van beeldhouwer Ivan Meštrović. Hij is in zijn vaderland net zo bekend als Rodin in Frankrijk. Een paar van zijn grootste werken zijn het kolossale beeld van Gregor van Nin voor het paleis van Diocletius in Split (▷43), het Pobednikmonument op het Kalmegdanfort in Belgrado, het Njegošmausoleum op de top van de Lovćen-berg en de buste van de Romeins-Katholieke bisschop Josip Jraj Strossmayer voor Strossmayers galerie in Zagreb. Het museum beschikt over 250 werken van de kunstenaar, waaronder beelden in steen, brons, hout en gips. En tekeningen, lithografieën en door hem ontworpen meubels. Het is gevestigd in een 17e-eeuws huis met krakende trappen, donkere houten plafonds, witte tegelkachels, zware velours gordijnen, enorme kroonluchters en schetsen van meesterwerken. De meester zelf woonde hier van 1922 tot 1942.
Mletačka 8, 01 48 51 123, mdc.hr/mestrovic, di-vr 10-18, za 10-14, volwassenen 20 kuna, senioren en studenten 10 kuna, half geld met Zagreb Card.

MUZEJ GRADA ZAGREBA ❻

Zagreb ontsnapte genadig aan de oorlog tegen de Serviërs in het begin van de jaren 90. De hevige gevechten vonden plaats in de grensgebieden, onder andere in Vukovar en in kustplaats Dubrovnik. Maar de hoofdstad bleef niet helemaal buiten schot. Daarvan getuigen vernielde meubels en gebroken porselein, vernield door raketaanvallen op het presidentieel paleis in 1991.
De duizendjarige, dramatische geschiedenis is verzameld in Zagrebs Stedelijk Museum. Behalve oorlogsherinneringen vind je er maquettes van het vroegere Gradec en portretten van grote stedelijke personality's. Tentoonstellingen van Kroatische woningen en winkels zoals die er lang geleden uit zagen, propagandaposters en een overzicht van de ontwikkeling van de middeleeuwse stad tot metropool. Interactieve tentoonstellingen en kinderen mogen op knopjes drukken.
Opatička ulica 20, mgz.hr, di, wo, vr 10-18, do 10-22, feestdagen gesloten, volwassenen 20 kuna, studenten, senioren en gehandicapten 10 kuna, gezinnen 30 kuna, kinderen tot 7 gratis, half geld met Zagreb Card.

CRKVA SV. KATARINE ❼

Vele branden woedden hier sinds jezuïeten tussen 1620 en 1632 de Katharinakerk met de witte gevel lieten bouwen ter vervanging van de dominikanenkerk die hier eerst stond. Maar het roet is weg, de pilaren zijn herrezen en de stijl is weer barok. In de zijkapel voor de heilige St. Ignatius vind je Kroatiës best bewaarde barokmonument – een marmeren altaar van de hand van de grote Venetiaanse

Kaart op achterflap

ER WORDT IJVERIG GEROKEN, GEPROEFD EN GEHANDELD OP ZAGREBS MARKT DOLAC. OOK DE EIGENAARS VAN DE RESTAURANTS IN DE BUURT KOMEN LANGS.

beeldhouwer Francesco Robba (1698-1757). Er zijn nog meer mooie gebouwen op Katarinin trg. Op nr. 7 Zagrebs eerste gymnasium, opgericht in 1607 – alweer door ondernemende jezuïeten. En om de hoek op Jzuitski trg zie je in Galerija Klovićevi dvori (▷68) wisselende moderne kunst in een voormalig college voor jezuïeten. Vanaf de kerk kun je de wandeling voortzetten naar Kamenita vrata – de toegang tot katholiek Zagreb. Je dorst lessen en de honger stillen kun je in Pod Grićkim Topom, onder aan de Lotrščak-toren.
Katarinin trg bb, ✆ 01 48 51 950.

KAPTOL – HET KATHOLIEKE ZAGREB

Schoolklassen op excursie, nonnen aan het werk en souvenirwinkeltjes die verdienen aan het geloof. Het was hier op de Kaptol-heuvel dat de Hongaarse koning Ladislaus in 1094 een bisschopszetel vestigde. De bebouwing breidde zich vervolgens rond de grote kathedraal uit. De kathedraal is sindsdien vele malen van gezicht veranderd, maar Kaptol bleef Zagrebs geestelijk centrum. Inmiddels zijn het niet alleen vromen die het gebied ten noorden van Trg Bana Jelačića bezoeken. In café- en restaurantstraat Tkalčićeva zijn het normaal gesproken Zagrebs mooie vrouwen die aanbeden worden.

BEDEVAARTSOORD KAMENITA VRATA ❽

Een zwartgeklede vrouw met grijs opgestoken haar vouwt haar handen voor het gebed, een meisje steekt een kaars aan en een haastige man tovert in het voorbijgaan een boeket van achter zijn aktetas. Kamenit vrata, de stenen poort, is als enige overgebleven van de oorspronkelijk vier toegangen tot Zagrebs oude stad. De middeleeuwse poort overleefde de grote 18e-eeuwse branden. Volgens de overlevering kwam ook een schilderij van Maria met kind ongeschonden uit de brand. Dit wonder hangt tegenwoordig, vrij te bezichtigen, achter een barok hek. Binnen de poort verkopen nonnen altaarkaarsen. Behalve als bedevaartplaats voor gelovige katholieken, diende de Stenen Poort ook als heel gewone doorgang tussen de twee middeleeuwse stadsdelen Kaptol en Gradec.
Kamenita vrata (tussen Opatička en Radićeva), ⏲ 24 uur.

TKALČIĆEVA-STRAAT ❾

Velen zullen beweren dat de meisjes in Zagreb tot de mooiste ter wereld behoren. Ook als je daar anders over denkt, moet je toegeven: attitude hebben ze in inder geval wel. Hoe mooi of lelijk ze ook zijn, ze heupwiegen allemaal over straat alsof ze het middelpunt van de wereld zijn. Over een oneindige catwalk die nooit verlegen zit om een trouw en bewonderend publiek. Ook niet hier in de Tkalčićeva-straat, een luilekkerland voor grootsteedse levensgenieters voor wie cafébezoek het leven de moeite waard maakt.

Hier liep vele honderden jaren geleden een beek die Gradec scheidde van Kaptol. Langs die beek werden molens gebouwd. En later, in de 18e en 19e eeuw, ook vele bedrijven die papier, kleding, likeur en allerlei soorten keramiek maakten en verkochten. In de gekleurde huizen waarin ze gevestigd waren, zitten nu cafés en winkeltjes. En de beek is lang geleden omgelegd naar de Sava rivier. Tkalčićeva, of zoals men ook zegt Tkalča, is vernoemd naar de religieuze historicus Ivan Krstitelj Tkalčić (1840-1905), die een groot deel van zijn leven over Zagreb en zijn bisdommen schreef. De meesten associëren de straat nu met vrolijk caféleven en meisjes die eruit zien of ze op water kunnen lopen.

DOLACMARKT ❿

'*Probaj*,' beveelt de boerenvrouw met het leren gezicht aan en ze wijst op een dikke tomaat. 'Proef!' Haar melodieuze, roestige stem mengt zich met die van honderden collega's. Onder kleurrijke parasols verkopen bewoners uit de omgeving hun zelfgeteelde of -vervaardigde producten. Groente en fruit, luchtgedroogde ham, kaas en honing. Dolac is de plek waar de burgers van Zagreb inkopen doen, en ook de koks uit een paar van de beste restaurants komen hier. De markt uit 1926 is gebouwd toen een rij oude huizen werd afgebroken.

Trg Dolac, ten oosten van het Kaptolpein, ⏲ dgl 7-14.

RESTAURANT DRIEKONINGEN ⓫

De wanden hangen vol oud gereedschap, kleine koekoeksklokken en zware karrenwielen. De obers dragen bretels over hun pasgestreken overhemden. En de borden zijn uitnodigend gevuld met grote steaks. In Restaurant Baltazar maken ze waar ze het beste in zijn – stevige, lekkere vleesschotels. Veel van de gasten zijn het elke dag weer roerend oneens. Maar rond de tafel, als de camera is uitgeschakeld, is de toon verzoenlijker. Hier ontmoeten leden van de regering de oppositie elkaar en er wordt beweerd dat restauranthouder Bobo Čimbu meestal beter van de politieke situatie op de hoogte is dan de dagbladjournalisten. Baltazar is een deel van een drie-eenheid, genoemd naar de Drie Koningen. Behalve Baltazar bevat het kleine complex dat eerder eigendom van de kerk was, visrestaurant Gašpar en wijnbar Melkior.

Baltazar, Gašpar & Melkior, Nova Ves 4, ✆ 01 46 66 824, www restoran-baltazar.hr, ⏲ ma-za 12-0, 10 procent korting met Zagreb Card.

KATHEDRAAL ⓬

Twee nonnen schrijden vastberaden, fluisterend over het plein. Hun zwarte habijten tekenen zich af tegen de kathedraal. Dat is op zijn beurt net een oogverblindend zandkasteel, met zijn 105 meter hoge torens. Het is Kaptols en Zagrebs belangrijkste symbool.

De kerk, ooit de Sv. Stjepanakathedraal, stamt uit de 12e-14e eeuw. Eeuwen later werd hij verbouwd, waarbij de voltooiing van de gevel meer dan tien jaar duurde. Hij raakte in 1880 beschadigd bij een aardbeving, maar werd prachtig gerestaureerd. Tussen 1890 en 1902 werden de twee slanke nieuw-gotische torens toegevoegd. In de kelder onder de sacristi bevindt zich een verzameling religieuze voorwerpen. Op het plein voor de kerk staat een fontein met Mariabeeld omgeven door vier engelen. Die is in 1873 vervaardigd door Antun Fernkorne uit Wenen.

Op het Kaptolplein ligt ook de residentie van de aartsbisschop, een barokgebouw met ronde hoektorens. Dit is een goed vertrekpunt voor de ontdekking van de benedenstad Donji gradj. Begin bij Trg Bana Jelačića en de cafézone van de stad.

Katedrala uznesenja blažene djevice Marije, Kaptol 31, ⏲ dgl 8-20.

LEUK OM TE DOEN

GALERIJA KLOVIĆEVI DVORI ⓭

Picasso's kubistische vormen, Russische avant-garde, Vlaamse meesters met verheerlijkende zelfportretten of de naïeve kunst van de Kroatische Hlebineschool. Galerija Klovićevi dvori is veelkleurig en meestal de moeite waard voor een tentoonstelling van

Kaart op achterflap

min of meer moderne kunst. De Galerie is gevestigd op een plek waar vroeger een college van de jezuïeten zat. Deze katholieke orde is opgericht in 1534 door Ignatius Lyola en zes jaar later goedgekeurd door de paus. De jezuïeten zouden zich waarschijnlijk omdraaien in hun graf bij het zien van de goddeloze werken die er heden ten dage aan de muur hangen.

Jezuitski trg 4, ✆ 01 48 51 926, www galerijaklovic.hr, ⏲ di-zo. 11-19, Zagreb Card half geld.

CAFÉZONE

De boodschappentassen staan in rijen tegen de tafeltjes en elke stoel in de cafés achter Trg Bana Jelačića is bezet. Zaterdagochtend is iets bijzonders in Zagreb. De ochtendkoffie is een sociaal ritueel en de omgeving rond Bogovićeva en Cvjetni trg (de Bloemenmarkt) is daarvoor de beste keus. Hier verzamelen zich vrienden en familie, vooraanstaande burgers en celebrity's. Het draait er om zien en gezien worden; het fenomeen wordt *špica* genoemd. Door het koffiedrinken in een van de cafés weet je wat in is en wat uit en wat de gemoederen zoal bezighoudt. Zo gaat het sinds president Stipe Mesić na de oorlog zijn vrienden ontmoette in Charlies bar en daarmee het openbare sociale leven een impuls gaf.

TRG BANA JELAČIĆA ⓮

De kunstenaars in de straat tonen hun kleurrijke repertoire. Meisjes showen winkeltassen vol designerkleding en symbolische waarde. En oude dames verkopen boeketten voor een vijfje. Trg Bana Jelačića is het centrale plein van de stad. Rondom een levendig verkeer van mensen en trams staat er een reeks gebouwen die de Oostenrijks-Hongaarse geschiedenis weergeven. Het plein is vernoemd naar de held Josip Jelačić, die halverwege de 19e eeuw het nationale bewustzijn van de Kroaten aanwakkerde. De aanleg van het plein duurde meer dan 100 jaar. Het oudste gebouw, nr. 15, stamt uit 1827. Het plein wordt doorkruist door de 5 kilometer lange winkelstraat, Ilica. Na het inkopendoen gaan de *purgere* in de achterliggende straten naar het café.

BOUTIQUE CROATA ⓯

De stropdas is een Kroatische vinding en overal te koop, maar de belangrijkste ambassadeur is de winkelketen met de toepasselijke naam Croata. De oorsprong van de naam moet 400 jaar terug gezocht worden,

DE CAFÉS IN BOGOVIĆEVA EN GAJEVA ZIJN POPULAIR – VOORAL OP ZATERDAGOCHTEND, ALS BEROEMHEDEN EN *WANNABEES* LANGSKOMEN. MAAR DE PLAATSEN BUITEN ZIJN HET GEWILDST.

toen Kroatische soldaten tijdens de 30-jarige oorlog vochten voor de Franse Zonnekoning Louis XIV. De koning was enthousiast over het lapje dat de Kroaten om hun hals bonden. Hij introduceerde het als de bijzondere *stil à la Croate*, dat in het Frans snel *la cravate* en later in het Duits *Krawatte* genoemd werd. De Croatadassen worden in Slavonië in Oost-Kroatië geproduceerd en zijn zowel in een goedkope als in een luxe versie te krijgen; van 20 tot 200 euro. Ze zijn handgemaakt en elk design is in een beperkte oplage verkrijgbaar. In de flagshipstore, met zijn entree via een mooie arcade, die hoofdstraat Ilica verbindt met de bloemenmarkt, kun je nog meer kopen. Er zijn ook vrouwendassen en ballpoints, nog een Kroatische vinding – in 1906 gedaan door Slavoljub Penkala.

Prolaz Oktogon, Ilica 5, www croata.com, ⏲ ma-vr 8-20, za 8-15, 10 procent korting met Zagreb Card.

TRG PETRA PRERADOVIĆA (BLOEMENMARKT) ⓰

De geur van suikerspinnen en maiskolven mengt zich met die van verse bloemen. Verliefde jongeren en echtgenoten met een slecht geweten haasten zich met snel gebonden boeketten over het plein. Trg Petra Preradovića staat ook bekend als Cvjetni trg (de Bloemenmarkt), vanwege de vele bloemenstalletjes. Het plein is vernoemd naar de romantische dichter Petar Preradović. Die staat op een sokkel voor de orthodoxe kerk Crkva sv. Preobraženja, die in 1866 van het geld van Griekse handelaren is opgetrokken in Romaanse stijl. De cafés die als een ring om het plein liggen, worden echter veel beter bezocht.

Trg Petra Preradovića, ⏲ dgl

BOGOVIĆEVA EN GAJEVA ⓱

Sterke mannen slepen met zware bierfusten en blauwe Velbitskobierkratten. Onder de lange rij parasols zitten cafébezoekers boven hun Franckkoffie, terwijl ze elkaar bekijken. Of ze bespreken de situatie in de wereld, het voetbal, voedselprijzen of een nieuwe schoenenwinkel. Bogovićeva heeft de dichtste rij cafés in de cafézone. De lange aaneengesloten reeks terrasjes en trendy loungebars is een vaste ontmoetingsplaats voor velen. En niet alleen op zaterdagochtend, als je er nog moeilijker een plaatsje kunt vinden. Bij belangrijke sportwedstrijden is dit ook de plek waar mensen zich verzamelen om de prestaties op grote tv-schermen te volgen.

HET GROENE HOEFIJZER

Op de bankjes zitten jongeren in de schaduw schrijlings over elkaar uitgebreid te zoenen. Het Groene Hoefijzer – zelena potkova – is een hoefijzervormige ketting van groene tuinen en grote culturele instellingen. Ontworpen door ingenieur en architect Milan Lenucis en gelegen tussen Trg Bana Jelačića en het Centraal Station. Het was een belangrijke schakel in de ambitieuze uitbreiding van Zagreb, toen de stad in het midden van de 19e eeuw niet langer paste in Gradec en Kaptol. Bekijk een paar van de mooiste gebouwen uit de Oostenrijks-Hongaarse periode en *la belle epoque* – de mooie, vredige tijd tot aan de Eerste Wereldoorlog. En doe als de *purgere* – probeer de bankjes uit.

TRG NIKOLE ZRINJSKOG ⓲

Een oude man doet een dutje onder zijn strohoed, een bruidspaar laat zich fotograferen in het 120 jaar oude muziekpaviljoen. Het klikken van de camera wordt begeleid door rustgevend fonteingeruis. Het paviljoen is van de hand van Hermann Bollé, net als de meteorologische zuil aan de noordkant van het plein. Het Zrinjevacpark is het oudste en meest romantische van de acht locaties die samen Het Groene Hoefijzer vormen. Een paar honderd jaar geleden was het een akker, daarna werd het plein gebruikt als veemarkt. Pas toen Milan Lenucis halverwege de 19e eeuw met zijn grote stadsuitbreidingsplan begon, werd de zaak op orde gebracht. Het park is omgeven door mooie gebouwen in neorenaissancistische en neoclassicistische stijl.

HET ARCHEOLOGISCH MUSEUMCAFÉ ⓳

Ga zitten in de schaduw onder de bomen en drink een kop koffie of een sapje in het gezelschap van Romeinse torso's, oude grafstenen en andere duizend jaar oude archeologische vondsten en opgravingen. Wekt dat je interesse, dan is er binnen meer te zien. Het museum huist in een elegant 19e-eeuws gebouw waar je door de prehistorie, de Egyptische Oudheid, de middeleeuwen en een muntenverzameling met meer dan 260.000 oude

Kaart op achterflap

LOVESEATS IN HET PARK 'HET GROENE HOEFIJZER' WACHTEN OP HUN VEROVERING.

munten, medailles en medaillons teruggaat in de tijd. Als het museum gesloten is, kun je het café bereiken vanaf de andere kant van Het Groene Hoefijzer – de ingang ligt aan de Ljudevita gaja.

Arheološki muzej, Trg Nikole Zrinjskog 19, 01 48 73 101, amz.hr, museum di-vr 10-17, za-zo 10-13, café dgl 10-0, volwassenen 15 kuna, kinderen, studenten en senioren 10 kuna, half geld met Zagreb Card.

HOTEL REGENT ESPLANADE 20

De obers in Restaurant Zinfandel lijken gekleed voor een feest in de grote balzaal. De medailles van de sommelier zijn een generaal waardig. Zinfandel – de naam van een bekende druif uit Dalamatië, in de 19e eeuw geëxporteerd naar de USA – is niet alleen een van de beste restaurants in Zagreb, het is ook een reden voor veel mensen om naar het beste hotel van de hoofdstad te komen.

De ligging in Het Groene Hoefijzer, een steenworp van het mooie station, is niet toevallig gekozen. Het in 1925 gereedgekomen artnouveauhotel kwam tegemoet aan de vraag naar kamers door de reizigers van de Oriëntexpres. Tegenwoordig zijn de conferentieruimtes, bistro's en balzalen genoemd naar de steden langs de beroemde spoorlijn. En ook al werd Regent Esplanade in 2004 gerenoveerd, het bewaarde de *élégance* die eerder stomme-filmactrice Asta Nielsen, revuekoningin Josephine Baker, sexssymbool Anita Ekberg en playboy Orson Welles aantrok. Tijdens de Tweede Wereldoorlog maakte de kieskeurige Gestapo van Esplanade zijn hoofdkwartier. En in de oorlog die uitbrak in 1991, toen de Serviërs het onafhankelijk worden van Kroatië niet wilden erkennen, veranderde het exclusieve hotel in een vluchtelingenkamp voor verdrevenen uit Vukovar.

Nu overnachten er bands als Depeche Mode, maar het vijfsterrenhotel is nog steeds betaalbaar. Honden zijn welkom – een speciaal ontworpen bedje, pedicure en op maat gemaakte menu's maken het verblijf voor de viervoeters dragelijk. En wil je gebruik maken van het aanbod van een *personal shopper*, dan kan het overige personeel je trouwe vriend uitlaten.

Restaurant Zinfandel/The Regent Esplanade, Mihanovićeva 1, 01 45 66 666, regenthotels.com.

THEATERCAFÉ KAVKAZ 21

Het geluid van de espressomachine mengt zich met dat van krantengeritsel, stamgasten en obers die de kopjes op de

groenmarmeren tafels zetten. Aan het raam, op de leren stoelen heb je uitzicht op de chic geklede theaterbezoekers die door de tuin naar het Nationale Theater aan de overkant lopen. Het Theatercafé stamt uit 1906 en ademt net als het theater de geest van de Habsburgers. Het theatergebouw uit 1894-95 is van de hand van Hermann Helmer en Ferdinand Fellner, twee bekende architecten uit Wenen. Voor het theater staat het beeld *Levensbron* van Ivan Meštrović. Binnen in het café worden klassieke opera's, Griekse tragedies en Kroatische nationale drama's besproken.

Trg Maršala Tita 1, ✆ 01 48 55 851, ⏲ dgl 7-23.

NAAR BUITEN

Als het asfalt smelt en het tramgedreun ze teveel wordt, trekken de *purgere* er op uit. Maar ze hoeven niet ver. Al een paar kilometer van het centrum vind je recreatiegebieden en bezienswaardigheden tussen het groen. Zoals grafstenen die de nakomelingen vertellen over grote persoonlijkheden en mensen met geld, landschapsparken met voetbalstadions en een dierentuin in de achtertuin en een kindvriendelijk meer, waar zowel gezwommen, gesport als gedanst kan worden – tot in de vroege uurtjes.

MIROGOJKERKHOF ㉒

In de luwte van de berg Medvednica en weg van het stadslawaai. Prominente inwoners van Zagreb krijgen een voorname laatste rustplaats. Mirogoj, aan de rand van Zagreb (zo'n 4 kilometer van het centrum) is met zijn Italiaanse renaissance-bogen niet alleen een van de mooiste kerkhoven van Europa, het is ook een park met een paar heel bijzondere beelden. Had je in levende lijve iets met muziek te maken, dan is dat duidelijk te zien na je dood.

Het kerkhof uit 1876 werd ontworpen door architect Hermann Bollé, net als een paar andere gebouwen in Kroatiës hoofdstad. Het weerstond meteen in 1880 een zware aardbeving. Mirogoj bestrijkt een gebied van 28.000 m2 en tegenwoordig moet je of veel geld, of een bijzondere status hebben om de prijs per vierkante meter te kunnen betalen.

DE DODEN ZOUDEN MIROGOJKERKHOF KIEZEN. HIER LIGGEN ADELLIJKE FAMILIES, NOUVEAUX RICHES EN KROATIËS EERSTE PRESIDENT.

Dat is een criterium waaraan zowel grote kunstenaars, schrijvers, gangsters als presidenten voldoen. Kroatiës eerste president, Tuđman, ligt hier ook. En te oordelen naar de kransen is hij onverminderd populair.

⏲ dgl tot 18, 's zomers tot 20, 🚌 106 van Kaptol, 🚋 14 van Trg Bana Jelačića (ca. 20 min), hierna 5-10 minuten lopen naar hoofdingang bij Aleja Hermanna Bollea.

JARUN ㉓

Wedstrijdroeiers gooien al hun krachten in de strijd en het publiek maakt het geheel feestelijk met vuurwerk en toeters. Rond het meer blijven joggers, mountainbikers en rolschaatsers in vorm. Anderen kiezen voor een duik, een rondje midgetgolf of een partijtje tafeltennis. Het Jarunmeer ligt een paar kilometer van het centrum en is een groot recreatiegebied, aangelegd in 1987, toen Zagreb gastheer was van de internationale universteitsspelen. Aan de zuidkant mag je uit de kleren. De oostkant lokt met een aantal cafés, bars en clubs een groot, hongerig uitgaanspubliek.

🚋 5 of 17 uit het centrum overdag & (als het laat wordt) nr. 34 terug. Nachttram vertrekt om de 40 minuten.

HANDIG OM TE WETEN OVER ZAGREB

✆ Netnummer 01.

ℹ TIC, Trg Bana Jelačića 11, ✆ 01 48 14 051 (alternatief: 052 of 054), ⏲ ma-vr 8.30-20, za 9-17, zo 10-14, www zagreb-touristinfo.hr.

🚆 Centraal Station, Trg Kralja Tomislava 12, 10 minuten lopen van Trg Bana Jelačića, ✆ 9830 (aankomst- en vertrektijden), ✆ 060 333 444 (binnenlands), ✆ 37 82 532 (buitenlands). Dgl verbindingen met München, Wenen, Ljubljana, Venetië, Boedapest, Parijs, en Moskou.

🚌 Busstation 22, Avenija Marina Držića, enkele minuten met lijn 6 uit het centrum, ✆ 060 313 333 (informatie). Dgl bussen naar de meeste steden in Kroatië. Dgl bussen naar onder andere Ljubljana, München, Wenen en Zürich en wekelijks naar Berlijn, Istanbul, Amsterdam.

✈ Zagreb luchthaven in Pleso, ca. 17 km buiten de stad, 25 min. met luchthavenbus naar het busstation – een keer per uur, 30 kuna voor een enkeltje, ✆ 62 65 222 (informatie).

⊞ Eerste hulp, Draškovićeva 19, ✆ 01 46 10 011.

Kaart op achterflap

24-Uurs apotheek : Trg Bana Jelačića 2, ✆ 01 48 16 159; Ilica 301, ✆ 01 37 50 321.
@ Internetcafés – Art Internet Caffee, Tkalčićeva 18, ✆ 01 48 11 050, www art-caffee.com, ⏲ dgl 8-23, 25 procent korting met Zagreb Card.
Art net club, Preradovićeva 25, ✆ 01 45 58 471, ⏲ 9-23, 20 kuna per uur. Sublink, Teslina 12, ✆ 01 48 11 329, ⏲ ma-za 9-22, zo 15-22. 20 kuna per uur.
Huur, Dollar & Thrifty, Zagreb luchthaven, ✆ 01 62 65 333, ⏲ dgl 7-21 of Petrinjska 83, ✆ 01 48 36 466, ⏲ 7-21. Informeer voor andere autoverhuurbedrijven bij ℹ.
P 8-16 kuna van 30 tot 120 min, afhankelijk van zone. Bij verkeerd parkeren risico op wegslepen. Als dat gebeurt ✆ 61 58 932 (verkeerspolitie) voor locatie ophalen en boete. Auto's worden normaal gesproken naar parkeerplaats op Strojarska 6 gebracht.
Parkeergarages: Ilica 45, Importanne Centar (Starčevićev trg), Importanne Galeria (Iblerov trg), Kaptol centar (Nova Ves 11), Martićeva 69, Palmotićeva 25, Petrinjska 59, Fibus (Miramarska 24), Langić, Langov trg.
en kaartjes in krantenkiosk 8 kuna of bij chauffeur 10 kuna. Dagkaart 25 kuna. Kaartje stempelen in tram/bus in speciale automaat, anderhalf uur geldig. Kaartje geldig bij overstappen op andere lijn alleen in zelfde richting. Reizen zonder kaartje: boete 150 kuna.
TAXI Volgens taximeter. Tarief begint bij 25 kuna en daarna 7 kuna per gereden kilometer, 5 kuna voor bagage plus 20 procent extra op zon- en feestdagen en ⏲ 22-05, ✆ 970, ✆ 66 82 505, ✆ 66 82 558.
Zagreb Card bevat 72 uur gratis transport met tram, bus en kabelbaan. Geeft ook korting bij autohuur en bij parkeren in een van de parkeergarages in de stad. Ook krijg je er korting mee op kaartjes van stadsrondritten en concerten en toegang tot geselecteerde discotheken, winkels en restaurants. De meeste tentoonstellingen rekenen op vertoon van Zagreb Card halve prijs. Kaart voor 90 kuna te koop bij ℹ en de meeste hotels (2008).
☞ Stadsrondrit: www segwaycitytourzagreb.com, spaar je schoenzolen en volg een rondleiding met gids op een Segway, een elektrische zelfbalancerende tweewieler. Rondleidingen van 50-135 min. (200-350 kuna). 10 procent korting met Zagreb Card. Voor andere rondleidingen met gids, vraag bij ℹ.
Speciaal voor kinderen zie het overzicht met praktische tips (▷150).

HET JARUN-MEER IS OVERDAG RECREATIEGEBIED EN 'S NACHTS FEESTTERREIN. HIER BEHOUD JE JE VORM VOORDAT JE DE DANSVLOER OP GAAT.

OVERNACHTEN

↔↔ **Hotel Regent Esplanade** (▷71), Mihanovićeva 1, ✆ 01 45 66 666, 🖳 regenthotels.com. Elegant hotel met een van de beste restaurants van de stad.

↔ **Best Western Hotel Astoria**, Petrinjska 71. Keurig, recent gerenoveerd hotel in mooi 19e-eeuws gebouw. Centraal gelegen tussen Ilica en het Centraal Station. Prettig gemeubileerde kamers, behulpzaam personeel bij de receptie, goed ontbijtbuffet. En gratis internet in de business lounge op aangename afstand van de bar.

↔ **Arcotel Allegra**, Branimirova 29, ✆ 01 46 96 000, 🖳 arcotel.at. Verzorgd en centraal gelegen designhotel bij het Centraal Station. Dvd-speler op de kamer. Fitnessruimte boven in het hotel.

+ **Zagreb Youth Hostel**, Petrinjska 77, ✆ 01 48 41 261. Midden in het centrum en dicht bij het Centraal Station. Is je belangrijkste criterium goedkoop en centraal logeren, dan is dit de beste keus. Kijk overigens op 🖳 hfhs.hr voor andere goedkope overnachtingsmogelijkheden voor jongeren.

ETEN & DRINKEN

↔↔ **Marcellino**, Jurijevska 71, ✆ 01 46 77 111, 🖳 marcellino.hr, ◷ ma-za 12-23, gesloten in augustus. Een goudomrande Marilyn Monroe kijkt verleidelijk omlaag van de wand. De grote panoramaramen kijken recht op een niet minder aantrekkelijk bos. Zagrebs eerste echte gourmandrestaurant en Michelinkandidaat ligt in de groene ambassadebuurt. Onder de creatieve leiding van chefkok Mario Čerhak creëert de keukenploeg voortreffelijke gerechten. Frans geïnspireerde gastronomie. Menu's en a la carte – elke kuna is goed besteed.

↔↔ **Restaurant Zinfandel** (▷71). Mediterraan geïnspireerd eten, creatief bewaakt door Belgische meesterkok in vijfsterrenhotel Regent Esplanade.

↔ **Baltazar** (▷68). Bijbels voedsel, geliefd bij politici. Vormt samen met Gašpar & Melkior de drie-eenheid Restaurant Driekoningen.

↔ **Pod Gričkim topom**, Zakmardijeve stube 5, ✆ 01 48 33 607, ⊙ dgl 11-0. Pod Gričkim Topom is genoemd naar het kanon in de Lotrščak-toren, dat je boven het restaurant vindt. Hier worden behalve kruidenbitter en lokale wijn ook vlees- en *seafood*gerechten in flinke hoeveelheden geserveerd. Dan is er nog een binnentuin met uitzicht, waar het goed toeven is. Overdag, onder bomen en afdak, en 's avonds, als er meer leven in de brouwerij komt. Laat de auto staan; de kabelbaan brengt je tot aan de drempel.

↔ **Ivica i Marica**, Tkalčićeva 70, ✆ 01 48 17 321 (pannenkoekenhuis), ✆ 01 48 28 999 (restaurant), www ivicaimarica.com, ⊙ 12-23 (pannenkoekenhuis vanaf 9 uur). Hans en Grietje in het Kroatisch. Geen additieven, noch in het eten in het restaurant, noch in de pannekoeken. Bij elk gerecht krijg je wel een briefje dat aangeeft hoeveel calorieën je op tafel gekregen hebt. En weet je meteen hoeveel je er dus weer moet aflopen.

+ **Vinodol**, Teslina 10, ✆ 01 48 11 427, www vinodol-zg.hr, ⊙ 10-0. Prijsvriendelijk restaurant met binnentuin en plaats voor 150 gasten onder de gewelven binnen. Kroatische specialiteiten, zoals onder deksel gegrild lam.

+ **Daily Fresh**, Petrićeva 1, ✆ 01 63 97 111, ⊙ 8-23. Gezond en goedkoop fastfood. Goed en centraal gelegen, voor als je honger snel gestild moet worden. Behalve salades en soepen ook zelfgemaakte Balkanspecialiteiten als *pita* en *burek*.

+ **Vincek**, Ilica 18, ✆ 01 48 33 612, www vincek.com.hr, ⊙ dgl 8.30-23. Banketbakker Vincek is een begrip in Zagreb. Voor de grote, uitnodigende vitrines is het moeilijk kiezen. Daarom bestellen velen een paar heerlijkheden tegelijk in Zagrebs beste *slastičarna*.

UITGAAN

KSET, Unska 3, ✆ 01 61 29 999, www kset.org, ⊙ zo-vr 20-0, za 20-3. Live optredens en nachtclub. Met jonge, vrolijke sfeer en mensen die het per se leuk willen hebben.

Route 66, Paromlinska 47, ✆ 01 61 18 737, ⊙ ma-vr 9-1, weekend 16-1. Rock-'n-rollbar zonder pretenties. *Baggy trousers*, goedkoop Kroatisch bier en af en toe livemuziek. Neem je bluesminnende vader mee; hij zal het geweldig vinden. Route 66 is gevestigd in een onbetekenende schuur met binnenplaats een paar honderd meter van de Vatroslav Lisinskiconcertzaal.

Jabuka, Jabukovac 28, ✆ 01 48 34 397, ⊙ do-za 20-2, zo-wo gesloten. Zwartgeklede jeugd die de romantische golf van de jaren 80 levend houdt. Als The Cure, Japan en New Order je iets zeggen, ben je hier aan het goede adres.

BP Jazz Club, Teslina 7, ✆ 01 48 14 444, www bpclub.hr, ⊙ 17-01. Zagrebs prominentste jazzclub. Kleine, maar altijd drukbezocht scene. Ook met internationale namen. En een van de twee jaarlijks terugkerende jazzfestivals in Zagreb (maart en oktober).

Apartman, Preradovićeva 7/1, (Bloemenmarkt 70), ✆ 01 48 72 168, ⊙ ma-wo 9-23, do-za 9-1. Funky, relaxt café en bar in een oud scoutinghoofdkwartier. Bij gelegenheid live dj's en altijd een goede sfeer.

Bulldog XL, Bogovićeva 6, ✆ 01 48 17 393, ⏲ dgl. 9-1. Een van de best bezochte locaties in het uitgaanskwartier. Overdag gonzend van de koffieleuten, 's avonds losse sfeer met goede omzet aan bier van de tap.
Melin Monroe, Tkalčićeva 47, ✆ 01 48 28 966, ⏲ dgl. 9-1. Vol bohemiens en intellectuelen, die hier graag komen met op de achtergrond stevige rockmuziek.
Gradska kavana, Trg Bana Jelačića, ⏲ 9-23. Majesteitelijk en zonder leeftijdsgrens. Nostalgie met klasse. Oma's, literatuur, ambtenaren, gezinnen en piano.
Booksa, Martićeva 14b, ✆ +385 (0)1 461 61 24, ⏲ 9-23, ma gesloten. Boekencafé en hangplek. Koffie en thee, maar geen alcohol. Geleid door drie vrouwen, alledrie schrijfster. Publiek houdt van lezen.

SHOPPEN

Boutique Croata (▷69). De stropdas is een Kroatische uitvinding. Bezoek winkel nummer één.
Nama, Ilica 4-6, www nama.hr. Cosmetica, ondergoed en mooi vervaardigde tassen van paardenleer. Nama is ruim honderd jaar een begrip. Ondanks de eerste, bedaagde indruk en het enigszins ouderwetse design, zijn er mooie dingen te koop. En vaak voor ontroerend weinig geld. Als je je toch verveelt, kun je de tijd verdrijven met het bekijken van de wanden – die zijn versierd met nostalgische foto's uit de geschiedenis van het warenhuis.
Modni atelier Boudoir, Radićeva 25 (links op de binnenplaats), ✆ 01 48 13 464, ⏲ ma-vr 10-20, za 9-14. De twee blonde designers houden een rookpauze met een vriendin op het kleine binnenplaatsje waar hun kleding zowel gecreëerd als verkocht wordt. Maar als er gewerkt wordt, gebeurt dat effectief. Boudoir is de artiestennaam van een tweeling met flair voor romantiek en oog voor nostalgie. En niet te vergeten een voortreffelijk talent voor het creëren van baljurken uit de meest prachtige modestoffen. Morana en Martina zijn samen slechts 62 jaar, maar horen tot Kroatiës bekendste designers. Wisselende collecties met stukken vanaf 140 euro.
I-gle, Dežmanov prolaz 4, www i-gle.com. Meerdere jonge Kroatische designers staan op het punt om door te breken. Niet in het minst I-gle, die hun creaties onder andere verkopen in het legendarische Londense warenhuis Harvey Nichols, in Hongkong en in Wenen. In de modewinkel in Zagreb hangen kleren en torso's aan staaldraden aan het plafond. En de verkoopster laat graag haar piercings, tattoos en blote buik zien. I-gle heeft een dubbele betekenis: het betekent 'naalden' (igle) en is tegelijkertijd een verraste uitroep : 'kijk!'
A'Marie, Nikole Tesle 9 (rechts op de binnenplaats) ✆ 01 48 73 524. Als je de rekken hebt doorgenomen in de krijtwitte en Scandinavisch geïnspireerde modezaak, kun je de catwalk met de nieuwe collectie op de televisie in de winkel zien. De ontwerpster Ana Marija Brkić staat af en toe zelf in de winkel. Die ligt een beetje verstopt op een binnenplaats, vijf minuten lopen van Trg Bana Jelačića, maar haar naam is zo gevestigd dat de meeste mensen je de weg wel kunnen wijzen.
Profil Megastore, Bogovićeva 7, ✆ 01 48 77 300, www profil.hr, ⏲ ma-za 8-21, zo 8-13. Grote keus aan buitenlandse boeken, kranten en tijdschriften, dicht bij Trg Bana Jelačića.

DE LEUKSTE ADRESSEN

SLOVENIË NU

De hoeveelheid afgepeigerde vaders die moeten luisteren naar vragen als 'Papa, zijn we er bijna?' groeit gestaag. Hetzelfde geldt voor het aantal auto's dat in de zon staat te branden. De Sloveense grensbewakers nemen hun werk serieus en bestuderen het paspoort alsof het om een zeldzame eerste druk van een beroemde schrijver draait. Dat is niets nieuws, maar de ijverigheid is nog een tandje toegenomen sinds Slovenië op 31 maart 2008 officieel toetrad als Schengenland. Het is niet langer alleen de grens naar Kroatië die bewaakt moet worden; het zijn de buitengrenzen van de EU. De grensbewakers gaan in hun werk niet voor minder dan een 10+.

NIEUWE SLIMMERIK IN DE KLAS

Slovenië is altijd een beetje anders geweest dan zijn buren op het Balkanschiereiland. Beter georganiseerd, Germaanser, ondernemender en efficiënter. Het is daarom geen verrassing dat Slovenië ver vooruit loopt in het Europese integratieproces. Hier begon men al jaren geleden in euro's te denken. En de landsgrenzen zeer ijverig te bewaken. Slovenië was de voortrekker van de 10 nieuwe landen die bij de grote uitbreiding in 2004 toetraden tot de EU. Als eerste van de nieuwkomers voerde Slovenië de gemeenschappelijke munteenheid in. En in januari 2008 nam het land de rol van EU-voorzitter over.

Tegen alle verwachtingen in dook ook het rookverbod op in de kettingrokende Balkan. Maar te oordelen naar de grote groepen mensen die in de winterkou buiten de cafés staan te roken en warme wijn te drinken, is niet iedereen met zijn tijd meegegaan.

SLOVENIË WAS DE VOORTREKKER VAN DE TIEN NIEUWE LANDEN DIE IN 2004 LID WERDEN VAN DE EU.

THUIS BEST?

Pragmatici zullen wel beweren dat het geld voor die sigaretten beter aan andere zaken besteed zou kunnen worden. Het gemiddelde inkomen van een Sloveen bedraagt 1326

euro bruto (864 netto) per maand. En ook al is dat meer dan in de rest van voormalig Joegoslavië, het is weinig in vergelijking met de meeste andere EU-landen waarmee Slovenië zich tegenwoordig vergelijkt.
De werkeloosheid ligt rond de vijf procent. Vrouwen treden steeds meer toe tot de arbeidsmarkt en gaan werken in de groeiende dienstverleningssector. Maar veel Slovenen hebben nog niet met eigen ogen gezien hoe het leven elders is; een derde van de bevolking heeft volgens een opinieonderzoek geen geld voor een week vakantie in het buitenland.

Ze kunnen zich troosten met hun eigen bergen, stranden en kuuroorden. En een goed functionerende infrastructuur naar Duitsland, die beter is dan bijvoorbeeld die aan de andere kant van de grens, in Kroatië.

SLOVENIË IN HET KORT

Oppervlakte: 20.273 km^2 (NL 41.526)
Kustlijn: 46,6 km
Grenzen: Oostenrijk, Kroatië, Hongarije, Italië
Hoogste punt: Triglav, 2.864 m
Bevolkingsgrootte: 2.040.700 inw. (2009)
Hoofdstad: Ljubljana, 276.000 inw. (2009)
Op een na grootste stad: Maribor (93.847)
Staatshoofd: President Danilo Türk, minister-president: Borut Pahor
Taal: Sloveens, Latijns alfabet
Religie: Katholiek 57,8 %. De grootste geregistreerde groep daarna bestaat uit atheïsten en mensen met onduidelijke religieuze verbondenheid. Iets meer dan 2 procent is respectievelijk moslim of orthodox.
Belangrijkste sectoren: Industrie, landbouw en toerisme.
Werkloosheid: 4,8 procent
Onafhankelijk: Van Joegoslavië, 25 Juni 1991

SPORTMENSEN

Na het werk trekken de Slovenen hun sportkleren aan. De glimmende racefietsen moeten naar buiten om bergen te beklimmen. Buikspieren en biceps worden in stand gehouden op de meren, en kracht en souplesse getest op de klimwanden. De Alpenbewoners op het Balkanschiereiland zijn sportmensen en van de natuur vlak voor de deur gaat bijna overal een onweerstaanbare aantrekkingskracht uit. Het is helemaal geen grapje als iemand je vertelt dat een Sloveen minstens één keer in zijn leven de Triglav moet beklimmen, het hoogste punt van het land. Maar weinigen zouden protesteren als dat in de grondwet een voorwaarde voor het Sloveense staatsburgerschap zou zijn.

NATUURNATIE

In Slovenië speelt het leven zich af in de buitenlucht. De steden maken in het weekend vaak een verlaten indruk. Maar als een buitenstaander een jonge Sloveen vraagt of het af en toe niet een beetje saai wordt met al die sport, krijgt hij negen van de tien keer een niet-begrijpend schouderophalen als reactie.

De meeste Slovenen beoefenen sport voor hun plezier, maar de talentvolsten zorgen ook voor goud. De belangrijkste sporten zijn skiën en roeien, waarin Slovenië tot de besten ter wereld behoort. De vele titels behaald op Olympische Spelen en Europese en Wereldkampioenschappen zullen verdedigd moeten worden als het prachtige Bledmeer in 2011 de omlijsting vormt van het wereldkampioenschap roeien.

De gezonde levensstijl wordt ook onderhouden als de Slovenen ontspannen. Het lichaam wordt verzorgd in de vele bronnen en wellnesscentra door het hele land, meestal in adams- of evakostuum. En als het weer het toelaat, gaan de Slovenen skiën. Ongeacht levensstandaard, politieke stellingname, religieuze overtuiging of seksuele oriëntatie.

BALKANS GERMANEN

Slovenië is met slechts twee miljoen inwoners een klein, homogeen land. Zowel in religieus als in etnisch opzicht. Subculturen zijn er nauwelijks. En afgezien van de groep jonge punkers en onafhankelijke kunstenaars in de vrijstaat Metelkova in hoofdstad Ljubljana,

durven (of willen) slechts enkelen zich te onderscheiden. Homo's en lesbiennes lopen gewoonlijk op hun tenen. En ook al zijn de Slovenen liberaler dan de meeste andere Balkanvolkeren, velen vinden het nog steeds moeilijk om mannen in zijden overhemden te zien, of vrouwen in legerbroeken. Niemand vertrekt een spier als hij in de sauna iemand anders bloot, maar ermee te koop lopen doe je niet.

Op andere punten zijn Slovenen echter progressiever. In voormalig Joegoslavië hadden ze de naam efficiënter en Germaanser te zijn (en een beetje saaier) dan de bevolking in de rest van de republieken. Dat geldt dan niet voor het verkeer, want Slovenië, gemeten naar het aantal verkeersdoden, is in Europa het op drie na gevaarlijkste land voor automobilisten. Daarentegen ontwikkelen de economie en het bedrijfsleven zich snel. Dat is al zo sinds Slovenië in 1991 zelfstandig werd. En helemaal sinds de toetreding tot de EU in 2004.

JOEGO-NOSTALGIE

Niet iedereen merkt evenveel van de veranderingen. Met een gemiddeld loon van ongeveer 1350 euro bruto of 875 euro netto, zit er meer in het loonzakje dan in de andere ex-Joegoslavische republieken. Maar een levensstandaard die beantwoordt aan die van de meer welvarende EU-buren is nog ver weg. In het straatbeeld zie je nog portretten van Tito, T-shirts met rode sterren en souvenirs van het vroegere Joegoslavië. Slovenië kent dus ook een aantal Joego-nostalgici; mensen die met een romantische voorliefde voor oude bands, partizanerfilms en Joegoslavische producten die de communistische geschiedenis verheerlijken.

Als je vraagt naar de kijk van Slovenen op de tijd in het vroegere Joegoslavië, krijg je meestal een positief antwoord. In tegenstelling tot Kroatië en Bosnië en Herzegovina, ontkwam Slovenië genadig aan het verbond. Het losmaken bracht geen etnische of religieuze conflicten met zich mee. Na de onafhankelijkheid keerde men zich ook niet tegen het geloof. De invloed van de katholieke kerk groeide niet, en een op de vijf ziet zichzelf als atheïst. Net als onder Tito.

GORENJE EN ELAN

Veruit de meeste Slovenen zijn het erover eens dat het lidmaatschap van de EU vooruitgang betekent. Slovenië was de republiek in Joegoslavië met de meest rendabele bedrijven, en de winst die ze vroeger moesten delen met anderen mogen ze nu zelf houden.

De overgang is verre van ongecompliceerd verlopen. Het omvormen van socialistische organisaties in private, beursgenoteerde bedrijven en van de ene dag op de andere van een planeconomie overschakelen op een markteconomie vereist goede organisatorische kwaliteiten. Dat werd ook gevraagd van een van Sloveniës gerenommeerdste bedrijven, Gorenje. De witgoedproducent had ooit 20.000 mensen in dienst, maar met het verdwijnen van de volksrepubliek verloor het een deel van zijn thuismarkt. Gorenje is er intussen goed uit gekomen. De bereidheid tot omschakelen en pragmatisme zijn goede Sloveense deugden, en Gorenje heeft begrepen hoe het de export moet vergroten en bedrijven kan vestigen in Oost-Europa.

Ook een ander groot Sloveens bedrijf, Elan, heeft met een mondiaal distributienetwerk zijn positie als een van de vooraanstaandste producenten van ski-uitrustingen weten te bewaren. En thuis zijn er ook klanten.

SLOVENEN HEBBEN BIJNA ALLES: STRANDEN, BERGEN EN GROTTEN. SOMMIGEN LIJDEN AAN JOEGO-NOSTALGIE – OOK OP MUZIKAAL GEBIED.

ALPENMUZIEK EN MELANCHOLIE

Een groep mannen behangen met koper, in rode uniformen en met roze wangen stelt zich op bij de Tromostovjebrug in Ljubljana. De tubablazer test zijn longcapaciteit met een peuk, de dirigent probeert de klanken bij elkaar te houden en een trompettist blaast vol zelfvertrouwen de wangen bol, terwijl een stukje van een vrolijke melodie ontsnapt. Na verloop van tijd trekt het orkest de belangstelling van voorbijgangers. En als de groep verzamelde toehoorders groot genoeg is, steken de straatmuzikanten serieus van wal. De muziek doet denken aan besneeuwde bergen, hellingen gevuld met edelweiss en koeien die afdalen met een klingelende bel om de nek.

DRONKEN NATIONALE DICHTER

De culturele invloed van buurland Oostenrijk is groot. Vooral in het noordelijke en noordoostelijke deel van het land waar Alpenfeesten, jodelen en blaasorkesten een natuurlijk onderdeel vormen van sociale bijeenkomsten, marktdagen en gelegenheden die vragen om feestelijke amusementsbijdragen.

Maar het is niet allemaal Tiroler muziek. Sloveniës gemeenschappelijke identiteit is gebaseerd op de taal en de literatuur. Deze worden vaak gezien als dé factoren die het Sloveense volk vele eeuwen bij elkaar hielden toen er nog geen Sloveense staat bestond. Toen Slovenië onder het Habsburgse rijk viel, kregen de grootste nationale coryfeeën hun opleiding en culturele opvoeding in Wenen. Ook de belangrijkste dichter, France Prešeren, afkomstig uit een welvarende boerenfamilie, trok naar Wenen om jurist te worden. Maar het waren zijn dichtregels en niet zijn juridische paragrafen die hem beroemd maakten. Een van de verzen uit Prešerens gedicht *Een toast op de vrijheid* werd in 1991 verkozen tot het Sloveense volkslied. Prešeren stond in zijn tijd bekend om zijn liefde voor zowel de fles als voor erotiek en was dus niet bijzonder geliefd onder conservatieve tijdgenoten. Zo kreeg hij pas na zijn dood de erkenning waar elke grote dichter van droomt. Vandaag de dag wordt Prešeren gewaardeerd om zijn grote bijdrage aan de Sloveense taal. En als zijn verschijning hier of daar boven de brandewijndampen zweeft, is dat misschien een pleister op de wonde voor een leven vol alcoholisme en ongelukkige liefde. Prešerens dood op 8 februari 1848 wordt elk jaar herdacht op *Prešernov dan*.

INTERNATIONAAL IS DE SLOVEENSE CULTUUR MET ALPENMUZIEK EN ZWARE LITERATUUR NIET ZO BEKEND.

DE SLOVEENSE CANON

Prešeren was geen navelstaarder. En in zijn gedichten lukte het hem om de eigen miserabele situatie te verbinden met die van het Sloveense volk. Prešerens poëzie bevat die melancholie die velen zien als kenmerk van de Slovenen. Deze maakt, samen met machteloosheid en zelfmoord, een belangrijk deel uit van de literatuur.

Sloveniës andere grote literaire figuur, Ivan Cankar, is in dat opzicht geen uitzondering. Hij bracht het grootste deel van zijn leven door in het Wenen dat hij tegelijkertijd liefhad en haatte. Cankar benadrukte het machteloze verlangen van het onderdrukte Sloveense volk, dat zich in zijn optiek vaak uitte in stomdronken worden en oppervlakkig feestgedruis.

Cankar probeerde de ogen van zijn landgenoten te openen. Hij zag zelfonderdrukking en apathie, die hij toeschreef aan honderden jaren slavernij onder Duitstalige feodale heren. Zijn oproep kwam echter ongelegen en hij werd bestempeld als provocateur en nestbevuiler. In het in die tijd streng katholieke Kroatië keek men ook niet mild naar zijn talent voor het beschrijven van geweld en vleselijke lusten. Verschillende boeken waren onderwerp van censuur. In 1899 kocht bisschop Jeglič van Ljubljana zelfs een oplage van 700 exemplaren van de dichtbundel *Erotika* op. Niet uit waardering, maar om ze allemaal te verbranden. Het aanzien voor zowel Prešeren als Cankar is sindsdien alleen maar gegroeid; beide schrijvers behoren nu tot de top van de Sloveense canon.

DE KONINGEN VAN LJUBLJANA

In een land met slechts twee miljoen inwoners is het lang zoeken naar bijzondere personen. Sommigen verdienen het toch om belicht te worden. Want ook al is de architect Jože Plečnik (▷98) net als Prešeren en Cankar al lang begraven, het lukte hem tijdens zijn leven zulke belangrijke vingerafdrukken in vooral Ljubljana achter te laten, dat hij te vergelijken is met Otto Wagner in Wenen. Plečnik was diens leerling. En na vele jaren in de Oostenrijkse hoofdstad en daarna in Praag, keerde de Sloveense architect terug om Ljubljana van een kleine provinciestad om te toveren in een hoofdstad om trots op te zijn. Met een begerenswaardig enthousiasme en productiviteit lukte het hem in de loop van de laatste 30 jaar van zijn leven zo veel unieke gebouwen achter te laten, dat de Sloveense hoofdstad vaak Plečniks Ljubljana genoemd wordt.

Ook Sloveniës belangrijkste bijdrage aan de mondiale muziekwereld is een synoniem van Ljubljana. De internationaal beroemde techno-industriële rockgroep Laibach noemt zich naar de Duitse, middeleeuwse naam van de hoofdstad. Met zijn snedige muzikale universum en controversiële optredens, met rekwisieten als nazi-uniformen en open vuur, is Laibach de enige Sloveense muzieknaam die buiten de landsgrenzen klinkt. En die bovendien artiesten als Marilyn Manson en Rammstein inspireert. Laibach gebruikt allerlei muziekgenres; van Wagner via heavy metal tot Tiroler muziek. Dat, en misschien meer, hebben ze gemeen met de koperblazers die de gezinnen bij Plečniks Tromostovjebrug in Ljubljana vermaken.

SLOWFOOD EN EENVOUDIGE KOST

De slungelige ober komt vol zelfvertrouwen aangelopen met de derde gang van het menu. Hij verheugt zich er duidelijk op juist deze gang te presenteren. 'Voila,' roept hij vrolijk en zet het kleine kunstwerk op tafel. Het hapje, dat zich elegant op het bord wordt gepresenteerd, wordt voorgesteld en blijkt een Mini Mac te zijn. Een creatieve gastronomische vertolking van de burgerklassieker Big Mac. Maar vergeet alles over gehakt en augurken in het zuur. De gourmandburger is gecreëerd van twee minimalistische stukjes zoet brood die een schijfje foie gras gestoomd in whisky omarmen, een schijfje peer en een stukje zeeduivel. Wie zegt dat chic eten serieus moet zijn?

SLOVEENS SLOWFOOD

Het is een doordeweekse dag in Kobarid, een kleine stad aan de voet van de Julische Alpen, maar een paar uur rijden van de Adriatische kust. Kobarid ligt in het bovenste deel van Soča. Dit dal is bekend door adrenalineopwekkende kajaktochten en rafting op de smaragdgroene rivier met dezelfde naam. En door de bloedige gevechten in de Eerste Wereldoorlog.

Voor de vele Italianen die vaak de korte rit over de grens maken, zijn het toch in hoge mate de aangename culinaire verleidingen die trekken. Dit deel van Slovenië is, met Restaurant Hiša Franko aan de top, Sloveniës gastronomische trekpleister geworden. Het concept hier – en in meerdere goede restaurants in de omgeving – is *Chef's night out*. Met menu's zoals in klassieke fijnproeverrestaurants. Met acht- of negengangenmenu's voor ongeveer 65 euro, en goedkope wijn bovendien, krijg je ongelofelijk veel *slowfood* voor dat geld. In de hoofdstad Ljubljana vind je ook exquise restaurants waar de keuken seizoensbepaald is en Sloveense producten het uitgangspunt vormen. Zij die hun vooroordelen over zwaar, fantasieloos Balkaneten bevestigd willen zien, moeten lang zoeken.

REGIONALE VERSCHILLEN

Maar het is natuurlijk niet allemaal haute cuisine. En in een land maar half zo groot als Nederland zijn de regionale culinaire verschillen verrassend groot. Of misschien net zo groot als de klimatologische, geografische en historische verschillen in dit dwerglandje. Sloveniës ligging tussen de vruchtbare vlakte Pannonië, de hoge Alpen en het zonnige Adriatische Zeegebied heeft zijn stempel gedrukt op de tradities. De geografische ligging van een restaurant zie je dan ook vaak terug in de menukaart.

In Noord- en Oost-Slovenië verschijnen vaak solide, op Oostenrijk geïnspireerde worstspecialiteiten (*klobase*), schnitzels, sauerkraut en strudels op tafel. In Prekmurje, op de grens met Hongarije, grote hoeveelheden *bograč* – een Sloveense goulash, genoemd naar de aardenwerken schaal waaruit hij traditioneel gegeten wordt. En aan de kust, het deel van Istrië dat bij Slovenië hoort, kom je behalve inktvis, mosselen en ander zeebanket ook veel Italiaanse gerechten als ravioli (*žlinkrofi*), gnocchi (*njoki*), risotto of lokale pastavariant *fuži* tegen.

De verschillen zijn te verklaren uit het aanbod van lokale ingrediënten. Maar het scheelt ook dat Istrië eeuwenlang deel uitmaakte van de Republiek Venetië én dat Oost-Slovenië bijna 400 jaar onderworpen was aan de Habsburgse troon. Een klein land als Slovenië leende op grote schaal recepten van zijn grote buren. En maakte zich die eigen.

HAM EN RIESLING

Bepaalde specialiteiten zijn niet alleen regionaal, maar ook klimatologisch bepaald. Dat geldt bijvoorbeeld voor de delicatesse Karstproscuitto of *Kraški pršut*, een ham die uitsluitend geproduceerd wordt in het gebied met dezelfde naam. De Karstham wordt gedurende een half jaar luchtgedroogd en krijgt zijn karakteristieke smaak met behulp van de *bora* – een koude, intense wind in het gebied rond de Dinarische Alpen.

Het klimaat speelt ook een beslissende rol in Sloveniës mooie, maar vaak over het hoofd geziene wijn. De wijncultuur gaat hier 1000 jaar terug. De 400 jaar oude wijnstok die voor het museum in Maribor groeit, is de oudste ter wereld – en nog steeds productief.

Maribor hoort met onder andere Ptuj en Ljutomer-Ormoz tot Sloveniës grootste wijnproducerende regio Podravje. En hier in het oosten en noordoosten van het land vind je kwaliteitswijnen als Laski en Renski Rizling. Door toedoen van het warme klimaat heeft Sloveense Riesling vaak een sterker aroma dan de Duitse variant en met zijn delicate vleug van rozen en muskaat is hij vaak de eerste keus van lokale wijnkenners. De Karstregio en de kust staan weer bekend om hun droge rode wijnen. En als de ober je een Sloveense Teran of Malvasia aanbeveelt, zul je daar zelden spijt van krijgen.

EETCULTUUR

De vuistregel dat je als toerist moet eten waar de lokale bevolking eet, houdt in Slovenië niet altijd stand. Veel Slovenen beschouwen uit eten gaan als duur vertier en doen dat vaak pas als er een bijzondere reden voor is. De best bezochte restaurants zijn de zogenaamde *gostilna's* – een vorm van ouderwetse herbergen die je overal in het land tegenkomt. Binnen vind je meestal een open haard, een staande klok en obers die voor weinig geld goede, solide kost serveren. De maaltijd in een *gostilna* wordt vaak afgerond met iets zoets, bijvoorbeeld de opgerolde notencake van gistdeeg *potica*, populair over alle regionale grenzen heen.

DE SLOVEENSE KEUKEN HEEFT GROTE AMBITIES. JE VOOROORDELEN OVER HET ZWARE BALKANETEN ZIE JE NIET SNEL BEVESTIGD.

SLAAF IN EIGEN LAND

'Ik zou het nooit geloofd hebben als iemand me twintig jaar geleden, toen ik in de gevangenis zat, gezegd zou hebben dat ik hier vandaag zou staan'. Janez Janša kijkt de vergadering in het Europees Parlement in Staatsburg rond. Het is een dag in januari 2008 en als eerste van de nieuwe lidstaten moet de Sloveense premier zijn voorzitterprogramma aan de overige EU-leden presenteren. De meeste weten goed waar Janša naar verwijst. In 1988 werd hij als kritisch journalist van het kleine, anarchistische blad Mladina gevangengezet omdat hij het aan de stok gekregen had met het militaire en communistische bewind van Joegoslavië.

EERSTE VRIJE VERKIEZINGEN

Precies dat incident was het startschot van Sloveniës gevecht voor zelfstandigheid. En ook al is Janša in het vaderland niet zo populair als vroeger, de meesten respecteren hem als degene die mede de weg baande voor de eerste onafhankelijke Sloveense staat. Janša was veroordeeld voor spionage, of voor het 'doorgeven en openbaar maken van militaire geheimen'. Maar een paar jaar later begon hij op 33-jarige leeftijd aan een grote politieke carrière en werd hij benoemd tot Sloveniës eerste minister van defensie.

De uittreding uit Joegoslavië kwam in zicht toen de communisten hun politieke monopolie verloren en in 1990 de eerste vrije verkiezingen gehouden werden. Al een half jaar later gingen de Slovenen weer naar de stembus, dit keer om te stemmen voor onafhankelijkheid. De verkiezingen waren het gevolg van jarenlang verzwakte verhoudingen tussen de Joegoslavische republieken. Jaren waarin Slovenië als de welvarendste van de zes republieken inzag dat er bij uittreding meer te winnen dan te verliezen viel.

Aanvankelijk werd de wens tot zelfstandigheid echter niet ingegeven door economische motievenk maar door de erkenning dat Joegoslavië door populistische leiders in vooral Servië de verkeerde kant werd opgetrokken. Het gevecht voor democratie wakkerde het nationale bewustzijn aan. Maar dat bewustzijn werd ook gesterkt door een eeuwenlange taalkundige en culturele identiteit die zich markant onderscheidde van de overige Joegoslavische republieken.

DE ZEGEN VAN HET COMMUNISME

Sloveniës kameraadschap met de Zuid-Slavische buren begon al in 1918, toen het Koninkrijk van Serviërs, Kroaten en Slovenen door de Servische koning Alexander werd uitgeroepen. Elf jaar later veranderde de naam in Koninkrijk Joegoslavië; een parlementaire democratie die echter snel veranderde in een dictatuur. De absolute vorst Alexander werd tijdens een bezoek aan Marseille vermoord en

MEDAILLES EN JOEGOSLAVISCHE MUNTEN HERINNEREN ERAAN DAT SLOVENIË TWINTIG JAAR GELEDEN EEN DEELREPUBLIEK WAS.

zijn opvolger Paul bracht ook niks goeds. Zijn flirt met Hitler en Mussolini leidde in 1941 tot een staatsgreep die Joegoslavië weer op het neutrale spoor moest zetten. Maar de koerswijziging gaf de fascisten alleen maar meer reden om het land te bezetten.

Het Sloveense gebied werd in de oorlog verdeeld tussen Duitsland, Italië en Hongarije. En ook al werd een klein aantal Slovenen het kamp van de bezetter ingelokt, de meeste sloten zich aan bij het Bevrijdingsfront, aangevoerd door de pas opgerichte Sloveense communistische partij. Later sloot die een verbond met de veel grotere Zuid-Slavische verzetsbeweging geleid door de partizaan Josip Broz Tito. En toen hij na de oorlog een federale socialistische republiek uitriep, werd Slovenië natuurlijk een van de zes deelrepublieken van de nieuwe Joegoslavische staat.

SLOVENIË ONDER TITO

De afzonderlijke republieken waren altijd strak gehouden, maar dat weerhield de meest vasthoudende aanhangers van decentralisering in Kroatië en Slovenië er niet van hun mond open te doen. Om de spanningen tussen de deelrepublieken te doen afnemen, werd in 1974 een nieuwe grondwet aangenomen die meer zelfbestuur beloofde. Daar moest Slovenië zich tevreden mee stellen. Het was altijd al de rijkste bondgenoot en het opleidingsniveau lag ook behoorlijk boven het gemiddelde; dat veranderde niet onder Tito. De Slovenen lieten het logge en bureaucratische systeem optimaal functioneren. En door toedoen van succesvolle industriële bedrijven als Gorenje behield de kleine republiek het welvaartsniveau dat twee keer zo hoog was als in de rest van Joegoslavië. De opbouw van een gezonde economie en de mogelijkheid om via meer zelfbestuur politieke ervaring op te doen, bood Slovenië een solide fundament om op eigen benen te staan. Maar met Tito nog in leven durfden de meesten daar nog niet over te fantaseren.

HET LAND VAN DE HABSBURGERS

De tijd van Tito's Joegoslavië verschilde markant van de vele voorafgaande eeuwen, waarin de Slovenen slaaf in eigen land waren. Afgezien van een korte periode in de 7e eeuw, toen binnentrekkende Slaven een zelfstandig hertogdom stichtten, leefde het Sloveense volk bijna constant onder vreemde heren. Eerst onder Duits feodaal gezag, later bijna 500 jaar onder de Oostenrijkers.

De Habsburgse monarchie lijfde in de 14e eeuw bijna alle Sloveense regionen in. En afgezien van de kuststeden die een paar eeuwen in handen van de Republiek Venetië waren, behield zij tot de Eerste Wereldoorlog de macht. De meeste Slovenen leefden als lijfeigen boeren en als zij af en toe in opstand kwamen tegen de onrechtvaardige belastingen, werden de protesten met harde

BELANGRIJKE JAARTALLEN

250.000 v.Chr.
De eerste tekenen van menselijke bewoners in het huidige Sloveense grondgebied.

500-600
De eerste Slaven arriveren in het Sloveense gebied.

630
De Slaven stichten een zelfstandig hertogdom in Karantanië – een historische regio in het huidige Oostenrijk waar Noord-Slovenië ooit ook onder viel.

745
Karantanië wordt ingelijfd bij het Germaanse Frankenrijk en de Slaven bekeren zich tot het christendom.

1000-1100
Het eerste geschrift in het Sloveens, geschreven in het Latijnse alfabet. Het Freising-manuscript bevindt zich tegenwoordig in de Nationale Bibliotheek in München.

1300-1500
De Habsburgse monarchie brengt alle Sloveense regio's onder zijn troon.

1550
De reformator Primož Trubar geeft *Katekizem* uit, het eerste Sloveense gedrukte boek.

1573
Samen met de Kroaten dwingen de Slovenen de Oostenrijkse koning de situatie van de boeren te verbeteren.

1584
Jurij Dalmatin vertaalt de Bijbel in het Sloveens. Adam Bohorič schrijft een Sloveense grammatica.

1800
Geboorte van de dichter France Prešeren.

1860
Ontstaan van de eerste politieke groeperingen. Die ontwikkelen zich in de loop der jaren tot de eerste politieke partijen.

1876
Geboorte van de schrijver Ivan Cankar.

1918
Na de val van het Habsburgse keizerrijk wordt Slovenië een deel van het nieuwe koninkrijk onder koning Alexander.

1923
De Sloveen Fritz Pregl krijgt de Nobelprijs voor de scheikunde.

1929
Koning Alexander voert de dictatuur in en noemt het land Joegoslavië: 'het land van de Zuid-Slaven'.

1945
Slovenië wordt deelrepubliek van De Socialistische Republiek Joegoslavië, met Tito als president.

1980
President Tito overlijdt in een ziekenhuis in Ljubljana.

1988
Een aantal journalisten van Mladina wordt gearresteerd in verband met staatsvijandige activiteiten. Zo ook de latere premier Janez Janša.

1989
Soevereiniteitsverklaring betreffende zelfstandigheid en grondwetswijziging.

1990
Referendum over zelfstandigheid en vrije meerpartijen-verkiezingen. 89 procent van de Slovenen stemt voor uittreden uit Joegoslavië.

1991
Slovenië roept op 25 juni zijn zelfstandigheid uit. 10 dagen vechten tegen het federale leger wordt gevolgd door vrede en opbouw van het moderne, zelfstandige Slovenië.

1992
Slovenië wordt officieel erkend door de EU. De eerste vrije verkiezingen na de onafhankelijkheid worden gehouden.

1993
Het vroegere militaire hoofdkwartier van het Joegoslavische leger in Ljubljana wordt bezet en omgedoopt tot de vrijstaat Metekova.

1996
Paus Johannes Paul II bezoekt Ljubljana.

1997
Europa's oudste muziekinstrument – een 15.000 jaar oude fluit – wordt in Slovenië gevonden.

1999
Associatieverdrag tussen Slovenië en EU treedt in werking.

2000
Het Sloveense team heren dubbel twee wint de eerste Olympische gouden medailles in roeien. Slovenië kwalificeert zich voor de EK-slotronde met een overwinning op Oekraïne in de play-offs.

2002
Het Sloveense nationale elftal kwalificeert zich voor de eerste keer voor het wereldkampioenschap voetbal.

2004
Slovenië wordt lid van de EU en van de NAVO.

2007
Slovenië voert de euro in.

2008
Slovenië neemt het voorzitterschap van de EU over.

hand neergeslagen. De Habsburgers bewerkstelligden een totale germanisering van de administratie, het culturele leven en de opleidingen. Zonder een figuur als de priester Primož Trubar had het Sloveense volk misschien helemaal niet overleefd.

Als zoon van een lijfeigen molenaar ontworstelde Trubar zich aan zijn sociale lotsbestemming. Met steun van de bisschop van Triëst werd hij frontman van de grote Lutherse hervormingsbeweging die Slovenië in de 16e eeuw overspoelde. Maar zijn kritiek was niet alleen van religieuze aard. Net als Luther pleitte Trubar ervoor dat het volk in zijn eigen taal over het christendom kon leren. In 1550 gaf hij de eerste gedrukte boeken in het Sloveens uit – een catechismus en een ABC. Later kwamen er ook Sloveense schoolboeken en een Bijbelvertaling. Maar na de reformatie kwam de contrareformatie. Aangevoerd door fanatieke katholieken in de Habsburgse dynastie, werden de Sloveense taal en cultuur de volgende paar eeuwen effectief onderdrukt.

SOMMIGE SLOVENEN BLIJVEN DE JOEGOSLAVISCHE VLAG OOK NU NOG KOESTEREN.

TAALKUNDIGE HEROPLEVING

Pas met de troonsbestijging door Maria Theresia in 1740 kwam er schot in het hervormingsproces. Zij zorgde er onder andere voor dat de boeren vrij man werden. Vele landbouwers benutten deze vrijheid voor het zoeken naar nieuwe geïndustrialiseerde gebieden. In de tussenliggende periode waren er veel steden ontstaan en had het wegennet zich uitgebreid.

De bloeiende economie had een positief effect op de ontwakende Sloveense middenklasse. En het deel dat door de lucratieve zilvermijnbouw en manufacturenhandel rijk was geworden, investeerde in de toekomst van de zonen. Afgestudeerden aan de nieuwe, grote universiteiten in Göttingen en Wenen werden tijdens de verlichting woordvoerder van de ideeën van vrijheid, gelijkheid en broederschap. En de intellectuelen bliezen in de laatste helft van de 18e eeuw nieuw leven in icoon Primož Trubar en de Sloveense schrijftaal. In de loop van enkele jaren leidde dat tot een nieuwe Bijbelvertaling, een Sloveense grammatica en de wetenschappelijke uitwerking van de Sloveense geschiedenis.

NATIONAAL ONTWAKEN

De geschiedenis stond echter niet stil. De verlichting bracht ook revolutionaire ideeën met zich mee. Maar de Slovenen lieten zich niet meeslepen door volksopstanden die zich in 1848 als een bosbrand over Europa verspreidden. Pogingen van intellectuelen om een verenigd Slovenië te stichten, haalden niets uit.

Het nationale ontwaken werd halverwege de 19e eeuw echter wel bevorderd door de organisaties die elk grotere politieke invloed voor Slovenen nastreefden. Sommige wilden bij Oostenrijk-Hongarije blijven, andere waren voor de oprichting van een zelfstandige Sloveense staat. En weer andere kozen voor de vorming van een Zuid-Slavische natie. Toen het Habsburgse rijk na de Eerste Wereldoorlog uiteenviel, was het laatste model het resultaat.

De landen op het Balkanschiereiland hadden gemeen dat ze eeuwenlang door Oostenrijkers of Turken onder de voet waren gelopen. Maar dat was niet genoeg om hen te verenigen. Nieuwe totalitaire krachten sloegen toe, maar toen de Oost-Europese communistische regimes eind jaren 80 begonnen te wankelen, vatten de Slovenen moed om baas in eigen land te worden. Sindsdien ging het snel voor Slovenië. Dat is bijna niet te bevatten; ook niet voor EU-voorzitter Janez Janša, die in Straatsburg een ovationeel applaus krijgt.

DE ROCK-'N-ROLL-REVOLUTIE

'Mladina was eigenlijk gewoon rock-'n-roll. Het had niets met een nationalistische beweging te maken. En praten over het losmaken van Joegoslavië maakte geen deel uit van de redactionele koers. Toch moet je de betekenis van het blad voor het onafhankelijkheidsproces van Slovenië niet onderschatten'.

Ali H. Zerdin was vele jaren een van Mladinas leidinggevenden, maar in 2006 werd hij redacteur bij het liberale dagblad Dnevnik. Hij vertelt over de geschiedenis van het ondergrondse blad, dat met een reeks controversiële onthullingen aan het eind van de jaren 80 de politieke agenda bepaalde. En over hoe een van de jonge journalisten eindigde als staatshoofd.

RODE JEUGDCULTUUR

Mladina werd in 1943 opgericht als een orgaan van de communistische jeugdorganisatie. En het was onderdeel van de partizanenstrijd tegen de fascisten in de Tweede Wereldoorlog. Na de oorlog behield Mladina zijn rol als spreekbuis van de socialistische jeugd. Maar gaandeweg vermengden loftuitingen voor Tito en vrijwillig jeugdwerk zich met satire, reportages over de ontluikende jeugd- en popcultuur en provocerende pornografische verhalen. Pas twintig jaar later begon het blad echt zijn tanden te laten zien. Ali Zerdin zoomt in op de gebeurtenissen waardoor Mladina zich ging profileren als een revolutionair blad. Of contrarevolutionair, zoals de machthebbers het toen noemden.

EEN DOORN IN HET OOG

Mladina wekte voor het eerst de aandacht van de autoriteiten toen het zich in 1985 verzette tegen een militaire parade. Dit defilé in Ljubljana werd gehouden ter ere van het 40-jarige jubileum van de communistische machtsovername en de oprichting van Joegoslavië. Later maakte Mladina zich verdacht toen het pleitte voor dienstweigering. Bovendien richtte het zich op de duizenden mensen, zoals Jehova's getuigen,

die gevangengenomen werden als ze niet in dienst wilden. Ook onthulde Mladina dat hooggeplaatste militairen en politici misbruik maakten van hun positie. Toen uitkwam dat admiraal en minister van defensie Branko Mamula een luxe villa in Lovran (Kroatië) had laten bouwen, moest hij ontslag nemen. Daarvoor had Mladina het licht laten schijnen over Mamula's onfrisse wapenhandeltjes met het door burgeroorlogen geteisterde Ethiopië. Erboven stonden koppen als *Mamula Go Home* en *Handelaar in de dood*.

Mladinas metamorfose van klein journalistiek popblad tot de schrijvende doorn in het oog van het regime was vooral te danken aan Janez Janša. Deze jonge defensiespecialist had veel van de controversieelste artikelen geschreven. In april 1988 kwam hij in het bezit van een geheim document van het communistische Centrale Comité. En toen had het machtige Joegoslavische volksleger JNA eindelijk een excuus om zowel Mladina's als Janša's mond te snoeren.

VERANDERING VAN STEMMING

Het vertrouwelijke document was een uitgeschreven toespraak van de communistenleider Milan Kucan. Het onthulde geplande arrestaties van journalisten en dissidenten. Kort na de openbaarmaking werden Janša, een andere Mladina-journalist, David Tasić, Sloveense sergeant Ivan Borštner en de redacteur van het blad, Franci Zavrl, gearresteerd. De aanklacht luidde 'staatsvijandige activiteiten'. JNA wilde een voorbeeld stellen en het respect in Slovenie terugbrengen, maar de rechtszaak had het tegengestelde effect. Door de JBTZ-rechtszaak (de initialen van de verdachten) sloeg de stemming in Slovenië namelijk dramatisch om. Tot dan toe was uittreden uit Joegoslavië geen onderwerp van gesprek. Maar met de oprichting van burgerrechtengroeperingen en grote handtekeninginzamelingen, werd een sluimerende roep om vrijheid aangewakkerd. Na een paar weken hadden meer dan 100.000 mensen zich aangesloten; de grootste massamobilisatie in de geschiedenis. Bovendien zorgden verschillende omstandigheden rond de rechtszaak voor nog meer kritiek. Zo moest de zaak plaatsvinden achter gesloten deuren en – in strijd met de grondwet – niet in het Sloveens maar in het Servo-Kroatisch (de officiële taal in de volksrepubliek).

SLOVENIËS VÁCLAV HAVEL

De verdachten kregen zes maanden tot vier jaar gevangenisstraf. Janez Janša kreeg anderhalf jaar opgelegd, maar kwam voortijdig vrij. Na zijn vrijlating was hij betrokken bij de oprichting van de eerste Sloveense oppositiepartij, SDZ – de Sloveense Democratische Unie. En na de eerste vrije verkiezingen in 1990 werd Janša minister van defensie. Die post bekleedde hij toen Slovenië zich in 1991 onafhankelijk verklaarde en tijdens de korte ongeregeldheden tussen Sloveense en Servische troepen. Zijn politieke ambities waren echter nog groter en in zijn hoedanigheid van Sloveniës minister-president was het voorzitterschap van de EU in januari 2008 de kroon op zijn komeetachtige carrière.

In november 2008 trad Janša af als regeringsleider, maar hij prijkt nog steeds vaak op voorpagina's. Ook op het exemplaar van Dnevnik dat Ali Zerdin tevoorschijn haalt. Zonder Mladina was het zijn vroegere collega misschien nooit zo vergaan. Of Slovenië. Het leger en de communisten schoten zichzelf in de voet en het enige wat resteert uit de tijd voor de rock'-n-rollrevolutie, zijn de medailles, militaire hoofddeksels en portretten van Tito op de markt in Ljubljana.

TOEN JANŠA IN 2008 AFTRAD, WAS HIJ VANAF 1990 EEN VAN DE INVLOEDRIJKSTE SLOVENEN GEWEEST.

HET BINNENSTE VAN DE AARDE

Als de gids aan het woord is, lijkt het alsof de stem van God zich tot de groep wendt. De echo's worden luider als we verder de diepte in gaan. En tijdens een pauze bij een plek waar duizenden druipsteenformaties een ruimte versieren als een balzaal, staan de mensen te rillen. Hier beneden is de temperatuur constant 10 graden, maar het zijn de dingen die je ziet en hoort die je kippenvel geven. Verder weg in het vochtige duister klinkt een onheilspellend gedonder. En een brug, gespannen tussen twee rotsformaties, waarschuwt dat het tijd is voor het oversteken van de ondergrondse rivier. Deze raast 45 meter beneden ons in de diepte.

ONDERAARDSE WERELD

Slovenië heeft een klein oppervlakte – de helft van Nederland – maar de natuur heeft de vierkante meters goed benut. Onder de grond openbaren zich nieuwe werelden. Gigantische grottempels met druipsteencorridors, kleurexplosies en gapende, angstwekkende afgronden. Deze worden bewoond door vreemde wezens als de ogenloze mensenvis Proteus anguinus. De blinde salamander is ook bekend onder de naam grottenolm. Meest imponerend zijn de Škocjangrotten. Deze zijn miljoenen jaren oud. Ze hebben surrealistische, geometrische formaties en zalen met 80 meter hoge plafonds. Als een van de zeldzame ondergrondse natuurfenomenen staan de Škocjangrotten op UNESCO's Werelderfgoedlijst.

In totaal zijn er meer dan 7000 geregistreerde grotten in Slovenië en op plaatsen is de concentratie zo hoog, dat je meerdere grotten per vierkante kilometer vindt. Ze maken deel uit van de kalksteenrijke landschappen die vooral in de omgeving van de Middellandse Zee te vinden zijn, maar er zijn ook grotten in de Dinarische Alpen, waaronder de bekende Postjnagrotten. Hier gaat het eerste deel van de kilometerlange tocht naar het binnenste van de aarde per trein.

De grotten lijken magisch, maar druipsteen ontstaat door heel gewone scheikundige en natuurkundige processen. Regenwater dat door poreuze aardlagen de ondergrond binnendringt, laat de kalksteen oplossen en als het water het plafond van de grot bereikt, vormt het afgezette calciumcarbonaat holle stalactieten (druipstenen die van boven naar benenden hangen). Sommige druppels zetten hun weg voort naar de bodem van de grot, waar ze nog een deel van de kalk afzetten. Zo ontstaan de staande stalagmieten. De enorme zuilen die je af en toe in een Griekse tempel doen wanen, zijn stalactieten en stalagmieten die elkaar na een geduldige tocht in het midden ontmoetten. De verschillende kleuren worden bepaald door wat het water vanaf het aardopppervlak met zich meevoert. Een rode kleur is bijvoorbeeld afkomstig van klei.

AAN DE OPPERVLAKTE IS SLOVENIË EEN KLEIN LAND, MAAR ONDERGRONDS DUIKEN NIEUWE WERELDEN OP – ZOALS DE ŠKOCJANGROTTEN.

TRIGLAV – BERG EN SYMBOOL

Het is maar een halve dag rijden van de ene naar de andere kant van Slovenië, maar de verschillen onderweg zijn groot. Na het opstijgen uit het fascinerende grottenland, liggen op een uurtje rijden de zonnige Adriatische stranden van Primorska en Istrië en vruchtbare olijvenplantages. En verder naar het noorden kun je dezelfde dag skiën of wandelen in de Alpen. Het Alpengebied beslaat het hele noordelijke en noord-westelijke deel van Slovenië – 40 procent van het grondgebied. Het grootst zijn de Julische Alpen, gedomineerd door Triglav. Met zijn 2864 meter is dat Sloveniës hoogste berg en een van de belangrijkste symbolen.

Triglav betekent driehoofd, en duidt op de drie toppen van het bergmassief, maar ook op een oude Slavische godin. Zij had drie hoofden en zou geregeerd hebben over aarde, hemel en onderwereld. De toppen staan afgebeeld op de Sloveense vlag en betekenen veel voor het Sloveense volk. Elk jaar reizen vele duizenden Slovenen ernaartoe en in de zomermaanden is het vaak dringen op de afgezette bergpaden. Een echte Sloveen moet Triglav minstens een keer in zijn leven bestijgen, zegt men.

Er valt ook veel te beleven in de natuur aan de voet van de berg. Triglav is eveneens de naam van het 838 km^2 grote nationale park dat onder andere het Bohinjdal bevat. Ook Sloveniës grootste gletsjermeer vind je er, met water van de 78 meter hoge Savicawaterval. In het park loop je een grote kans gemzen, herten en bruine beren tegen te komen. En met een kijker kun je de koningsarend, heerser van het luchtruim, bestuderen. Triglav Nationaal Park is ook bijzonder in botanisch opzicht. Bossen en vlaktes zijn er namelijk bezaaid met alpenrozen, blauwe enzian en edelweiss.

MYTHISCH LANDSCHAP

Sloveniës landschap is behalve gevarieerd ook mythisch. Een populair sprookje gaat over de magische gems Zlatorog (Goudhoorn). Hij kreeg van drie maagden de opdracht om te passen op een kostbare schat, verstopt op een bergtop. Op een dag lukte het een van de vele slechte jagers echter Goudhoorn neer te schieten. Tijdens zijn hinkende vlucht liet Zlatorog een spoor van bloed achter, dat de bergen en meren rond Triglav vormde.

Er zijn ook mythes en legenden verbonden aan de vele warme bronnen op de Panonische Vlakte in Oost-Slovenië. De ingang van 's lands grootste kuuroord, Terme Čatež, is versierd met de Čateždwerg. De Čateždwerg, een bekende figuur in Sloveense volkssprookjes, is half god, half mens. Hij wijst mensen de weg naar het genezende water – en naar wat verborgen ligt in het binnenste van de aarde.

LJUBLJANA

Een blaasorkest in uniform geeft de maat aan. Langs de rivier verkopen sjacheraars art-nouveaulampen en oude Joegoslavische geldbriefjes. In de cafés balanceren oplettende obers met dienbladen vol Laškobier. Ze zigzaggen heen en weer tussen rolschaatsers, mountainbikers en straatvegers.

Er gaan vele glazen bier en wijn over de toog in de cafés langs de flessengroene Ljubljanicarivier. En in de winkeltjes in het omliggende voetgangersgebied rinkelen de kassa's. Ook bij de moderne kabelbaan naar de Kasteelheuvel is het druk – vanaf Ljubljanski grad, de uitzichtstoren, kun je je eigen ansichtkaarten schieten.

Ljubljana werd in 1991 de hoofdstad van het zelfstandige Slovenië. Die zelfstandigheid begon al te dagen toen president Tito hier in 1980 in een ziekenhuis overleed. De daaropvolgende politieke instabiliteit resulteerde in 1990 in een referendum. Uittredingsbewegingen en nationalistische krachten kregen in de zes republieken de steun van het volk – en dus de macht. In tegenstelling tot buurlanden Kroatië en Bosnië en Herzegovina, ontkwam Slovenië zonder noemenswaardige schade toen het zich losmaakte uit het Joegoslavische verbond. Na slechts 10 dagen militaire gevechten konden de Sloveense politici rustig plaatsnemen in het parlement in Ljubljana. In de afgelopen 200 jaar was de stad ook hoofdstad van Napoleons Illyrische provincies, de Oostenrijks-Hongaarse dubbelmonarchie en het Koninkrijk van Serviërs, Kroaten en Slovenen.

EEN PRAATJE IN HET VOORBIJGAAN OP PREŠERNOV TRG – LJUBLJANA'S CENTRALE PLEIN.

MIDDELLANDSE ZEE EN ALPEN

De geschiedenis van Ljubljana gaat nog verder terug. De resten van de Romeinse stadsmuur in het Mirjedistrict tonen aan dat de stad een paar duizend jaar geleden werd gesticht. In Duitstalige landen heette de stad in de middeleeuwen Laibach. Ljubljana ontsnapte genadig aan de twee wereldoorlogen. Maar werd indirect wel vormgegeven door de grote aardbeving in 1895; een groot deel van de Italiaanse barokgebouwen werd met de grond gelijkgemaakt. Dit gaf zowel lokale als Oostenrijkse architecten de mogelijkheid om de nieuwe stijl *art nouveau* te introduceren. De mix van Italiaanse barok en Centraal-Europese art nouveau correspondeert mooi met de geografische ligging van de stad, tussen de Middellandse Zee en de Alpen. Of tussen strandvakantie en skiën.

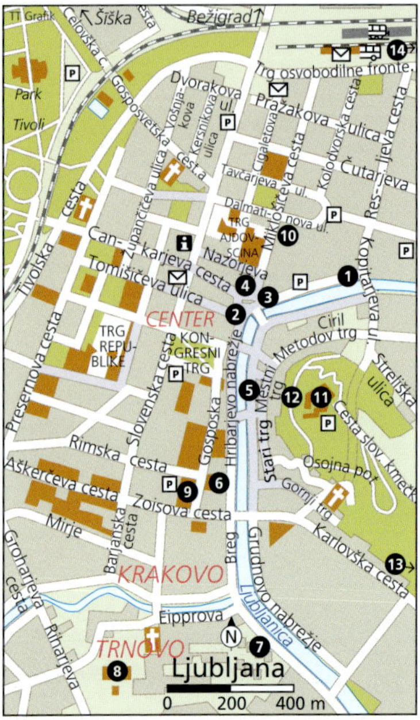

❶ Zmajski most ❷ Glavna tržnica ❸ Prešernov trg ❹ Tromostovje ❺ Ljubljana by boat ❻ Restaurant Pri Vitezu ❼ Trnovski pristan ❽ Plečniks huis ❾ Mestni muzej (stedelijk museum) ❿ Miklošičeva-straat ⓫ Ljubljanski grad ⓬ Mestni trg ⓭ Atlantis Water Park ⓮ Metelkova mesto

In Ljubljana staat men ontspannen tegenover de recente communistische geschiedenis. In en rond de overheidsgebouwen op Kongrsni trg en Trg Republike zijn standbeelden en monumenten verrezen ter ere van partijsecretarissen en -leiders. 'We hadden het ook goed in Joegoslavië' overheerst onder degenen die het zich kunnen herinneren. Dat geldt niet voor iedereen in Metelkova, een oud militair terrein dat veranderde in een vrijplaats en alternatieve stadswijk. Hier hangen *new kids on the block* in cafés met gammele stoelen en fantasievolle wandschilderingen.

IN DIT HOOFDSTUK

In **Ljublanica** lees je alles over de compacte, kleine hoofdstad Ljubljana. Die strekt zich uit onder aan de Kasteelheuvel en langs de Ljubljanica-rivier. Met levendige cafés, markten en mooie gebouwen die samen met **Ljubljana's pronkjuwelen** de geschiedenis van de stad vertellen. Vrijplaats Metelkova ligt een kwartier lopen buiten het centrum. En een van Sloveniës mooiste zwem- en saunaparadijzen ligt maar een kort busritje verderop.

LJUBLJANICA

De cafés langs de oever zijn tot de laatste stoel bezet. Op de brug worden herinneringen vereeuwigd. Op het water zie je *love boats* en kajaks. De Ljubljanica-rivier is de levensader van de stad. Hij is 41 kilometer lang en op zijn weg naar de Sloveense hoofdstad verdwijnt hij meerdere malen onder de grond. Elke keer als hij weer opduikt, heeft hij een nieuwe naam; daarom wordt hij ook de rivier met zeven namen genoemd. Tot de komst van het spoor in de 19e eeuw zorgde hij voor het goederentransport van en naar de stad. Nu is het de plek waar Ljubljana relaxt en zich van zijn mooiste kant laat zien.

ZMAJSKI MOST ❶

De vier fotogenieke draken habben hun vleugels dramatisch uitgeslagen. En te oordelen naar hun wijdopen bek zijn ze klaar voor de aanval. Ze nemen ieder hun plaats in op de Drakenbrug, die stamt uit 1901. Het is een van de vele wegen over de Ljublanica-rivier. De gewapendbetonconstructie, iets nieuws in die tijd, is van ingenieur Josef Melan, maar de verfijnde art-nouveauversieringen zijn gecreëerd door Jurij Zaninović, leerling van bekende Weense architect Otto Wagner. De draken staan symbool voor Ljubljana en staan ook op het wapen van de stad, te zien op de vlag op de top van de Kasteelheuvel (▷99).

GLAVNA TRŽNICA ❷

De Ljubljanamarkt barst van de *karstprosciutto* en lokale *potica*-cake met amandel- en walnotenvulling. Maar ook van ingemaakt fruit en groente, geneeskrachtige verse kruiden en zoute vis.

Veel producten worden elke morgen door oude vrouwen met kromme benen naar de markt gebracht. Naast al het lekkers is er op Ljubljana's markt ook werk te zien van de architect Jože Plečniks. Hij ontwierp namelijk de elegante arcade en het marktgebouw dat aan de Ljubljanica-rivier ligt – helemaal tot de Tromosovjebrug en Prešernov trg (▷97).
Glavna tržnica, 🚌 9, www jh-lj.si, ⏱ 7-13.

PREŠERNOV TRG ❸

Oudere dames schommelen met boodschappenwagentjes en -tassen over het plein, jongeren rijden op rolschaatsen en fietsers komen uit alle windrichtingen. Prešernov trg is het centrale plein van Ljubljana, mooi aangelegd rond de rode franciscaner barokkerk uit 1660. Er staat ook een groot standbeeld van de naamgever van het plein, de Sloveense nationale dichter Prešeren (▷82). Katholiek Slovenië was in rep en roer toen de lichtzinnige dichter precies tegenover de kerk werd opgesteld. Maar te zien aan de velen die aan de voet van de poëet zitten te liefkozen, heeft hij veel fans. Het beeld uit 1905 is gemaakt door beeldhouwer Ivan Zajc. In de kerk is het uit 1736 afkomstige altaar een bewonderenswaardig werk van Francesco Robba.

TROMOSTOVJE ❹

Meer nog dan natuurrampen en internationale bouwstijlen, heeft één man zijn stempel op het nieuwe Ljubljana gedrukt: architect Jože Plečnik (▷83&98). Plečnik was een leerling van de Oostenrijkse architect Otto Wagner en woonde lang in Wenen en in Praag. Gedreven door heimwee, verhuisde hij echter terug naar Ljubljana. En zette er een paar van de meest opvallende gebouwen van de stad neer. Een van zijn grootste ondernemingen was de bijzondere Tromostovje, *de drie bruggen*. De driedelige brug bestaat uit een oude brug uit 1842 en twee nieuwere exemplaren uit 1931. Over de Ljubljanica-rivier verbindt Tromostovje het centrale Prešernov trg met caféstraat Cankarjevo nabrežje en de voetgangerszones Stari trg en Mestni trg.

LJUBLJANA BY BOAT ❺

Verliefde paartjes drinken mousserende wijn. De architectuurgeïnteresseerden op de eerste rij bekijken de gebouwen van Ljubljana in kikkerperspectief. Langs de oevers nemen straatverkopers en cafégasten plaats. En als de boot onder een van de vele bruggen doorglijdt, kun je nog net iets zien van een acrobaat of contrabasspeler die een demonstratie van zijn kunnen geeft. De boottochten duren een uur, met of zonder gids.

⏲ Vertrek van Ribji trg, dicht bij Cankarjevo nabrežje 12 en 16 uur (+ gids), 10, 11, 17, 18, 19 & 20 uur (- gids), romantische avondtocht 21 uur, 💶 volwassenen 10 €, kinderen tot 12 half geld (+ gids) volwassenen 8 € en kinderen 4 € (-gids), romantische avondtocht 15 € incl. drankjes.

SCHOONHEID EN WREEDHEID. OTTO WAGNER-LEERLING JURIJ ZANINOVIĆ SCHIEP DE SCHRIKWEKKENDE ART-NOUVEAUVERSIERINGEN VAN DE DRAKENBRUG.

RESTAURANT PRI VITEZU ❻

Hier zie je oudere professoren met hoed en vintage kostuum hun staatspensioen stukslaan. En jonge, goedgeklede reclamemensen die de representatierekening flink opvoeren. Ze weten allemaal wat lekker is. Pri Vitezu is het beste van de vele restaurants langs de Ljubljanica-rivier.

De menukaart is fantasievol samengesteld en de gerechten worden mooi uitgeserveerd. Het interieur in de drie eetruimtes is een smaakvolle mix van *shabby chic* en antiquiteiten. Je kunt er natuurlijk ook buiten zitten en kijken naar het leven zoals het zich aan de oevers ontvouwt.

Breg 20, ✆ 01 426 60 58, ⏲ ma-za 12-0.

TRNOVSKI PRISTAN ❼

De treurwilgtakken luisteren naar de wetten van de zwaartekracht. Eromheen lezen mensen boeken, houden elkaars hand vast of zitten gewoon op de traptreden naar de Ljubljanica-rivier. Architect Jože Plečnik betekent veel voor Ljubljana – hij heeft ook de Trnovowal geschapen, een goede plek om uit te rusten na een wandeling langs de Ljubljanica-rivier.

Van Trnovski pristan kun je de weg terug naar Prešernov trg nemen, maar het ligt ook voor de hand om de weg naar Karunova ulica te volgen, een paar minuten verderop. Daar kun je de tocht langs Ljubljanas pronkjuwelen beginnen met de grootste: Jože Plečnik. Zijn vroegere woning is ingericht als museum.

VAN DE WIEG TOT HET GRAF. DE GESCHIEDENIS VAN LJUBLJANA IS TE ZIEN IN HET STEDELIJK MUSEUM – OOK DE MEER GRAPPIGE KANTEN.

LJUBLJANA'S PRONKJUWELEN

Het Ljubljana van de oudheid, de middeleeuwen, de barok en art nouveau. Sloveniës hoofdstad is een kleine stad maar inwoners, marketingmensen en toeristenorganisaties zijn goed in het benadrukken van de dingen waar ze trots op zijn. Een reeks architecten en gebouwen wordt met grote eerbied getoond en een korte rondrit geeft een goed beeld van de geschiedenis van de stad en degenen die hem ontwierpen.

PLEČNIKS HUIS ❽

Religieus, esthetisch en meester in het creëren van ruimte. Ook bij hem thuis. Kom binnen bij de beroemde Sloveense architect Jože Plečnik, die zijn sporen in Wenen, in Praag en niet in het minst in zijn thuisstad Ljubljana heeft nagelaten. Het huis waar Plečnik van 1921 tot zijn dood in 1957 woonde is nu omgevormd tot een museum en op meerdere etages kun je zien hoe productief je kunt zijn als je je tijd niet verspilt aan vrouwen en kinderen en dat soort flauwekul. Aan de hand van werktekeningen, modellen en uitvindersoplossingen krijg je een beeld van de mens achter de grootste architectonische prestaties van Ljubljana.

Karunova 4, 9, aml.si, ⏲ ma & vr 10-15, di-do 10-18, za 9-15, volwassenen 4 €, senioren en studenten half geld.

MESTNI MUZEJ (STEDELIJK MUSEUM) ❾

Een werkstudent heet je welkom en vertelt in het kort iets over het stedelijk museum. Het is gevestigd in het mooi gerenoveerde paleis van de adellijke familie Auersperg. De familie is zelf in het museum te vinden als onderdeel van de geschiedenis van Ljubljana. Maar je kunt er in omgekeerde volgorde ook leuke foto's en filmpjes zien van de flowerpowertijd in het vroegere Joegoslavië, oude kinderboxen, schaakstukken vervaardigd door concentratiekampgevangenen in Italiaanse kampen en garderobes uit vorige eeuwen. Begeleid door newagemuziek kun je in de

Kaart p. 96

LJUBLJANA IS TROTS OP ZIJN ARTNOUVEAUARCHITECTUUR. EEN PAAR MOOIE VOORBEELDEN LIGGEN ROND PREŠERNOV TRG EN DE MIKLOŠIČEVASTRAAT, ZOALS WARENHUIS CENTROMERKUR.

kelder archeologische opgravingen uit de bronstijd bestuderen. In de Sumibar kun je iets te eten nemen. Het museum ligt vlak bij de Ljubljanica-rivier en grenst aan de Nationale Bibliotheek van architect Jože Plečniks. Die is te herkennen aan grove stenen van zand en graniet, verspreid over de muren van het rode baksteengebouw.
Gosposka 15, ✆ 01 24 12 500, www mestnimuzej.si, ⏲ di-zo 10-18, volwassenen 4 €, studenten, senioren en kinderen 2,5 €, gezinskaart 8 €, Ljubljana Card gratis entree, ☞ in het Engels elke zo 13.

MIKLOŠIČEVA-STRAAT ❿

De bonte kleuren en motieven op het gebouw en in de hal doen helemaal niet denken aan de stoffige wereld van financiën of aan saaie stadsbestuurders. Het kunstwerk van de Sloveense architect Ivan Vurnik en zijn vrouw Helena is te zien in het vroegere bankgebouw op nummer 8, waar nu overheidsdiensten gevestigd zijn.

Kijk ook eens binnen bij Hotel Grand Union aan de overkant, of bij warenhuis Centromerkur op de hoek van het levendige plein Prešernov trg (▷97). Ljubljana is trots op zijn artnouveauarchitectuur en sommige van de mooiste gebouwen uit die periode liggen aan het einde van deze straat.

LJUBLJANSKI GRAD ⓫

De levendige oevers van de Ljubljanica-rivier – met aan de horizon besneeuwde Alpentoppen. Mooiere ansichtkaarten met barokkerken, artnouveaupanden en cafés vind je niet.

Ljubljana moet je zeker van boven zien – of vanuit het kasteel dat eeuwenlang een grote rol speelde bij het verdedigen van de stad. Het kasteel stamt oorspronkelijk uit de 9e eeuw, maar het huidige aanzien heeft het te danken aan een aardbeving in 1511 en renovaties in de 17e en 20e eeuw. Het bevat ook een virtueel museum, waar je in een 3D-film van 20 minuten door de belangrijkste periodes van de stad kunt gaan.
Grajska planota 1, ⏲ kasteel: 1 okt-30 apr 10-21, 1 mei-30 sep 9-22, ⏲ virtueel museum en uitkijktoren: 1 okt-30 apr 10-18, 1 mei-30 sep 9-21, kabelbaan.

MESTNI TRG ⓬

Kleurige Sloveense kristallen vazen, elegante sieraden, strakke leren jurken en Middellandse Zeezout van de bassins in Piran. Mestni trg en Stari trg, de natuurlijke verlenging van de straat, bevatten een paar van Ljubljana's interessantste winkels en enkele van de mooiste barokpanden. Nadat een grote aardbeving de middeleeuwse huizen had weggevaagd, ontstond een lange rij Italiaans

LJUBLJANA

IN VRIJPLAATS METELKOVA IS ALTIJD EEN MUUR OM OP TE SCHILDEREN. HIER BIJ DE OUDE GEVANGENIS CELICA, NU DESIGNHOTEL.

geïnspireerde parels, waaronder het stadhuis Magistrat met het rijk versierde atrium en fonteinen van de Italiaanse beeldhouwer Francesco Robba.

Je wordt hier makkelijk verleid door de cafés langs de Ljubljanica, evenwijdig aan de straat. Als je meer barok wilt zien, moet je even langs Stolnica, de kathedraal een steenworp van Vodnikov trg. En ook al hebben ze niks met barok te maken, de bijna enge bisschopshoofden in de zijdeuren naar Ćiril Metodov trg zijn toch de moeite waard. Ze zijn van de moderne beeldhouwer Mirsad.

LEUK OM TE DOEN

ATLANTIS WATER PARK ⓭

Voor de kleintjes zijn er ondiepe bassins en kunstmatige grotten. Voor volwassenen vind je er onder andere thaise massage, openlucht warmwaterbaden en een sauna-afdeling met verschillende behandelingen; eucalyptus, Middellandse Zeezout-, olie-, honing-, modder- en chocolatherapie. Slovenen hebben geen moeite met bloot, en in deze hoek van het waterland verdwijnenen dan ook de laatste resten textiel en preutsheid. Als de hoge temperatuur je teveel wordt, zijn er koude douches en baden binnen handbereik. Ljubljana kan dus ook trots zijn op een van Europa's grootste waterparadijzen.

Atlantis Water Park, Šmartinska 152 (BTC centrum), ☎ 01 58 52 100, www atlantis-vodnomesto.si, ⏲ dgl 9-23, 8 © voor 2 uur, 14 © voor een hele dag. Check de vele combinatiemogelijkheden en behandelingen op de website, naar BTC city, lijn 2, 7, 12.

METELKOVA MESTO ⓮

Hippies, hasj en homo's relaxen voor vrolijke beelden en kleurig geschilderde huizen. Binnen hoor je muziek en kunstenaars die in hun ateliers ideeën voor nieuw werk uitvoeren. Metelkova mesto is een veelbesproken vrijplaats, gevestigd op een oud militair terrein. Politieke krachten hadden het het liefst gesloten. Een handvol cafés en clubs maken van Metelkova echter een mooie locatie om uit te gaan of live concerten te horen. Kijk ook eens in het populaire designhostel Celica (▷101). De tralies voor de ramen getuigen van de vroegere gevangenis die hier gevestigd was.

Metelkova ul., www metelkova.org, www galahala.com.

HANDIG OM TE WETEN OVER LJUBLJANA

☎ Netnummer 01.

ℹ Adamič-Lundrovo nabrežje 2, ☎ 01 306 12 15, www visitljubljana.si, ⏲ jun-sep 8-21, okt-mei 8-19.

✈ Jože Pučnik Airport, Zgornji Brnik 130a, Brnik (26 km van Ljubljana), ☎ 04 20 61 000, www lju-airport.si (directe vluchten naar en van Amsterdam). TAXI naar luchthaven ca. 35 €, bus ca. 45 min.

TAXI 04 206 16 78.

Avtobusna postaja Ljubljana, Trg Osvobodilne fronte 4, ☎ 01 23 44 600, www ap-ljubljana.si.

Centraal Station, Trg Osvobodilne fronte 6, ☎ 01 29 13 332, www slo-zeleznice.si.

Autohuur, Europcar/ABC, City Hotel, Dalmatinova 15, www europcar.si, ☎ 031 382 052, ⏲ ma-vr 8-18, za 8-15, zo 8-12.

@ Cyber Café Explorer, Petkovškovo nabrežje 23, ☎ 01 43 01 991, ⏲ ma-vr 10-22, za-zo 14-22.

Kaart p. 96

OVERNACHTEN

+++ **Grand Hotel Union**, Miklošičeva 1, ✆ 01 30 81 270, www gh-union.si. Hotel Grand Union uit 1905 heeft de sfeer van een koffiehuis en de wereld van gisteren. Met mooie, ruime kamers, een luxe ontbijtbuffet en aan de buitenkant art nouveau. Aan de andere kant van het hotel heb je uitzicht op het oude, kleurrijke bankgebouw op nummer 8 – een van Ljubljana's architectonische parels (▷99).

+ **B&B Petra Varl**, Vodnikov trg 5a, ✆ 01 43 03 788, 041 38 94 70. Met een goed ontwikkeld gevoel voor sfeer, schiep kunstenaar Petra Varl een romantische inrichting die doet denken aan een Frans strandhotel. Het balkon kijkt uit op de bezielde binnenplaats en gebouwen uit de 17e eeuw. Studentenkeuken, internetverbinding en televisie aanwezig. Centraal gelegen.

+ **Celica hostel**, Metelkova ulica 8, ✆ 01 23 09 700, 051 37 39 93, www hostelcelica.com. De tralies zitten er nog, maar de kleuren zijn vrolijker. Een reeks designers heeft zijn persoonlijke stempel gezet, en de ingezetenen zijn vervangen door stijlbewuste backpackers. Celica huist in een oude militaire gevangenis in de vrijplaats Metelkova en is door meerdere tijdschriften uitgeroepen tot het coolste hotel van Europa.

ETEN & DRINKEN

+ **Pri Škofu**, Rečna ulica 8, ✆ 01 42 64 508, ⊙ ma-vr 8-0, za-zo 12-0.
Uitstekend klein lunchrestaurant met gigantische salades, goede biefstuk, heerlijke wijn en onconventionele bediening. Een omgeving waar de ecologische, hippie-groene wanden je aandacht opeisen. Een plek voor businesslunches en verliefde paartjes. En voor vriendinnen die hun liefdesleven of laatste veroveringen bespreken. Het toilet is op de binnenplaats; de lila deur is voor de dames.

++ **Vodnikov hram**, Vodnikov trg 2, Ljubljana, www vodnikov-hram.si, ✆ 01 23 45 260. Laat je niet bedriegen door de gedroogde bloemen in de vensterbank, het donkere houtwerk, de gewelfde bakstenen plafonds en het bejaarde interieur. Het eten is fantasievol en wordt elegant geserveerd. Probeer bijvoorbeeld de ossenhaas in truffelsaus met papierdunne aardappelschijfjes. Of een van de desserts, met onder andere de klassieker crème brûlée. Vodnikov hram is genoemd naar de nationale dichter Vodnik, die het uithangbord versiert.

++ **Cubo, Smartinska** 55, ✆ 01 52 11 515, www cubo-ljubljana.com, ⊙ ma-vr 11-22, za 12-22. Stijlvol designrestaurant, ingericht door dezelfde jonge designers die zorgden voor Rožmarin in Maribor (▷130). Hier vind je exclusieve gerechten voor redelijke prijzen. En een menukaart die elke maand wisselt. Zeevruchten, reebout, foie-grasachtige paté's en sorbets met bubbels. Cubo staat vooral bekend om zijn desserts, die de obers je graag aanbevelen. Over het restaurant is een boek uitgegeven en dat is hier natuurlijk te koop. De zoete gerechten kosten een schijntje en het duurste hoofdgerecht komt op ongeveer 25 €.

+ **Gostilna Sokol**, Ćiril Metodov trg 18, ✆ 01 43 96 855, www gostilna-sokol.com, ⊙ ma-za 7-23, zo 10-23. Rustieke eikenhouten meubelen en solide kost. Hier past alles bij elkaar. Het is ook niet vreemd om de ober in folkloristische uitdossing te zien. En dat het atrium versierd is met *nature mortes*. De porties zijn groot, maar mooi gearrangeerd. Begin met soep, geserveerd in een groot, uitgehold brood.

+ **Paninoteka**, Jurčičev trg 3 (Ribarjevo nabrezje), ⊙ ma-za 8-1, zo- en feestdagen 9-23. Sandwichplek en rock-'n-rollbar met bediening buiten en prachtige ligging aan de Ljubljanica-rivier. Het perfecte begin of einde van de dag. Uitzicht op de boekenstalletjes op Čevljarski most of de Schoenmakersbrug, een werk van de architect Jože Plečnik (▷83&98). Draadloos internet en prima eten voor weinig geld.

++ **Restaurant Pri Vitezu** (▷98). Fantasievolle kaart, mooi interieur en goede ligging.

UITGAAN

Čajna hiša, Stari trg 3, ✆ 01 25 27 010, www cha.si. Trendy theehuis met mooi versierde gewelven en wanden. Ontspannen, intieme sfeer waardoor je makkelijk aan de praat raakt met de gasten aan het tafeltje naast je. Maar je kunt er ook rustig zitten lezen. Zodra de scholen uit zijn, stroomt het behoorlijk vol. Gelegen midden in de winkelstraat is het ook een goede locatie om even te pauzeren. Lekker ontbijt. Kwaliteitsthee voor thuis in de winkel in de naastgelegen ruimte.

Café Galerija, Mestni trg 5, www café-galerija.com, dj's wo-za vanaf 21 – house, easy en orientaals. Dat laatste past bij het Noord-Afrikaans geïnspireerde interieur. 's Middags is Galerija een echte *love shack* voor jonge geliefden, die er in de zitbanken lustig op los zoenen. 's Avonds verandert het in een café met goede clubsfeer. In de aanpalende ruimtes is moderne, experimentele kunst te zien met onder andere video-installaties.

Jazz club Gajo, Beethovnova ulica 8, ✆ 01 42 53 206, www jazzclubgajo.com. Laidback, downtown jazzclub vernoemd naar eigenaar en jazzdrummer Drago Gajo. Hij kreeg zijn opleiding in de bakermat van de jazz, de USA. Hier kun je de beste muzikanten van de Balkan en omgeving horen spelen, en een goede mix van doorgewinterde jazzkenners, bevriend met The Duke en Charlie Parker, tegenkomen.

Metelkova mesto (▷100). Veelbesproken vrijplaats gevestigd op een oud militair terrein.

K4, Kersnikova 4, www klubk4.org. Geoefende dj's en geroutineerde clubgangers met strakke blote buiken en goede dansbenen. In K4, met zijn knalkleuren en retro trainingspakken, laten stijlbewuste Sloveense nachtbrakers zien dat je nog steeds een *cool club kid* kunt zijn als je de 30 gepasseerd bent. Als de meisjes zich omdraaien, is het om te kijken wie een seconde daarvoor met messcherpe kennersblik hun achterkant gefotografeerd heeft. Liefde en veel verwachtingen hangen er in de lucht.

Le Petit Café, Trg Francuske revolucije 4, 01 25 12 575, ⏲ ma-vr 7.30-23, weekend 9-23. Francofiel café op het Plein van de Franse Revolutie, met uitzicht op Ljubljana's controversiële monument van Napoleon. De enige plek in de wereld waar je zoiets buiten Frankrijk kunt ondergaan. Binnen vind je gammele stoelen, oude krantenknipsels en Gallische striptekeningen aan de wand. Heerlijke cafégerechten op het menu. Gembersoep en warme rode wijn, voor als het koud is. Koud tapbier en salades, als het eten licht moet zijn. Le Petit Café verdient aardig aan de studenten die de boeken in de Universiteitsbibliotheek een steenworp verderop even verlaten voor een pauze. De prijzen zijn er redelijk – ook voor werkstudenten.

SHOPPEN

Piranske Soline, Trgovina Piranske soline, Mestni trg 19, ✆ 01 42 50 190, www kpss.si, ⏲ 9-19. Zout is niet zomaar zout – dat weet elke goede kok. Als je jezelf wilt verwennen met iets dat het eten extra lekker maakt, moet je Piranske Soline bezoeken. Hier is het beste zout uit bassins rond de kustplaats Piran te krijgen. Het wordt er al eeuwenlang gewonnen en is zowel puur als in bijvoorbeeld chocola erg lekker. Proef het zelf. En koop een mooi ingepakt cadeau voor thuis.

Rogaška, Mestni trg 22, ✆ 01 24 12 701, www steklarna-rogaska.si, ⏲ 9-19. Elegante winkel met bijzondere kristallen glazen en glaskunst met ronde vormen. Rogaška zit al vanaf de 17e eeuw in het vak, maar de producten zijn verre van stoffig. Het Sloveense vlaggenschip maakt mooie, functionele glazen, schalen en vazen en exclusieve sieraden. Kijk eens binnen, ook als je geen ruimte in je koffer over hebt.

Marjeta Grošelj, Tavčarjeva ulica 4, ✆ 01 23 18 941, ⏲ 9-19. Het stijlvolle, het exclusieve, het gesofisticeerde, het functionele en het houdbare. Ook al is tassenmaker Marjeta Grošelj meer dan haar halve leven bezig, de inspiratie is nog lang niet opgedroogd . En in de kleine winkel staan genoeg unieke tassen voor bij de meeste bijzondere schoenenverzamelingen.

Celje, Mestni trg 20, ✆ 01 24 16 594, www zlatarnacelje.si. Het merk Celje heeft zijn naam van een Sloveens dorp, waar sinds de renaissance goud gesmeden wordt. 600 jaar later is Celje leverancier van kwaliteitssieraden die doen wat alle goede sieraden moeten kunnen – zich onderscheiden en mooie vrouwen nog mooier maken. Behalve sieraden ook mooie designhorloges van goede kwaliteit.

Galerija idrijske čipke, Mestni trg 17, ✆ 01 42 50 051, www idrija-lace.com, ⏲ 10-13 & 16-19, za 10-13. Traditioneel Sloveens handwerk, onderworpen aan nieuwe ideeën. Irma Vončina maakt kant voor alle mogelijke doeleinden - beddengoed, tafelkleden en sieraden.

PRIMORSKA

Een pezige wielrenner rolt op zijn fiets over het grote, spiegelgladde plein omringd door Venetiaanse paleizen. Voordat hij zijn weg voortzet de heuvels in, kijkt hij om naar de kustweg die als een smalle band rond de Golf van Triëst ligt. De eerste rolschaatsers hebben zich in strakke kleren gehuld, iPods paraat. In de haven liggen schepen ondersteboven om de naden te laten controleren.

'No problemo!' roept het meisje en schakelt over op vloeiend Italiaans. Pas aangekomen toeristen met de ferry uit Venetië worden in de goede richting geleid. Hun *'grazie mille'* wordt beantwoord met een klinkend *'prego'*– geen dank.

Dit is een van Sloveniës tweetalige gebieden, waar Italiaans niet toevallig de andere taal is. De Latijnse wortels zitten diep. Primorska, 'aan de haven', is een regio vol erfgoed uit het buurland. De grootste erfstukken liggen bij de steden langs de 47 kilometer lange kust op Istrië – het schiereiland dat grenst aan de veel bekendere kust van Kroatië. Resten van ruïnes getuigen van Romeinen die hier voor alle anderen kwamen. En net als voor de Kroatische kuststeden geldt hier dat de steden onder de vlag van de Republiek Venetië vielen,vanaf eind 13e eeuw tot 1797, toen de Habsburgers het gebied overnamen.

VENETIAANSE PALEIZEN RONDOM HET TARTINIPLEIN IN PIRAN. EEN KARAKTERISTIEK STRAATBEELD IN DE SLOVEENSE KUSTSTEDEN.

ITALIAANS SLOVENIË

Zowel de kust als het achterland van Primorska kwamen na de Eerste Wereldoorlog weer in Italiaanse handen, toen de oorlog zijn sporen in het mooie Soča-dal had nagelaten. Na de vorming van het Koninkrijk van Serviërs, Kroaten en Slovenen in 1918, kozen bijna 300.000 Slovenen voor Italië. Pas na de Tweede Wereldoorlog werden Primorska en de populaire kust een deel van de nieuwe Joegoslavische deelrepubliek Slovenië.

Maar de Italiaanse invloed is er nog steeds. De verkeersborden zijn in het Italiaans. Primorska heeft zijn eigen minestrone en zijn eigen pastavariant (*fuži*) en de vele gevestigde Italianen krijgen vaak bezoek van landgenoten. Ze komen onder andere voor de uitstekende restaurants in Kobarid, dicht bij de Italiaanse grens, of voor de beroemde manege Lipica. Hier worden de exclusieve Lipizzanerpaarden gefokt die ook gebruikt worden door de bekende rijschool in Wenen. De spelling met twee z's is Italiaans; ook Lipica hoorde eens bij het fascistische Italië.

❶ Lipica ❷ Škocjanske jame ❸ Postojnagrotten ❹ Bovec ❺ Kobariški muzej ❻ Restaurant Hiša Franko ❼ Most na Soči ❽ Goriška Brda

IN DIT HOOFDSTUK

Primorska moet je bezoeken om de kleine maar mooie kuststrook met de Venetiaans geïnspireerde **haven- en badplaatsen**. Om het **grottenland** bij de droge, rotsachtige Karst, met behalve het UNESCO-beschermde Škocjanske jame ook de Lipicastoeterij. Om het **Sočadal**, dat herinneringen aan de Eerste Wereldoorlog draagt, rafting, goede wijn en topklasserestaurants in de Alpenstad Kobarid.

HAVEN- EN BADPLAATSEN

Österreichisches Küstenland, Litorale of Sloveense rivièra. Slovenië bezit ook een deel van Istrië; 47 kilometer kust tussen Italië en Kroatië. De vele aanduidingen komen van wisselende overheersers. Maar ook al was het bestaan veranderlijk in dit zonnige Adriatische Zeegebied, de jonge Slavische bevolking zit vol zelfvertrouwen. Istriës kuststeden vormen een goede thuisbasis; de Venetiaanse adellijke families lieten er veel mooie pleinen, kleurige gevels en charmante passages achter.

IZOLA (ISOLA)

Een kinderwagen beweegt ritmisch heen en weer, terwijl vader EU-visquota en de Italiaanse eredivisie bespreekt. Wandelende gezinnen genieten van een ijsje. Anderen zitten achter een bord met inktvisjes op een terras aan de haven.

Het leven in Izola voltrekt zich voor Hotel Marina op Sončno nabrežje, dat als een boulevard tussen de pleinen Veliki trg en Trg Republike ligt. Daarachter verstopt zich de oude stad met in zijn smalle straatjes kunstambachtslieden, koffiehuizen en wijnbars en een paar oude kerken en musea die ieder voor zich over de geschiedenis van de stad vertellen. Izola (of Isola) betekent eiland in het Italiaans; dat was Izola ook tot de val van de Republiek Venetië in 1797. Nadat het eiland een landverbinding kreeg, groeide de stad Izola en werd het een van de belangrijkste vissersplaatsen. De hele omgeving profiteerde van de aanleg van de Parenzanaspoorlijn in 1902. Die liep van Triëst in Italië naar Poreč in Kroatië, en stopte onder andere in Izola. Het spoor is al lang verleden tijd en vormt een nostalgische reisherinnering. Mussolini trok in 1937 aan de handrem en gebruikte het ijzer voor de oorlogsvoering – daar hoor je veel meer over in het Parenzanamuseum (▷107).

Terwijl het treinverkeer verdween, bloeiden zowel de visindustrie als de pleziervaart op, en ook het toerisme kwam in opmars. Een van Sloveniës beste stranden ligt anderhalve kilometer buiten het centrum aan de Simonsbaai (▷107), met archeologische resten van de Romeinse haven Haliaethum, aangelegd in 177 v.Chr.

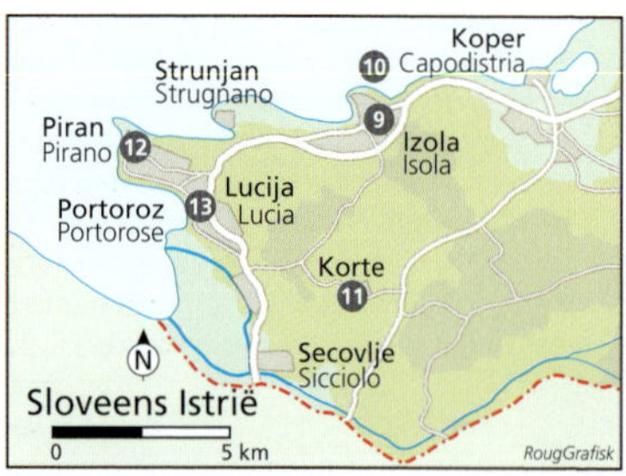

❾ Izola ❿ Simonov zaliv (Simonsbaai) ⓫ Restaurant Hiša Torkla ⓬ Piran ⓭ Portorož

MAO'S TREIN, HITLERS TREIN, TITO'S TREIN – ZE ZIJN ER ALLEMAAL. HET GELIEFDST ZIJN DE MODELLEN VAN DE PARENZANASPOORLIJN DIE TRIËST MET SLOVENIËS KUSTSTEDEN VERBOND.

Parenzanamuseum

'Dit', vertelt Josip met glinsterende ogen 'was de trein van president Tito en in deze reed Hitler en deze – kunnen jullie het zien? – was van Mao.' Trots toont Josip zijn verzameling van meer dan 2000 verschillende modellocomotieven – een van de grootste verzamelingen ter wereld. Hier zie je modellen van de oudste treinen (uit 1829), de snelste, de mooiste en de langste. Van The Rocket via de Orient Express en de Transsiberische Spoorlijn naar de Franse TGV. Het meest trots is Josip echter op al zijn modellen van de Parenzanaspoorlijn, aangelegd in 1902 toen Slovenië onder Oostenrijk-Hongarije viel. Parenzana verbond Triëst in het huidige Italië met Poreč in Kroatië. De trein stoomde door de bergen en langs Istriës kust en was van onschatbare betekenis voor de economische groei van de regio, maar werd opgeheven toen Mussolini aan de macht kwam.

Josip heeft eigenhandig een fascinerende negen meter lange kopie van een deel van het traject rond Izola en omeving nagebouwd. De vroegere ingenieur werkte onder andere bij treinproducent Mehano en weet waar hij het over heeft. IJverig demonstreert hij de snelheid van de treinen en vertelt hoe hij zijn kostbare verzameling op achtjarige leeftijd begon met een aankoop ter waarde van zijn ouders jaarsalaris. Bezoek Josip en laat hem zelf in het Duits, Italiaans, Sloveens of Servo-Kroatisch zijn verhaal vertellen. Ulica Alme Vivode 3, 6310 Izola, ⏲ dgl 9-13, ma gesloten.

Koprska ulica en Ljubljanska ulica

In de smalle straatjes Koprska ulica en Ljubljanska ulica, die parallel lopen aan Sončno nabrežje was veel leegstand. Het bestuur van Izola nam een goede beslissing toen ze een paar jaar geleden de lege gebouwen gratis ging verhuren. Nu huizen er galeries, ateliers en lokale creatieven. Hier vind je vereeuwigde haventjes, maritieme glaskunst en andere kunstzinnige uitingen die het bestaan in en rond de kleine vissersplaats weerspiegelen.

Simonov zaliv (Simonsbaai) ⑩

Beachvolleymeisjes en jongens met wasbordjes dagen elkaar uit in een verhit duel. In het water drijven veel rubberboten en opblaasdieren. Tussen de zwembaden en hotels houden de jongeren even een pauze van hun leesboeken. Ook de speelplaats is populair. Het strand in de Simonsbaai ligt mooi beschut tussen de groene hellingen. Het vormt een mix van grasvelden, betonplaten, kiezels

ALS DE SCHEMERING VALT IN DE HAVEN VAN IZOLA, BEGINT DE BOULEVARDBEVOLKING ZICH TE ROEREN.

en zand. Ook op de zeebodem is zand gestort, om de zwemmers tevreden te stellen. In de Simonsbaai legden de Romeinen meer dan 2.000 jaar geleden hun haven Haliaethum aan.

Vanuit Izola: volg de jachthaven 1,5 kilometer richting het zuiden naar Piran. Met de auto: verlaat de hoofdweg vlak voor Izola.

Restaurant Hiša Torkla ⓫

De zon werpt een gouden lichtkegel op de bodem van het dal onder het dorp Korte. Het uitzicht door de grote panoramaramen in de 18e-eeuwse olijvenpers wekt de eetlust op. In de keuken bewaakt de chefkok de kwaliteit van de zelfgemaakt pasta en *fuži* en controleert of de pasta en truffels mooi gearrangeerd op tafel komen. Hiša Torkla ligt in het achterland, een paar kilometer van de kuststeden Portorož en Piran. Maar gastronomisch gezien is dit Istriës onbestreden voorpost. Je hoeft maar een hap van het gourmandmenu van zeven gangen te proeven om te weten dat hier grandioos gekookt wordt. En als het laatste lepeltje chocoladesoufflé op de bodem van je maag ligt, weet je dat je zo weer zou gaan. Het zevengangenmenu is circa 65 euro, à la carte dineren is ook mogelijk.

Korte 44, Korte nad Izolo, ✆ 05 64 21 510, www hisatorkla.si, ⏲ 12-23.

HANDIG OM TE WETEN OVER IZOLA

✆ Netnummer 05.

ℹ TIC, Sončno nabrežje 4, ✆ 05 64 01 050, www izola.eu. ⏲ ma-za 9-21, zo 9-17.

Bushalte op Trg Republike.

Catamaran naar Venetië apr-okt vanuit de haven tegenover Veliki trg.

Kompas, Obala 41, Portorož, ✆ 05 61 78 000, www kompas.si, ⏲ ma-vr 9-19, za 9-13. Arrangeert excursies naar onder andere de Postojnagrotten (▷112), Škocjanske jame (▷111), Lipica (▷111) en het Sočadal (▷112). Opstappen in Izola – check vertrektijden bij ℹ.

PIRAN ⓬

Geconcentreerd lopen de voetgangers over het spiegelgladde Tartiniplein. Zelfs de peuters op hun driewielers schakelen een tandje terug. Het Tartiniplein, Tartinijev trg, werd aangelegd in 1894 en is vernoemd naar de beroemdste nazaat van de stad, de Italiaanse componist en violist Guiseppe Tartini (1692-1770). Midden op het plein staat zijn standbeeld, een hotel is naar hem vernoemd en een steenworp verder staat zijn geboortehuis, omgevormd tot gedenkkamer. Het plein is omringd door opvallende huizen en paleizen uit verschillende periodes. Het gotische, roodgepleisterde Benečankepaleis uit de 15e eeuw op nummer 10 is het oudste van de stad.

Piran is de mooiste Sloveense kuststad. Het ligt op de uiterste punt van een rotsschiereilandje, omgeven door stadsmuren. Gesticht in de 6e eeuw en net als de andere kuststeden onder Venetiaans gezag van de 13e eeuw tot 1797. Bovenop troont de St. Georgkerk (Sv. Jurijkerk). Vanaf de klokkentoren heb je een betoverend uitzicht op de stad en de Golf van Triëst. Langs de boulevard Prešernova nabrežje brengt een rijtje aangename cafés leven in de straat. Behalve visserij is zout uit de Sečovljebassins al eeuwenlang een belangrijke inkomstenbron en aan de cadeauzakjes gourmetzout met het opschrift *Piranske soline* te zien is de fabriek nog steeds in bedrijf. De Sečovljezoutpannen vormen het grootste watergebied van Slovenië en

Kaart p. 106

bestrijken 517 hectare. Elk jaar wordt het zout met verschillende activiteiten in en rond Piran gevierd. Het Sv. Jurijfestival eind april markeert het nieuwe zoutseizoen, begin juli wordt het zout gezegend op Sv. Odoriksdag, en het laatste weekend van augustus viert men de zoutoogst.

Sv. Jurijkerk
De heuvelachtige straten vanaf het Tartiniplein voeren naar het symbool van Piran, de Sv. Jurijkkerk of St. Georgkerk. De kerk is genoemd naar de schutspatroon van de stad. De kerk is oorspronkelijk gebouwd in de 12e eeuw, maar later ontelbare keren verbouwd, gerestaureerd en uitgebreid – voor het laatst in 1998. Grootste trekpleister is de bijna 47 meter hoge klokkentoren, waar een benauwde bestijging van de torentrap beloond wordt met een mooi uitzicht over de stad. Je ziet het Tartiniplein en bij goed weer zelfs de Julische Alpen, de Dolomieten en het Kroatische deel van Istrië. De toren benadrukt de band met Venetië, want hij werd in 1608 opgetrokken naar zijn Venetiaanse voorbeeld.
⏲ 10-13 & 17-20, ☰ 2 ©.

Puntastadsstrand
De snorkel van een duiker steekt omhoog achter een uitstekende rots. Zonaanbidders luieren op het betonnen platform dat fungeert als vervanging voor een zandstrand.

Je hoeft de stad niet te verlaten om te kunnen zwemmen. Volg het verkeer langs Prešernova nabrežje, voorbij de punt met de oude vuurtoren. Het Puntastadsstrand is misschien niet zo kindvriendelijk, maar als je elkaar in de gaten houdt is het met zijn ligging aan de voet van de stadsmuur en de Sv. Jurijkerk een prima plek. Als dat niet genoeg is, volg dan de weg naar het noorden naar de Simonsbaai (▷107) even voor Izola. Of blijf op de weg in Stunjan bij bio-energieresort en natuurpark Salinera, met zandstrand en bijbehorende grasvelden.

HANDIG OM TE WETEN OVER PIRAN

✆ Netnr. 05.
ℹ TIC, Tartinijev trg 2, ✆ 05 67 30 220, www piran.com.
🚌 Busstation op Dantejeva ulica.
☞ Kompas, Obala 41, Portorož, ✆ 05 61 78 000, www kompas.si, ⏲ ma-vr 9-19, za 9-13. Excursies naar o.a. de Postajnagrotten (▷112), en Škocjanske jame (▷111), Lipica (▷111) en het Sočadal (▷112). Opstappen in Piran. Check vertrektijden bij ℹ.
⛴ Bootexcursies naar de Kroatische eilanden, o.a. Rovinj en Brioni. Neem contact op met Maona Tourist Service, Cankarjevo nabrežje 7, ✆ 05 67 34 520, www maona.si. (Zorgt ook voor toewijzing en verhuur van particuliere appartementen).

PORTOROŽ ⓭

Scooters *cruisen* over de Obala-strandboulevard, in gezelschap van auto's die in slakkengang met open zijraampjes voorbijrijden. Of hun berijders doden de tijd door hun blik over de baai te laten dwalen. Skaters zijn onvermoeibaar en vol zelfvertrouwen. De steigers op het strand, dat parallel aan de hoofdstraat loopt, zitten vol mensen die zichzelf of familieleden en vrienden vereeuwigen op foto's. Badgasten begeven zich – al dan niet elegant – het water in. 's Avonds draaien carrousels en elektrische mini-autootjes rondjes op de kermis. De cafés aan de haven zijn gevuld met pubers die opgetogen zijn over alles wat ze voor het eerst proberen. Bejaarde bonvivants en oudere echtparen aan de tafeltjes rondom zijn stille getuigen.

Portorož is Istriës badplaats nummer één. In de middeleeuwen trokken benedictijnermonniken in de havenstad de aandacht, toen ze bekend raakten door het genezen van ziektes met modder en mineralen uit de omliggende zoutpannen. Al in de 19e eeuw kreeg de stad een naam als kuur- en vakantieoord. In tegenstelling tot Izola en Piran, slechts 2 kilometer of 30 minuten wandelen verderop, zijn hier geen culturele erfstukken te bewonderenen. Portorož trekt daarom vooral mensen aan die alleen maar willen ontspannen.

Met het luxueuze spa- en wellnesscentrum LifeClass hebben luie levensgenieters nog een reden om hiernaartoe te komen. En door de ligging dicht bij de oude Venetiaanse kuststeden en het achterland vol grotten, is er behalve snorkelen en zonnebaden nog veel meer te doen.

Portorož stadsstrand
Hoofden en ballen worden boven water gehouden. De menigte op de badhanddoeken vormt het publiek van de

acrobatische toeren in het water. Het tumult is het gevolg van de ondraaglijke lichtheid van het zomerleven dat zich voltrekt op de boulevard. Portorož stadsstrand is het enige natuurlijke zandstrand van Slovenië. Het ligt mooi en centraal, midden in de stad. Voor het uitspreiden van je handdoek vind je er zowel gras als beton. Als je lunchpakket tekortschiet, is de dichtstbijzijnde bar of winkel in de hoofdstraat niet ver weg.

Terme & Wellness LifeClass
Zachte, geoliede handen vinden op transcendentale muziek hun weg over je rug, over de lendenen en weer naar boven. Na een rondje saunapark, waar je alles hebt ondergaan, van aromatisch stoombad en ijsgrot tot zweten in de Finse sauna, vormt een bezoek aan de Wai Thai-masseuses een goede afsluiting.

Terme & Wellness LifeClass is duizenden vierkante meters groot. Het bevat ook een zwembad dat onder andere gebruikmaakt van thermisch mineraalwater uit de omgeving. Op de wanden benadrukken motieven van de Sečovlje-zoutpannen Istriës natuurlijke rijkdom. In de sauna wordt geen kleding gedragen, maar voor een massage bij Wai Thai krijg je wel het nodige uitgereikt. Reserveer van tevoren.

Obala 33, ✆ 05 69 28 009, www lifeclass.net, ⏲ zoutwaterzwembaden 8-21, ⏲ termische baden 13-21, ⏲ sauna park 14-21, za-zo 10-21 (juli gesloten), ⏲ Wai Thai-massage 9-22, wo 14-22, sauna 17 € (4 uur), zwembad volwassenen 10 € (4 uur), kinderen 6 €. Wai Thai, check prijzen voor afzonderlijke behandelingen op de website

SLOVENEN ZIJN DOL OP WIELRENNEN. ELK TERREIN IS GESCHIKT – OOK DE OUDE PARENZANASPOORLIJN.

HANDIG OM TE WETEN OVER PORTOROŽ

✆ Net nummer 05.

ℹ Obala 16, ✆ 05 67 42 220, www portoroz.si, ⏲ sep-jun 9-17, jul-aug 9-19.

✈ Aerodrom Portorož, 6333 Sečovlje, ✆ 05 61 75 140, www portoroz-airport.si.

Busstation, Dantejeva, ✆ 05 67 31 132, Ljubljana ca. 12 €.

Avis car rental, Obala 55, ✆ 05 67 40 555, www avis.si.

Kompas, Obala 41, ✆ 05 61 78 000, www kompas.si, ⏲ ma-vr 9-19, za 9-13. Uitstapjes naar de Postajnagrotten (▷112), Škocjanske jame (▷111), Lipica (▷111) en Soča (▷112).

Excursies Svetko/Bellatours, Bernardinska reber 3b, ✆ 05 41 623 191 (kapitein Bato), www slovensko-morje.net. Neem de 21 meter lange piratenboot M/C Svetko voor een tocht langs de kust van Slovenië. Gastronomische aanlegplaatsen, zwemuitstapjes en dinner cruises.

Maona Tourist Service, Obala 14b, ✆ 05 67 40 363, www maona.si. Zorgt ook voor toewijzing en verhuur van centraal gelegen particuliere appartementen. Organiseert bovendien uitstapjes en excursies naar onder andere Kroatië.

LEUK OM TE DOEN

PARENZANAROUTE
Beleef de oude spoorlijn te voet of op de fiets. In het gebied waar de oude locomotief bergwanden doorkliefde, tunnels doorvloog en langs de zonnige kust boemelde, liggen nu fietsroutes en wandelpaden. Het 122 kilometer lange traject verbindt 33 Istrische steden, van Triëst in Italië via Izola in Slovenië tot Poreč in Kroatië.

LIPIZZANERS ZIJN ZWART BIJ GEBOORTE, MAAR WORDEN LATER SNEEUWWIT. DE STOETERIJ IN LIPICA IS EEN VAN DE BESTE TER WERELD EN FOKTE OOK PAARDEN VOOR DE RIJSCHOOL IN WENEN.

GROTTENLAND

De oude stenen huizen liggen dicht bijeen in de droge, rotsachtige omgeving. Zo beschutten ze zichzelf het beste tegen de *bora*, de koude, harde wind die vanaf het oostelijk deel van de Alpen over Slovenië en Kroatië waait. Hij geeft de regionale delicatesse *karst prosciutto* zijn legendarische zoute smaak. Maar de ondergrondse werelden maken het karstgebied met zijn vele kalkstenen bergen nog bekender. Paardenliefhebbers weten bovendien dat hier de beroemdste stoeterijen ter wereld te vinden zijn; in Lipica worden de befaamde spierwitte lipizzanerpaarden gefokt.

LIPICA ❶

De pikzwarte veulens schurken zich tegen de krijtwitte merries en happen af en toe naar een tepel. De groene uniformen van de fokkers passen bij de vruchtbare omgeving van het bedrijf. Af en toe verschijnt er een ruiter in wedstrijdtenue. Met strakke witte broek, smokingachtig jasje en hoge zwarte hoed. Andere kostuums doen weer aan *Lawrence of Arabia* denken.

Hier, in het midden van het stenen karstlandschap, ben je slechts 12 kilometer van Italië. Je vind er dichte naaldbossen, honderd jaar oude linde- en eikenbomen, productieve druivenhellingen en goed verzorgde golfbanen. En een van 's werelds oudste, gerenommeerdste stoeterijen. Lipica werd in 1580 opgericht door aartshertog Karl, zoon van de Oostenrijkse keizer Ferdinand I die toen regeerde over Steiermarken, Karinthië, Krain, Istrië en Triëst. Later werden de lipizzaner overgebracht naar Wenen en gedresseerd in de Spaanse Rijschool. Na de Tweede Wereldoorlog nam Joegoslavië de traditie van het fokken van lipizzanerpaarden weer op en nu heeft de stoeterij 400 paarden.

Bij de geboorte zijn lippizaner allemaal zwart, maar na 2 jaar worden ze wit. Ze worden gerekend tot de elegantste paarden ter wereld. Als bewonderen niet genoeg voor je is, kun je er rijles nemen. Kinderen kunnen hun krachten meten met meegaande pony's. Bij langer verblijft kun je logeren in Hotel Maestoso, genoemd naar een prominente tak van het lipizzanerras.

Lipica kobilarna, Lipica 5, 6210 Sežana, ✆ +386 (0)5 739 15 80, www lipica.org. ⏲ Rondleidingen op de stoeterij: jan-mrt: di-zo elk uur 10-15, apr-okt: elk uur 9-17, nov-dec: elk uur 10-15, volwassenen 15 €.

ŠKOCJANSKE JAME ❷

Koude, vochtige lucht komt als een vuistslag uit het pikzwarte donker. Het is alsof de poort naar een diep, kostbaar en goedbewaard – en extreem gevaarlijk – geheim is geopend. Indiana Jonesfantasiën spelen op naarmate de gonzende echo's in de vochtige grot sterker worden. De gangen verbreden zich tot gigantische, ondergrondse balzalen met ogenloze schepsels. Kleurrijke, geometrische formaties hangen als diamanten van het plafond naar benenden, of rijzen vanaf de bodem op als zuilen vol juwelen. Als de expeditie over de ondergrondse rivier moet, die 45 meter lager donderend voorbijraast, is niet iedereen zo happig op het vervolg van de tocht. Maar eenmaal hier kun je niet meer terug.

Škocjanske jame is een van 's werelds fascinerendste grotten en staat dan ook op de werelderfgoedlijst van UNESCO. Als je het binnenste van de aarde ooit wilt bezoeken, is er geen betere plek dan deze.

Škocjan 2, 6215 Divača, ☎ 05 70 82 100, www park-skocjanske-jame.si. volwassenen 15 €, senioren en studenten 10 €, kinderen 6 €.

POSTOJNAGROTTEN ❸

Het minitreintje rijdt een paar kilometer de berg in. De buitenste grotten dragen de sporen van een explosie van een Duits munitiedepot tijdens de Tweede Wereldoorlog. Daarna begint de kleurexplosie. Grot na grot wisselen de druipsteenformaties van sfeer. Stalactieten en stalagmieten worden belicht en komen elegant naar voren, als in een groots opgezette lichtshow.

De Postojnagrotten vormen Sloveniës beroemdste en best bezochte toeristische attractie. Er zijn rondleidingen in veel verschillende talen. De tocht door de grotten, die onder andere bewoond worden door het ogenloze schepsel Proteus anguinus of grottenolm (▷92), duurt ongeveer anderhalf uur. Kleed je goed aan, want in de grotten is het maar 8 graden.

Jamska cesta 30, 6230 Postojna, ☎ 05 70 00 100, www postojna-cave.com. ☞ georganiseerde tochten met o.a. Kompas (▷110), volwassenen 19 €, studenten 16 €, kinderen 12 €.

SOČADAL

Rafters razen, omringd door schuimende golven, over de rivier naar beneden. Boven doorzoeken kleine expedities oude loopgraven en militaire begraafplaatsen. De Sočarivier is een van Sloveniës populairste locaties voor sportvissen en extreme sporten. Het omliggende dal staat bekend door de zeer bloedige veldslagen in de Eerste Wereldoorlog tussen Italiaanse en Duits/Oostenrijkse troepen. Ze staan onder andere beschreven in Ernest Hemingways roman *A Farewell to Arms*. De Soča ontspringt in het Trentadal dicht bij Triglav, en loopt 99 kilometer naar beneden richting het wijngebied Goriška Brda. Daar verdwijnt de rivier in buurland Italië.

BOVEC ❹

Vechtlustige krijgers in volledige wapenuitrusting storten zich in de rivier met hun schild voor zich. De goede Prins Caspian loopt met geheven zwaard voorop. De verfilming van C.S. Lewis' *De kronieken van Narnia* werd gedeeltelijk opgenomen rond de Sočarivier. Maar ook zonder Disney is het hier vaak dramatisch. De rivier is bekend en geliefd bij adrenalinefans die houden van kajakken en raften. En bij vissers op jacht naar de bijzondere grottenolm, die alleen hier voorkomt.

Rafters en ander sportbeoefenaars voelen zich thuis in Bovec, 's winters ook een van Sloveniës belangrijkste wintersportcentra. De stad werd meerdere keren getroffen door een aardbeving, voor het laatst in 2004, en net als bij andere steden langs Soča werd hier tijdens de Eerste Wereldoorlog vreselijk gevochten. Dat is bijvoorbeeld 2 kilometer buiten het centrum te zien op een Oostenrijks militair kerkhof. Hier staat ook een obelisk, met in het Duits herinneringen aan de vele tussen 1915 en 1917 gesneuvelde soldaten. Het kerkhof ligt bij de tweesprong tussen de weg naar Predel en de prachtige Vršičbergpas, die Slovenië met Italië verbindt.

KOBARIŠKI MUZEJ ❺

Kun je beter op de ene manier vermoord worden dan op de andere? Als je kijkt naar de Oostenrijkse machetes, de Italiaanse handzagen en de Duitse bajonetten, luidt het antwoord nee. Het gebied en de steden rondom het Sočadal vormden tijdens de Eerste Wereldoorlog het decor van een paar van de onbarmhartigste gevechten uit de wereldgeschiedenis. Het is beter bekend als het Sočafront of in het Italiaans *Isonzo*. Het Kobaridmuseum vertelt de geschiedenis in woorden, foto's, rondleidingen en een twintig

Kaart p. 106

minuten durende documentaire. Foto's van doodsbange soldaten op de vlucht en hooggestaande militairen in vol ornaat. Machinegeweren die op kunstwerken lijken en modellen van het terrein en de fronten rond Soča op een schaal van 1:5000. Het maakt een onuitwisbare indruk.

Gregorčičeva 10, 5222 Kobarid, ✆ 05 38 90 000, www kobariski-muzej.si, ⏲ apr-sep 9-18/19, okt-mrt 10-17/18, volwassenen 4 €, gepensioneerden en studenten 3 €, kinderen 2,5 €.

RESTAURANT HIŠA FRANKO 6

Twee minimalistische stukjes zoet brood om een whiskygestoomd schijfje foie gras, een beetje peer en een stukje zeeduivel. Het conceptkunstwerk is een *Mini Mac* – een gastronomische parafrase van de burgerklassieker Big Mac. Maar er staan je nog meer verrassingen te wachten. Hier mag je namelijk spelen met je eten.

De faam van topkok Anna Ros heeft Italië, een paar kilometer verderop, ook bereikt. Hiša Franko krijgt dan ook veel Italiaans bezoek. Van meerdere toprestaurants in Kobarid is Hiša Franko het vernieuwendst. Met gourmetmenu's van acht/negen gangen voor circa 65 euro (of vijf voor minder dan 40). Het biedt je de ultieme gelegenheid om *slowfood* te proeven want dat zou ergens anders het dubbele kosten.

Staro Selo 1, Kobarid 5222, ✆ 05 38 94 120, www hisafranko.com, ⏲ 11-23.

MOST NA SOČI 7

Trotse vliegvissers poseren voor elkaar met enorme beek- en regenboogforellen. De smaragdgroene rivier vormt een fotogeniek decor; de foto's zullen de achterblijvers jaloers maken.

Most na Soči ligt pittoresk op een vooruitstekende rots bij de samenvoeging van de Soča- en Idrijcarivier. 5 kilometer van de iets grotere stad Tolmin. Archeologische vondsten wijzen op bewoning sinds de bronstijd. Tegenwoordig is Most na Soči behalve een mooi plaatje in het fotoalbum ook een belangrijk treinverkeersknooppunt. Een autotrein van Bohinjska Bistrica in Bohinj (▷125) verbindt Gorenjska met Primorska, en onderweg door de treintunnel glijdt de passagier ongemerkt van het ene klimaat in het andere. Most na Soči is ook de laatste halte op de rit met de museumstoomlocomotief, die vertrekt van Jesenice even ten noorden van Bled (▷121). De trein rijdt maar een keer per maand, van half juni tot half september. Informatie bij elk toeristenkantoor.

ER ZIJN VEEL GOEDE REDENEN OM ONDERWEG IN GORIŠKA BRDA TE STOPPEN, EEN VAN SLOVENIËS VOORRAADKAMERS.

GORIŠKA BRDA 8

Een paar fietsers met bolletjestruien stoppen en drinken uit hun bidon. Ze zetten de tijd stil en laten hun blik over het panorama glijden. In het voorjaar ligt de kersenbloesem hier op de grond alsof het gesneeuwd heeft. En 's zomers begeven de fruitbomen het bijna onder het gewicht van perziken, peren, abrikozen en vijgen. Op de hellingen druiven zo ver het oog reikt; 1800 hectare om precies te zijn. Goriška Brda is een heuvelachtig gebied tussen de Sočarivier en Idria. Ten noordwesten van Nova Gorica en zuidwesten van Tolmin. Het staat bekend als Sloveniës voorraadkamer, als een van de grootste wijnproducerende regio's en als populair fietsgebied. De benen worden iets minder zwaar als ze door een kleurrijk, heerlijk geurend landschap ploegen. In de omgeving zijn vele wijnboerderijen en -kelders en op veel plaatsen kun je de lokale wijn proeven en kopen.

OVERNACHTEN

IZOLA

↔ **Hotel Marina**, Veliki trg 11, ✆ 05 66 04 100, 🖥 hotelmarina.si. Mooi, centraal gelegen niet nieuw badhotel met sauna, internet en uitzicht op zee. Prima, wat ouderwets ingerichte kamers.

↔ **Hotel Delfin**, Tomažićeva ul. 10, ✆ 05 66 07 000, 🖥 hotel-delfin.si. Uitstekend hotel direct aan het strand van de Simonsbaai. Speeltuin en andere activiteiten voor kinderen.

+ **Youth Hostel Stara Sola**, Korte 74, 6310 Izola, ✆ 05 64 21 114, 🖥 hostel-starasola.si. Keurig gerenoveerd hotel in mooi oud huis. Fietsroutes en hikingmogelijkheden voor de deur. Dicht bij Istriës beste restaurant, Torkla (▷108). Iets in het achterland, maar dicht bij Izola en Portorož.

PIRAN

↔ **Hotel Piran**, Stjenkova 1, 6310 Izola, ✆ 05 67 62 502, 🖥 hoteli-piran.si. Mooi oud hotel direct aan zee en midden in de oude stad – 150 meter van Tartinjev trg.

↔ **Tartini**, Tartinijev trg 15, 6310 Izola, ✆ 05 67 11 666, 🖥 hotel-tartini-piran.com. Uitstekend hotel aan het centrale plein van de stad. Dichtbij het water en de belangrijkste bezienswaardigheden.

KARST

↔ **Gostilna Šajna**, Šepulje 33, 6210 Sežana, ✆ 05 76 41 096, 🖥 sajna.si. Mooie oude herberg met elegante meubels en leuke rariteiten. Prima gelegen op het platteland en dicht bij zowel de Lipicastoeterij (▷111) als de Škocjangrotten (▷111). In Gostilna Šajna huist ook een uitmuntend restaurant (▷114), dat op zichzelf al reden voor een tochtje vormt.

↔ **Hotel Maestoso**, Lipica 5, 6210 Sežana, ✆ 05 73 91 580, 🖥 lipica.org. Pas gerenoveerd hotel midden in de Lipicastoeterij (▷111).

KOBARID

↔ **Hotel Hvala**, Trg Svobode 1, ✆ 05 38 99 300, 🖥 hotel-hvala.si. Netjes, informeel toeristenklassehotel, centraal gelegen in Kobarid. Een paar minuten lopen van het Kobarid museum. Het sterkste punt van het hotel is gourmet restaurant Topli val (▷115) op de begane grond. Dat is het hele verblijf waard. 110 € per kamer

↔ **Dobra Vila**, Mala Vas, 112, ✆ 05 38 96 400, 🖥 dobra-vila-bovec.com. Smaakvol ingericht alpenhotel, met achter elke kamernummer een verhaal. 2001 herinnert bijvoorbeeld aan Stanley Kubricks A Space Odyssey 2001, 69 doet denken aan een populair standje en 136 is de lengte in kilometers van de Sočarivier die buiten door het dal stroomt. Goede keuken, goed gesorteerde bibliotheek en videotheek.

ETEN & DRINKEN

ISTRIË

↔ **Restaurant Hiša Torkla** (▷108). Istriës beste restaurant.

↔ **Marina restaurant**, veliki trg, ✆ 05 66 041 00. Izolas best gelegen hotel heeft ook het best gelegen terras. Hier worden prima visschotels geserveerd, maar vleeseters komen hier niet tevergeefs. Dat geldt overigens ook voor de dorstigen.

↔ **Gostilna Šajna**, Šepulje 33, 6210 Sežana, ✆ 05 76 41 096, ⏲ dgl 12-18. Elegante herberg met charme. Mooie meubels, staande klokken, oude typemachines en stemmige schilderijen en foto's aan de ruw gemetselde muren. Er is ook plek voor een portret van president Tito. Hier krijg je goede, zelfgemaakte lokale gerechten uit de Karstregio. Zoals de legendarische *karstprosciutto* en mooi lokale wijn uit onder andere Goriška Brda.

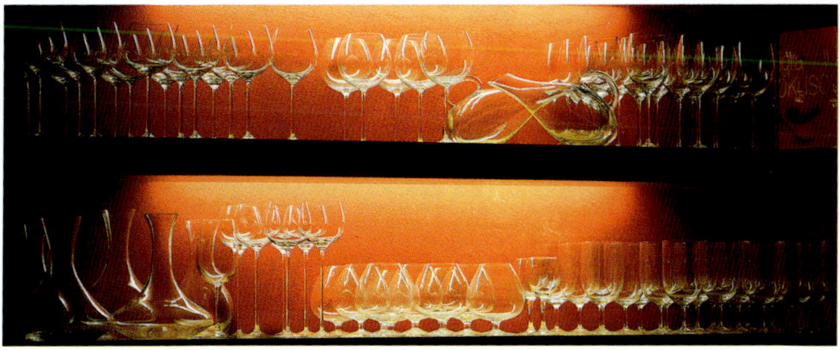

KOBARID

↔ **Restaurant Topli val**, in Hotel Hvala (▷114). Trg Svobode 1. Het uiterlijk met pastelkleuren en anonieme eetkamermeubels bedriegt. Onder de oppervlakte zit een van de beste restaurants van Primorska verborgen. Bij Topli Val serveert men *gourmetseafood*. Mooie menu's met bijbehorende wijn uit Goriška Brda en omgeving.

↔ **Restaurant Hiša Franko** (▷113). Een van Sloveniës beste restaurants. Gun het jezelf!

UITGAAN

ISTRIË

Wine bar Manzioli, Manziolijev trg 5, 6310 Izola, ✆ 05 61 62 137. Gezellige wijnbar midden in Izola met een keur aan lokale Sloveense wijnen. Het kleine vierkante raam in de vloer biedt zicht op een selectie archeologische erfstukken.

Moby Dick Cocktail bar, Dantejeva ulica 4, 6310 Izola, www mobydickisola.com. Mojitofeesten en zeemansstemming. Laat je niet afschrikken door het enigszins verlopen uiterlijk. Hier komen de lokale *cool cats*. De vissers houden hen graag gezelschap.

Ambasada Gavioli, Industrijska cesta 10, Izola, ⏲ 22-06, Flakkerende lasershows, een knipperende stroboscoop. Grote meisjes met schortjes en een speen. Goedgetrainde mannen m/v met goede dansbenen. Het zou de auditie voor een nieuwe Madonna-video kunnen zijn, maar het is maar een vrolijk avondje uit. Ambasada Gavioli is de grootste en belangrijkste nachtclub aan de Sloveense kust.

Caffe Neptun, Dantejeva ulica 4, 6330 Piran, www caffeneptun.com. Goede koffie met versgeperst sap, cocktails, internet, zeeuitzicht en een onmiskenbaar nautische sfeer. Meteen bij het busstation (▷109).

SHOPPEN

PIRAN

Benečanka, Ulica IX. Korpusa, 6330 Piran, ✆ 05 67 33 110, ⏲ dgl 10-17. Piranske soline (▷108) gourmetzout in mooie cadeauverpakkingen.

Syncerus, Tratinjev trg 5, 6330 Piran, ✆ 05 67 33 100, ⏲ ma-vr 10-18, za 10-14. Lekkere chocoladewinkel met schappen vol handgemaakte verleidingen.

BOVEC

Galerija Ćopi, Trg Golobarskih žrtev 49, ✆ 05 38 86 828, ⏲ ma-vr 12-18. Bijenkorfmotieven, klokken en andere souvenirs.

GORENJSKA

In de lokale ijshockeyhal is de generale repetitie voor het grote Alpenfeest. Tegen een achterwand van houten hutten en besneeuwde bergtoppen oefenen goedgevulde heren hun longen liefdevol op hun blaasinstrumenten. De scene is bijna een getrouwe kopie van de werkelijkheid, buiten in het daglicht.

Grote bierpullen dansen op de tafels en eronder voeren vele paren benen elk hun eigen klompendans uit. Na een lange dag in de bergen is er nog genoeg energie over om de accordeonspeler met zijn vrolijke alpenmuziek aan te moedigen.

Het noordwestelijk deel van Slovenië is alpinegebied. De naam Gorensjska komt dan ook van het Sloveense woord voor berg, *gora*. De Slovenen kwamen hier al rond het jaar 600, maar de hele middeleeuwen waren hier verschillende Duitse volkeren aan de macht. Het gebied, in het Nederlands Krain geheten, Kranjska in het Sloveens, kwam in 1335 onder de Habsburgse troon. Afgezien van de periode 1809-1814, toen het onder Napoleons Illyrische provincies viel, behielden de Oostenrijkers de macht tot de ineenstorting van de dubbelmonarchie in 1918. Na de Tweede Wereldoorlog werd Gorenjska, net als de rest van Slovenië, deel van Joegoslavië. En president Tito, die oog had voor de schoonheid van de oude Germaanse bezittingen, vestigde een zomerresidentie aan het meer van Bled.

OP TRAININGSKAMP. EEN KLEINE BERGBEKLIMMER BEREIDT ZICH VOOR OP DE GROTE SLOVEENSE BERGTOPPEN.

SPORTMOGELIJKHEDEN

De invloed van de Duitstalige cultuur verloochent zich niet. Niet als het gaat om de stevige alpenhuizen, de grote porties op de borden en de vrolijke tiroler- of schlagermuziek die een feestelijke gelegenheid vaak begeleidt. Gorensjska is ook een ondernemend en goed ontwikkeld industriegebied. Met ijzer- en staalindustrie, onder andere in de stad Jesenice. Bovendien heeft de succesvolle producent van wintersportuitrusting, Elan, hier zijn hoofdkwartier. Gorenjska en vooral de stad Kranjska Gora zijn bekende skioorden. Maar in het voorjaar en de zomer worden de activiteiten aanzienlijk uitgebreid. Dan veranderen de meren in natuurlijke zwembaden en de bergen nodigen uit tot wandelen en klimmen.

IN DIT HOOFDSTUK

Beleef Gorenjska rond het oude kuuroord **Bled** en het meer met dezelfde naam en rond het **Bohinjdal**, midden in het 84.000 hectare

❶ Bled (▷ 118) ❷ Bohinjdal (▷123)

grote Nationale Park Triglav, het enige in Slovenië. Zowel Bled als Bohinj liggen ideaal voor fiets- en wandeltochten. Maar er is ook veel te doen op de meren, die een paar van de beste roeiers ter wereld voortbrachten.

BLED ❶

Cafégasten genieten van de zon. Mannen met strohoeden varen *love birds* van alle leeftijden naar de kerk op Sloveniës enige eiland. Overal heb je mooi uitzicht, van de camping tot de kabelbaan. Maar het mooiste uitzicht is vanaf Café Belvedere bij Vila Bled, de zomerresidentie van voormalig president Tito. Het is niet langer voorbehouden aan partijfunctionarissen en staatshoofden. Het 1000 jaar oude kuuroord is tegenwoordig een van Sloveniës charmantste toeristische bestemmingen.

Met zijn 11.000 inwoners is Bled niet groot. Maar de stad zou ook niet interessant zijn zonder het meer, 14.000 jaar geleden ontstaan door gletsjerwater uit de Julische Alpen. Bled werd voor het eerst genoemd in 1004, toen Duitse keizer Heinrich II de stad schonk aan bisschop Albuin van Brixan. Maar pas toen de Zwitserse zonderling en natuurgenezer Arnold Rikli in 1855 naar de stad kwam, kreeg Bled internationale aandacht. Rikli startte een sanatorium met alternatieve behandelmethoden, gebaseerd op de schone lucht en het genezende water rondom. In het begin van de 20e eeuw was Bled een publiekstrekker geworden voor de kieskeurige Europese elite, en het belangrijkste kuuroord van het Oostenrijks-Hongaarse rijk. Later kreeg de Joegoslavische koninklijke familie oog voor Bled. En na de Tweede Wereldoorlog vestigde president Tito er dus een van zijn residenties. Tegenwoordig kun

❸ Bledmeer ❹ Titos Vila Bled ❺ Panorama Café Belvedere ❻ Zomersleebaan ❼ Strand ❽ Middeleeuws kasteel Bled ❾ Onze-Lieve-Vrouwe-Kerk-In-het-Meer ❿ Vintgarkloof ⓫ Debela peč ⓬ 3glav Adventures

Kaart p. 118

VOOR HET GROTE ALPENFEEST IN BLED WORDT DE LONGINHOUD LIEFDEVOL GETEST IN DE BLAASINSTRUMENTEN.

je voor 850 euro overnachten in de presidentiële suite in Vila Bled. Maar je kunt Bled ook op andere manieren beleven.

De meeste attracties, leuke winkels en beste restaurants liggen aan het meer, waar je in een uur omheen kunt lopen. Het middeleeuwse kasteel, ook Bled geheten, torent op een 100 meter hoog rotsplateau boven het meer uit. Vanaf daar zie je zowel land als water. Trek ook je wandelschoenen aan en ga de hoogvlaktes op. Of huur een fiets en ontdek het dichtbijliggende Nationale Park Triglav (▷93).

BERGMEER BLED ❸

Ga te voet of per fiets om het bergmeer heen. Met roeiboot of gondel naar het eiland met de karakteristieke kerk. Of met de kabelbaan naar boven, voor het beste uitzicht vanaf de Stražaheuvel, 642 meter boven zeeniveau.

Het kost, in een straf tempo, iets meer dan een uur om Bled rond te lopen. Maar als je wil pauzeren bij Tito's oude villa, koffie met uitzicht wilt drinken of zomersleetjerijden, moet je een halve dag uittrekken. Per fiets duurt het ongeveer 20 minuten. Als je ook het kasteel op de heuvel wilt zien of naar het eiland wilt varen, ben je een hele dag kwijt. Het Bledmeer is 2120 meter lang, 1380 meter breed en op het diepste punt ruim 30 meter diep.

Tito's Vila Bled ❹

Als de communistische president Tito klaar was met linten knippen en de 3000 arbeiders in de staalfabriek in het naburige Jesenice bezoeken, kon hij zich hier terugtrekken. En van het uitzicht over het sprookjesachtige Bledmeer genieten, alleen of met prominente gasten. Tito was niet alleen een van de grootste staatshoofden van de 20e eeuw. Hij had ook, met zijn echtgenote Jovanka, een neus voor luxe.

De oude Vila Bled ligt aan het eind van een lange allee en was vroeger de presidentiële zomerresidentie. Nu is de villa omgebouwd tot een hotel met 10 kamers en 20 suites. Aan de ene kant heeft het uitzicht op het 5 hectare grote park en aan de andere kant op het meer. De foyer is naar Tito's wens bekleed met wit marmer van het Kroatische eiland Brač (▷46), waaruit ook het Witte Huis in Washington is opgetrokken. Alle ruimten zijn ingericht met origineel design uit de jaren 50. In het restaurant hangt Tito's portret naast werk van de gerenommeerde Sloveense kunstenaar Jože Ciuha. Op de eerste verdieping bevinden zich Tito's werkkamer en privé-bioscoop. Er hangen mooie fresco's van Slavko Pengov, die de partizaner strijd en het gevecht van het Joegoslavische volk tegen de fascisten verbeelden.

OP WEG NAAR TRIGLAV – DE BERGTOP DIE ALLE ECHTE SLOVENEN MINSTENS EEN KEER IN HUN LEVEN MOETEN VEROVEREN.

Als dat niet genoeg is, kun je slapen in Tito's bed. Een nacht in de presidentiële suite kost 850 euro, met uitzicht op het meer. Het restaurant is voortreffelijk en populair bij bruidsparen.
Cesta svobode 18, ✆ +386 (0)4 579 15 00, www vila-bled.com. Restaurant Vila Bled, ⌚ 12-14, 18-22.

Panorama Café Belvedere ❺
De kerkklokken beieren en via 99 traptreden word je van de oever van het meer naar de kerkvloer geleid. De kleine stipjes die zich over het meer voortbewegen zijn *pletnaerne* – kleine gondelachtige bootjes die mensen van en naar het eiland varen.

Ga verder via het park van Tito's Vila Bled en drink een kop koffie in het stijlvolle Café Belvedere. Het is een paviljoen op 30 meter hoge pilaren, met een prachtig uitzicht op het Bledmeer. De locatie was oorspronkelijk bedoeld als zomerresidentie van de Joegoslavische koning Alexander. Hij schakelde er zelfs de grote Sloveense architect Jože Plečnik (▷83&98) voor in. Maar de plannen werden in de war gestuurd door de Tweede Wereldoorlog. Tito maakte het werk af en gebruikte het als hij prominent bezoek had.
Cesta svobode 18, ⌚ mei-okt ma-vr 14-24, za-zo 11-23.

Zomersleebaan
Het Bledmeer wordt kleiner en kleiner, hoe hoger de skilift je brengt. Als je je omdraait, zie je het eiland met de kerk en de besneeuwde Julische Alpen op de achtergrond. En het middeleeuwse kasteel op zijn torenhoge rots. Dat is maar een opwarmertje. Zodra je weer op de grond staat, ga je namelijk direct naar de gele zomersleeën. Hiermee kun je de heuvel afrazen, waar iedereen 's winters op ski's staat. De slee rijdt op rails en je bepaalt zelf de snelheid met een stuurknuppel (maximaal 40 kilometer per uur).

Een man gaat zitten en maakt zijn veiligheidsriem vast. Voordat je zelf naar beneden suist, is hij al vertrokken en hoor je hem in de bochten onder je hoge kreten slaken. Drie, twee, één – nu jij. Er is een 520 meter kronkelig parcours met een hoogteverschil van 131 meter tussen start en finish...
Poletno sankanje, Pod stražo (vlak na Hotel Jadran richting Vila Bled, na het centrum), ⌚ jul-aug dglks 11-20, mei en sep za-zo 11-18, apr en okt za-zo en feestdagen 11-17, 1 rit volwassenen 7 €, kinderen (5-14) 4 €, 2 ritten volwassenen

10 ©, kinderen 6 ©, 3 ritten volwassenen 13 ©, kinderen 8 ©.

Een dagje naar het strand 7

Worden papa en mama iets te saai met hun eeuwige fotograferen en romantische wandelingetjes rond het meer? Dan biedt een frisse duik uitkomst. En het Bledmeer ligt gelukkig niet alleen maar mooi te wezen. Het 300 meter lange omheinde stadsstrand is kindvriendelijk en ligt vlak voor het rotskasteel. Hier vind je blauwe vlaggen, tafeltennistafels, trampolines en glijbanen. En een temperatuur van gemiddeld 21 graden in juli. Er zijn drie andere zwemmogelijkheden in Bled; een klein strand bij Bled Camping aan de overkant en bij de hotels Vila Bled (▷119) en Grand Hotel Toplice (▷126), voor de gasten.

Grajsko kopališče, vlak voor het kasteel op de rots, ⏲ jun-eind sep.

Middeleeuws kasteel Bled 8

In de schemering, als de gasten op hun balkon genieten van het uitzicht. 's Middags als ze in gondels en roeiboeten van de ene naar de andere oever glijden. 's Avonds tijdens een avondwandelingetje. Overal zie je hem. Hoog verheven boven het meer ligt het middeleeuwse kasteel Bled. Met museum, restaurant en een prachtig terras met uitzicht. Vooral het laatste is alle moeite waard. Want ook al geven de tentoonstellingen een goede indruk van Bled sinds het kasteel meer dan 1000 jaar geleden gebouwd werd, het is het uitzicht op het meer dat onbetaalbaar is. Het huidige kasteel verving het oorspronkelijke na de aardbeving in 1690. Daarna werd het herhaaldelijk gerestaureerd, onder andere na een brand tijdens de Tweede Wereldoorlog.

Blejski grad, www blejski-grad.si, ✆ +386 (0)4 5729 782, restaurant ✆ + 386 (0)4 579 44 24, ⏲ mei-okt 8-20, nov-apr 8-17.

Onze-Lieve-Vrouwe-Kerk

De bruidegom draagt zijn bruid zwetend naar boven. Over de 99 traptreden van de oever van het meer naar de top van het eiland, naar *Mati bozja na otoku* – Onze-Lieve-Vrouwe-Kerk-In-Het-Meer. Een oude gewoonte, maar niet verplicht. De barokkerk is versierd met mooie fresco's, maar als je niet gaat trouwen is een bezoek aan het eiland midden in het meer vooral leuk door het vaartochtje met de bijzondere pletna-bootjes. De gondels vertrekken vanaf verschillende plaatsen. Vanaf Camping Bled (▷126) is het 15 minuten, vanaf Vila Prešeren (▷126) 30 minuten. De prijs is steeds hetzelfde.

Blejski Otok, Pletna, ⏲ dgl 9-18 10 © per persoon. Huur 10 © per uur.

HANDIG OM TE WETEN OVER BLED

✆ Netnummer 04.

TIC, Svobode 10, ✆ 04 57 41 122, www bled.si, ⏲ jul-aug 8-21, mrt-mei & sep-nov: 8-19, dec-feb 9-18.

Busstation Cesta Svobode 4, ✆ 04 57 80 24, dagelijks bussen naar o.a. Ljubljana en Bohinj.

Treinstation Lesce-Bled (4 km buiten Bled). ✆ 01 43 03 550, www slo-zeleznice.si, www intours.si. Trein onder andere naar Ljubljana. In Bled kun je bovendien overstappen op de oude stoomlocomotief die vertrekt vanuit Jesenice en via het Bohinjdal naar Tolmin rijdt. Neem je fiets mee.

Brnik (40 km).

TAXI Taxi naar vliegveld 40 ©, ✆ 041 623 123. Starttarief 5 © (3 km).

Rent a car, Europcar, Ljubljanska 7, ✆ 04 57 97 003, www europcar.si.

P In de rode zone (Cesta svobode) beperkt tot 2 uur. 1 uur 1 ©, 2 uur 2,5 ©. Daarna 50 cent per uur.

Apotheek Lekarna Bled, Ljubljanska 4, ✆ 04 57 66 085.

Bled golfclub, Kraljevo igrišče (18 holes), ✆ 04 53 77 711 www golfbled.com.

huur: 3glav Adventures (▷122).

LEUK OM TE DOEN

VINTGARKLOOF 10

De Radovnarivier doorklieft de mosbeklede rotsen. En waar het extra hard gaat, verandert het heldere smaragdgroene water in schuimende kolken. Van de ingang van het Nationale Park Triglav tot de 16 meter hoge waterval Šum lopen smalle paadjes met krakende houten bruggen. Vintgar en het Nationale Park liggen een paar kilometer buiten Bled.

4 km nw van Bled, 4 ©.

EEN TOCHT NAAR DEBELA PEČ 11

In de diepe Pokljukabossen tussen Bled en Bohinj ligt de sneeuw hoog opgewaaid. Dit is slechts een waarschuwing voor wat je te wachten staat. Zelfs in mei heb je laarzen

GORENJSKA

tot boven je enkels nodig. Naarmate je hoger komt, zijn er steeds minder beuken- en dennenbossen. En de sneeuwwitte stammen duiden op alles behalve voorjaar. Al een paar weken later is de sneeuw gesmolten en staan de hellingen vol gekleurde bosjes alpenviooltjes. Maar op een dag als vandaag is het idee van een warme kop thee of een sterke kruidenbitter in een van de rondomliggende hutten extra aantrekkelijk. Helemaal boven, op 2015 meter hoogte, komt de beloning: uitzicht op de Triglavberg en de andere hellingen eromheen.

Per auto naar het Pokljukaplateau, volg daarna de gemarkeerde routes door het bos. Informeer eventueel bij 3glav adventures naar de actuele situatie.

3GLAV ADVENTURES ⓬

Adventure sport lijkt soms één groot feest. Lekker buiten, boven in de bergen, over de rivier naar beneden of gewoon in een vrije val. Dat is 3glav Adventures. Leuk en verslavend. Iets wat je wel zou willen blíjven doen.

Het begon er allemaal mee dat Domen Kalajžič, een beetje lichtzinnig, iedereen die hij op zijn backpackreizen ontmoette, uitnodigde in zijn geboortestad Bled. Toen mensen plotseling voor de deur stonden, moest hij iets bedenken. Het omliggende terrein nodigde uit tot trekkingtochten en raften op de rivieren. Naderhand bedacht Domen dat hij daar misschien van kon leven. De eerste klanten waren jongeren uit de jeugdherberg, maar nu is de klantenkring beduidend uitgebreid. En dat geldt ook voor het aanbod van avontuurlijke excursies. 3glav Adventures bestaat nu uit 15 m/v die door heel Triglav en omgeving abseilen, wandelen, paragliden en raften. Ze hebben ervaring met allerlei soorten gasten, en als je de natuur rond Bled, Bohinj en Triglav Nationaal Park wilt verkennen is dit de allerbeste plek.

3glav adventures, Ljubljanska 1, ⏲ apr-okt 9-12 & 16-19, ✆ 041 683 184, www 3glav-adventures.com.

BOHINJDAL ❷

Lokale zonderlingen maaien gras met een zeis, of lopen ter ere van de voorbijgangers op krukken. Hardwerkende boeren bewerken de vruchtbare grond tussen de steile hellingen van de Julische Alpen. Sportievelingen beklimmen de naakte bergwanden, varen de Savicarivier af in kano's of trainen hun armspieren op het Bohinjmeer, op 523 meter

Kaart p. 118

EEN GOEDE PLEK OM TOT JEZELF TE KOMEN: HET BOHINJMEER BIJ RIBČEV LAZ, MET DE JULISCHE ALPEN EN EEN KERKTOREN OP DE ACHTERGROND.

hoogte en het grootste van Slovenië.

Bohinj is geen stad. Het is de naam van het 20 kilometer lange en 5 kilometer brede dal ten zuidwesten van Bled. Midden in het Nationale Park Triglav. Beleef het dal in een van de traditionele landbouwdorpen, in wandel- en fietstochten langs het meer en in de uitdagende achtergrond waar je kunt hiken naar Sloveniës hoge bergtoppen.

BOHINJMEER 13

Een eenzame vissersboot deint langs de oever. Dansende vissen veroorzaken ringen op het wateroppervlak. Goudhoorn, de mythologische gems met de Sloveense naam Zlatorog, tekent in de schemering een mooi silhouet tegen de Alpen. Door de ondoordringbare begroeiing langs de oevers, die aan de westkant snel omhoogreizen richting Ukanc (▷124), lijkt het Bohinjmeer ruw en ongetemd. Vooral in vergelijking met het Bledmeer (▷119), dat straalt als een klein sprookje met gelukkige afloop.

Het Bohinjmeer is Sloveniës grootste gletsjermeer – 4,2 kilometer lang, 1 kilometer breed en 45 meter diep. De beste zwemplek ligt bij Kramar, op loopafstand van Ribčev Laz. Hier vind je gras om op te liggen, beach-volleybanen en uitzicht op de groene heuvels en de besneeuw de toppen van de Julische Alpen. Je kunt het meer ook vanuit een kajak of een panoramaboot beleven.

⛴ Er varen in het hoogseizoen elk half uur milieuvriendelijke, elektrische panoramaboten, jun-half sep. Vertrek/aankomst Ribčev Laz en Zlatorog-camping (Ukanc). Buiten het seizoen varen de boten onregelmatig.

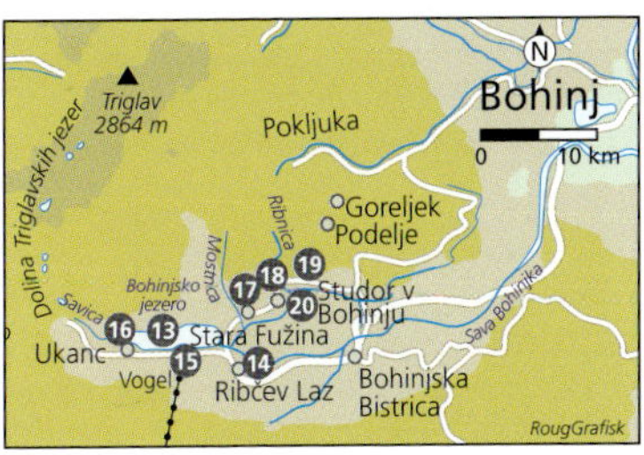

13 Bohinjmeer 14 Ribčev Laz en Triglavmonument 15 Vogel Kabelbaan 16 Savicawaterval 17 Het Alpine Zuivelmuseum 18 Ranč Mrcina 19 Oplenova hiša 20 De herberg Rupa in Srednja vas

RIBČEV LAZ EN TRIGLAVMONUMENT 14

Hotelgasten lopen hand in hand langs de oever. Mountainbikers rusten uit op een bankje. Een fotograaf focust op de oude stenen brug. De kleintjes worden zoetgehouden met een ijsje. Direct gelegen aan het Bohinjmeer, en centraal ten opzichte van de dorpen aan de oostkant van het Bohinjdal, is Ribčev Laz een soort verkeersknooppunt. Hier kom je aan met de bus en vind je ook de meeste pensions en hotels. Voor Hotel Bohinj (▷126) staat het Triglavmonument. Het verbeeldt en vereert de vier moedige mannen die in 1778 als eersten de Triglavberg beklommen. Ze wijzen en kijken in de richting van de berg.

VOGEL KABELBAAN 15

De samentrekking van je maag. Het idee dat je gaat vallen. De wolken die als suikerspinnen voorbijglijden. Je verstopte oren. De aarde die heel langzaam verdwijnt of dichterbij komt. Het is een lijdensweg of een veel te kort genot. Het uitzicht is in elk geval formidabel. Als je tenminste naar beneden durft te kijken. Je ziet de top van Triglav boven je uittorenen en de Savicawaterval ver beneden je. Neem een van Europa's steilste kabelbanen, Vogel, die je naar het skioord met dezelfde naam brengt. Met zijn ruim 1600 meter hoogte is de rit ook 's zomers de moeite waard.

Žičnice Vogel Bohinj, Ukanc 6, 4265 Boh. Jezero, 04 57 29 712, 04 57 29 721, vogel.si, volwassenen: 12 € retour, 8 € enkeltje, kinderen: 8 € retour, 6 € enkeltje. dec-pasen: 8-18 elk half uur; zomer: 7-18.

SAVICAWATERVAL 16

De ruwe rotswanden gaan schuil onder een stortvloed van wit, schuimend water. Het publiek dat eerder vanaf de bodem van het dal 60 meter omhoog gezigzagd is, moet roepen om zich verstaanbaar te maken. Als ze zich 180 graden omdraaien, kunnen ze in de verte de Savicamonding in de westelijkste punt van het Bohinjmeer zien. Maar ze moeten vooral kijken naar het turquoise bassin onder de houten uitkijkplaats. Hier begint de Savarivier– de langste van Slovenië – zijn lange reis door de Balkan. Naar Kroatië, Bosnië en Herzegovina en Servië, waar hij aan het eind de Donau ontmoet.

Per auto of fiets – naar Ukanc/Zlatorog, voorbij de camping de borden naar Slap Savica door het beukenbos volgen. TAXI van Zlatorog 10 € van Hotel Jezero 17 €, volwassenen 2,40 €, kinderen 1,20 €.

HET ALPINE ZUIVELMUSEUM 17

Hier zie je weides en graslanden waar herders waken over hun schapen- en geitenkuddes. Tractoren en maaidorsmachines kruisen elkaar onophoudelijk. Hier zie je kleine woningen dicht tegen elkaar aan en een enkel café waar de tijd stuk wordt geslagen bij gebrek aan beter. In Stara Fužina bevindt zich het Alpine Zuivelmuseum. Dat vertelt in woord, beeld en reconstructie over het eeuwenoude zware bestaan dat bestond uit oogsten, melken en de bereiding van zuivelproducten.

Het Bohinjdal was generaties lang de plaats in Slovenië waar, met behulp van traditionele methodes, het grootste deel van Sloveniës kaas en melk geproduceerd werd. Die traditie is aan het uitsterven, maar wordt in leven gehouden in dit mooie lokaalhistorische museum. Hier vind je ook kaasroutes, zodat je in de omgeving een kijkje kunt nemen bij de overgebleven zuivelbereiders.

Planšarski muzej, Stara Fužina 181, 4265 Bohinjsko jezero, 04 57 70 156, jul-aug di-zo 11-19, jan-jun: di-zo 10-12 & 16-18, nov-dec gesloten.

RANČ MRCINA 18

IJslandse paarden, Arabische paarden en warempel ook een enkele lippizaner. Op Mrcina Ranč (ranch) vind je een rijschool, riddertoernooien en alles voor de kleintjes – en voor degenen die hun innerlijke cowboy nog niet getemd hebben. De omgeving met de groene hellingen, gigantische hooibergen en de vervallen schuren vormt de helft van het plezier. Vooral voor degenen die alleen maar willen toekijken.

Studor, 04 17 90 297, ranc-mrcina.com, overdag (bel van tevoren zodat je niet komt als de paarden rusten). Per auto of fiets: Rijd over de oude stenen brug bij het Bohinjmeer, door het dorp Stara Fužina totdat het bord met '*Studor*' opduikt. Rijd hier de heuvel op naar links en volg de borden naar Ranč Mrcina.

OPLENOVA HIŠA 19

Gregor loopt op krukken en biedt graag een bosbessenbitter aan. Als iemand op bezoek komt, beschouwt Gregor hem als zijn eigen gast, ook al houdt hij alleen maar toezicht. Achter de toonbank hangt een oude Joegoslavische vlag. Hij praat ook graag over het verleden. Deze plek draait eigenlijk ook om het verleden.

Oplenova hiša, Oplens huis, is een kleine, historische schatkamer gelegen in een oude hut uit de 19e eeuw. Hier zie je oude garderobes, slaapplaatsen, krakende trappen en haarden waar men zich vroeger in de koude wintermaanden aan warmde. Voorwerpen die vertellen hoe men vroeger in Slovenië op het platteland leefde en overleefde.

Studor 16, 4267 Srednja vas, v Bohinju, 04 57 23 522, gorenjski-muzej.videofon.si, jul-aug di-zo 11-19, jan-jun di-zo 10-12 & 16-18, nov-dec gesloten, 2 €.

HERBERG RUPA IN SREDNJA VAS 20

Een opgezette valk waakt over de alpenklok. Onder haar schort is de waardin goed gevuld met herbergcaloriën. Achter de geblokte gordijnen keert de dorsmachine terug van het veld. Op de veranda galmt de muziek van de accordeonspeler

GORENJSKA

Kaart p. 123

DE GEKLEURDE BIJENKORVEN ZIE JE OVERAL ROND BOHINJ. ZOWEL BEROEPSIMKERS ALS HOBBYISTEN VOORZIEN DE OMGEVING VAN HONING.

in traditionele Gorenjska klederdracht tegen de omringende alpencoulissen. Gostilna Rupa is het beste restaurant in het Bohinjdal. Maar het is met zijn ligging in het kleine dorp Srednja ook een gelegenheid om te zien hoe het bestaan zich in het (berg)land Slovenië voltrekt. Proef lokale gerechten als reemedaillon of *mavzelj* – een heerlijke gehaktbal van varkens- en rundvlees, ei, brood en kruiden. Het is voedsel dat je verteert achter de ploeg of tijdens een wandeling in het Nationale Park.
4267 Srednja vas v Bohinju 87, ✆ 04 57 23 401, ⏲ di-zo 10-0 (Rijd van Ribčev laz door Stara Fužina en Studor naar Srednja vas).

HANDIG OM TE WETEN OVER BOHINJ

✆ Netnummer 04.
ℹ TIC Triglavska cesta 30, 4264 Boh. Bistrica. ✆ 04 57 47 590 en Ribčev laz 48, 4265 Bohinjsko jezero, ✆ 04 57 46 010, www bohinj-info.com, www bohinj.si.
Busstation Bohinjsko jezero, ✆ 04 57 80 420 (vertrektijden bij ℹ). Naar Bled een keer per uur, het grootste deel van de dag.
Treinstation, Triglavska cesta 1, 4264 Bohinjska Bistrica, ✆ 04 57 21 290. Autotrein van Bohinjska Bistrica – de comfortabelste verbinding tussen Primorska (Soča-dal) en Gorenjska. Bovendien oude stoomlocomotief 12 keer per jaar – een leuke belevenis. Ook voor kinderen.
Billeje, zie Bled (▷121).
TAXI 031 50 66 12, ✆ 041 80 21 54, www taxi-bohinj.com.
Vogel is een van Sloveniës beste skigebieden met 36 kilometer piste. Ook goede langlaufmogelijkheden
Pod Skalco Climbing School (onder de rots) – klimwand dicht bij de boot naar Bohinj. Uitrusting eventueel te huur.

OVERNACHTEN

BLED

+++ **Grand Hotel Toplice**, Cesta svobode 12, ✆ 04 57 91 000, 🖳 hotel-toplice.si. De avondzon schijnt op de witte Julische Alpentoppen. De paartjes op de balkons met uitzicht op het meer rekken zich uit om het allemaal goed te kunnen zien. In het mooiste hotel van Bled kun je in het zwembad op de begane grond genieten van een warme bron. Toplice is de opvolger van Hotel Louisenbad uit 1844, toentertijd populair bij de hogere klassen. Onderweg naar de eetzaal hangt een kleine foto-tentoonstelling ter herinnering aan de prominente gasten die hier nog steeds komen.

+++ **Penzion Vila Prešeren**, Veslaska promenada 14, ✆ 04 57 52 510. Mooie oude, pasgerenoveerde 19e-eeuwse villa aan de oever. Stijlvolle kamers, harmonieus gemeubileerd – bovendien uitstekend restaurant en mooi boulevardterras.

+ **Penzion Mayer**, Železka cesta 7, ✆ 04 57 65 740, 🖳 mayer-sp.si. Hier is geen stofje te bekennen. De geur van frisgewassen beddengoed concurreert met die van het pasgemaaide gras. Intussen dirigeert de kleine dochter van de eigenaar de receptie met vaste hand. Penzion Mayer is een mooi, gezinsvriendelijk pension dat huist in een 120 jaar oude, Oostenrijks-geïnspireerde villa. Een paar honderd meter van het Bled-meer. Behalve van de goede ligging kun je genieten van draadloos internet, Germaanse pünktlichkeit, een solide ontbijt in het bijbehorend restaurant en betaalbare prijzen.

Vila Bled (▷119). Een heerlijke nacht in de vroegere presidentiële luxe suite.

+ **Youth Hostel Bledec**, Grajska 17, ✆ 04 57 45 250. Goede en centraal gelegen jeugdherberg. Vlak bij het busstation. 5 minuten lopen van Bleds kasteel. Keurige, schone kamers voor circa 20 euro.

+ **Camping Bled**, Kidričeva 10c, ✆ 04 57 52 000, 🖳 camping.bled.si. Mooie camping met goede sanitaire voorzieningen. Speeltuin en animatie voor kinderen. Internet, winkel en restaurant. Het is echter de unieke ligging aan het Bledmeer die deze camping zo aantrekkelijk maakt. Geniet bij het kampvuur van de maneschijn boven het meer.

BOHINJ

++ **Hotel Bohinj**, Ribčev Laz 45, ✆ 04 57 26 000. Mooi ingericht hotel met kamers aan de kant van de Julische Alpen. Soms zelfs met uitzicht op de top van Triglav, Sloveniës hoogste punt. Naast het hotel ligt een residentie van de Joegoslavische koninklijke familie, Karadordevic. 3 minuten lopen naar het Bohinjmeer en de Johannes de Doperkerk.

++ **Hotel Zlatorog**, Ukanc 65, ✆ 04 57 23 384. Misschien het mooist gelegen hotel aan het Bohinjmeer. Wanneer de renovatie voltooid is, kunnen de moderne kamers zich meten met die in designcatalogi.

+ **Camping Zlatorog**, Ukanc 2, 4265 Bohinjsko jezero, ✆ 04 57 23 482, 🖳 www.hoteli-bohinj.si/kamp_zlatorog. Zeer gunstig gelegen camping, waar de natuur de grootste attractie vormt.

ETEN & DRINKEN

BLED

++ **Gostišče Mayer**, Železka cesta 7, ✆ 04 57 65 740, 🖳 mayer-sp.si, ⏱ 10-23. Goede, rustieke alpenkost. Lieflijk omlijst. Met vrolijke obers die veel van de wijn weten. Wildschotels, goede soepen en goulash. Hoort bij Penzion Mayer (▷126).

+ **Pri Planincu**, Grajska cesta 8, ✆ 04 57 41

613, ⏲ 10-23. Degelijke vleesschotels met bijbehorend café naast het busstation. Pri Planincu is een goede locatie voor liefhebbers van grote hoeveelheden eten zonder oog voor mooi opgemaakte borden. Bij 'De Bergbeklimmer' worden ook geen calorieën geteld. Wat zou het, de volgende dag zweet je het er op weg naar boven weer af.
↔ **Restavracija Okarina**, Ljubljanska cesta 8, ☎ 04 57 41 458, www okarina.com, ⏲ dgl 12-15 & 18-0. Indiaas geïnspireerd restaurant met goede vegetarische gerechten. Okarina is de naam van een middeleeuwse fluit waar het jaarlijkse etnische muziekfestival in Bled naar genoemd is.
↔ **Vila Bled** (▷119). Toprestaurant in Tito's oude zomerresidentie.

BOHINJ

+ **Gostilna Rupa** (▷125). De beste bergkeuken van het Bohinjdal.
+ **Restaurant Kristal**, Ribčev Laz 4a, 4265 Bohinjsko Jezero, ☎ 04 57 78 200, www hotel-kristal-slovenia.com. Stevige soepen en mooi aangeklede borden. Goed voor een stevige bodem.

UITGAAN

BLED

Apropos Cocktail bar, Ljubljanske cesta 4, www apropos-bled.si, ⏲ 8-0. Koffie- en cocktailbar met hang naar meditatieve muziek. Je kunt er je e-mail checken en printen. Of in de tuin zitten, midden in een naoorlogs winkelgebied.
Vila Prešeren (▷126), Veslaška promenada 14. ☎ 04 57 52 510. Mooie oude, pas gerenoveerde 19e-eeuwse villa. Aan de oever van het meer met minimalistisch ingericht café-restaurant binnen. Buiten een boulevardterras met uitzicht. Goede plek om de dag af te sluiten
Pub Bled, Svobode 19a, ☎ 04 57 42 622, ⏲ ma-do 9-02, weekend 9-03. Bleds topfeestlocatie met wisselende dj's en goede cocktails. Aantrekkelijk voor een gevarieerde groep gasten.

SHOPPEN

BLED

Atelje Laurus, Cesta svobode 19, 4260 Bled, ☎ 04 57 43 239, www laurus.si, ⏲ 10-13 en 16-19, zondag gesloten. Sieradenontwerpster Irena Zupan Ambrožič won goud op de Olympische designspelen. Heeft tentoongesteld in het Bledkasteel naar aanleiding van het 1000-jarig bestaan van de stad. De rijpe dame heeft veel welverdiende loftuitingen gekregen. Ze vertelt voluit over haar design in haar lichte winkel. Schuin tegenover het exclusieve Grand Hotel Toplice.

De prijzen bij Irena liggen in het dure – maar beslist niet onredelijke – segment. Ruw en geraffineerd in goud en zilver.

Huberto Široka atelje, Cesta svobode 19, ☎ 04 02 26 806, www hubertos.net, ⏲ 10-13 en 16-19, zondag gesloten. Avantgarde sieradendesign voor Sloveense diva's en extravagante bruiden en bruidegommen. Bij Huberto koop je trouwringen die je in Nederland gegarandeerd niet kunt vinden. Bovendien maakt de prijs het mogelijk om de huwelijksreis met enige kilometers te verlengen.

Huberto met de grote, krullende haardos en zijn brede lach is hier zelf aan het smeden, tot het metaal warm wordt en in de mooiste en vindingrijkste vormen kan worden gebogen.

Manitas, Grajska ul. 2, (dichtbij het busstation), ☎ 04 15 16 273, www manitas.si, ⏲ ma-za 0-13 & 16-19. Kaja is opgeleid aan de Ljubljana kunstacademie in visuele kunst maar wilde liever met organisch materiaal werken. Ze maakt nu schoenen en tassen met handbeschilderde motieven. Ook voor kinderen. Geen pinmogelijkheid.

ŠTAJERSKA

De ober kijkt zijn gast aan met een mix van oplettendheid, verwachtingsvol verheugen en spanning. Als de vreemdeling eindelijk goedkeurend knikt en zijn glas laat zakken, breekt een grote tevreden lach op zijn gezicht door. Wijn is hier niet slechts begeleiding van het eten – het is een afrodisiacum en een erekwestie.

De productieve wijnstokken staan dicht bij elkaar op de vruchtbare groene hellingen. Rondom liggen oude boerderijen, versierd met bloemen in alle kleuren. De wegen zijn gevuld met fietsers op solide mountainbikes met zware bepakking. Of magere lichtgewichtwielrenners die goed kunnen accelereren in het heuvelachtige terrein. Sommige gebruiken de lichaamsbeweging als excuus voor veel vette worst of nog meer Riesling. Anderen zouden hun figuur nooit bederven met zoiets. Zij zetten koers naar een van de vele kuuroorden, om te relaxen in de thermische baden. En in de luxueuze saunaparken van hun inspanningen te herstellen.

TRADITIONELE WIJNBOUW

Štajerska is Sloveniës grootste regio die zicht over het oostelijk deel van het land uitstrekt. In deze regio vind je ook Podravje, het grootste wijnproducerende gebied. Hier wordt vooral witte wijn geproduceerd, die een beetje doet denken aan Rijn- en Moezelwijnen. Het milde klimaat hier in het zuiden geeft deze wijnen echter een iets rijker aroma.

Ten tijde van de Romeinen werd er in Štajerska al goede wijn gemaakt. Toen kon je al spreken van de eerste commerciële wijnbouw. In de middeleeuwen was al sprake van concurrentie tussen de steden. De twee belangrijkste steden van het gebied, Ptuj en Maribor, hebben honderden jaren gestreden om uitgeroepen te worden tot beste wijnproducent. Aan die eer waren dan ook bijzondere privileges verbonden. Štajerska is de Sloveense naam voor Steiermark, dat eerder een Oostenrijks hertogdom was. Pas na de stichting van het Koninkrijk van Serviërs, Kroaten en Slovenen in 1918 verloor de Duitstalige cultuur de greep die hij hier sinds de middeleeuwen had. Duits is echter nog steeds de tweede taal in dit gebied. Veel jongeren gaan dan ook studeren in Wenen of andere steden aan de andere kant van de grens.

OOST-SLOVENIË IS RIJK AAN NATUURLIJKE KUUROORDEN EN DE BESTE LIGGEN IN PODČETRTEK OF, ZOALS HIER, IN PTUJ.

ŠTAJERSKA | CHECK: WWW.PTUJ-TOURISM.SI | BEZOEK: THERME OLIMIA | PROEF: ETEN & DRINKEN BIJ ROŽMARIN

❶ Maribor (▷131) ❷ Ptuj ❸ Terme Olimia

DIT HOOFDSTUK IN HET KORT

In Štajerska zijn vooral **Maribor** en **Ptuj**, respectievelijk Sloveniës tweede en oudste stad, de moeite waard. In beide plaatsen is de wijnbouw springlevend. En dat kun je proeven in de restaurants, wijnbars en wijnkelders. Bezoek in deze vruchtbare streek ook een van de vele kuuroorden. In en rond Ptuj en in het dorp met de moeilijk uitspreekbare naam Podčetrtek, op de grens met Kroatië, liggen een paar van de allerbeste van het land.

MARIBOR ❶

De tweede stad van Slovenië (115.000 inwoners) ligt minder dan 20 kilometer van de Oostenrijkse grens. Hij leunt tegen het groene Pohorjemassief. Op de hellingen daarvan groeien de druiven die Maribor tot een van 's lands grootste wijncentra hebben gemaakt. De stad met de oudste wijnstok ter wereld ligt mooi aan beide oevers van de Dravarivier, omgeven door wijngaarden.

Maribor werd gesticht in de 11e eeuw en viel van 1140 tot 1919 onder het Oostenrijkse Steiermark, wat te zien is aan de architectuur. Tijdens het bewind van de Habsburgers werd de stad in de 14e eeuw versterkt, om aanvallen van de Hongaren en later de Turken af te slaan. Langs de Drava staan de vier daarvan overgebleven torens. De Habsburgers zorgden ook voor een spoorweg; in 1846 werd Maribor verbonden met Wenen en Triëst, wat van grote economische betekenis was. De Habsburgse aartshertog Johannes legde begin 1800 wijngaarden aan, richtte ambachtsscholen op en liet de inwoners de druiven veredelen.

Na de Tweede Wereldoorlog ging Maribor eveneens op in Joegoslavië. De grote brug die naar Tito genoemd werd, getuigt van het communistische verleden, terwijl de vele studenten van nu hun stempel op de stad drukken. Beleef Maribor om zijn goede druiven en de plaatsen waar je ze kunt zien, ruiken en proeven.

'S WERELDS OUDSTE WIJNSTOK

Omheind als de Mona Lisa groeit en slingert hij toch over de hele gevel in de oude arbeiderswijk Lent, bij de Dravarivier. 's Werelds oudste wijnstok draagt de druif Zametna Crnina, ook Nodra kavcina genoemd. Het is het belangrijkste ingrediënt in de rode wijn *Cvicek*, die je zeker een keer tegen zult komen op je reis door het alpenland. De stok is meer dan 400 jaar oud en wordt vermeld in het Guiness Book of World Records. Sommigen noemen het zelfs een wonder dat de stok zo lang kan leven. Eind 19e eeuw sloeg de wijnpest *Phylloxera* namelijk in bijna alle wijngaarden van Europa toe. Nu zijn entloten van deze stok op meerdere plaatsen in de wereld te vinden.

Het witte huis waar de stok tegenaan groeit, stamt uit de 16e eeuw en maakte vroeger deel uit van de zuidelijke versterking van de stad. Nu is het verbouwd tot museum en wordt onder de mooie gewelven in woord en bewegend beeld verteld over de wijnproductie in de Štajerska-regio. Als je je hoofd in een van de figuren voor het huis steekt, denken ze thuis vast dat je ooit wijnboer was. Hiša stare trte, Vojašniška ulica 8, ✆ 02 23 46 613, www maribor-pohorje.si, ⏲ di-zo 10-18.

RESTAURANT ROŽMARIN ❷

De obers zijn ontspannen, de lounge-muziek verspreidt zich aangenaam naar alle hoeken van de grote ruimte. Het groepje zakelijke lunchers heeft gezelschap gekregen van een moeder die haar zoon wil verwennen, van een jong verliefd stelletje en van een oudere heer die zit te schrijven in zijn zwarte *Moleskine* notitieboekje.

Maribors stijlvolste restaurant en wijnbar serveert choquerend goedkoop *slowfood*. Iedereen kan aanschuiven. Hier vind je dagelijks wisselende driegangen businesslunchmenu's met bijvoorbeeld verse pasta en gnocchi, reerug, soufflé en basilicumsorbet of andere eersteklas desserts. Alles bij elkaar voor ongeveer 15 euro. 's Avonds bestaat de mogelijkheid de kok en de gourmetmenu's van zeven gangen voor minder dan 55 euro te testen. Met bijbehorend wijnmenu voor ongeveer 15 euro. Op Rožmarins goede, grote wijnkaart staan zowel lokaal geproduceerde wijnen als de meer internationaal bekende. Je kunt ze kopen voor thuis of drinken in het restaurant, de laatste mogelijkheid kost 6 euro extra. Er zijn ook goede wijnen verkrijgbaar per glas. Het restaurant is ingericht door jonge designers uit Ljubljana, die ook tekenden voor designrestaurant Cubo (▷ 101) in de hoofdstad.

Gosposka ulica 8, ✆ 02 23 43 180, www rozmarin.si, ⏲ restaurant ma-do 11-22, vr-za 11-23, wijnbar ma-do 20-0, vr-za 20-3, café ma-vr 8-21.

VINAG/VINAGOVA KLET ❸

Laški Rizling, Renski Rizling, Beli Pinot en Sauvignon. Leer de namen van goede druiven uit de omgeving van Maribor kennen. Of proef ze voordat ze in de mand verwijnen. Vinagova klet bestaat uit een kilometerslang ondergronds netwerk van koele, met druiven gevulde tunnels. Het is een van Sloveniës grootste wijnkelders. De kelder is slechts geopend op afspraak, dus bel of mail voor je gaat. Als een ondergronds bezoek niet mogelijk is, is de bovengrondse winkel altijd de moeite waard. Die is goed gesorteerd, mooi ingericht en het personeel komt met welgemeende adviezen.

Trg svobode 3, ✆ 02 22 08 111, 02 87 66 258, www vinag.si.

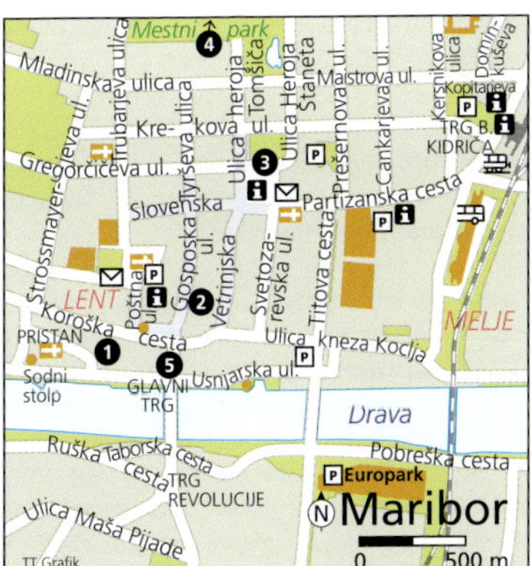

❶ 's Werelds oudste wijnstok. ❷ Restaurant Rožmarin. ❸ Vinag. ❹ Restaurant Pri treh ribnikih. ❺ Pestmonument.

RESTAURANT PRI TREH RIBNIKIH ❹

Op de achtergrond hoor je oude Balkanschlagers met een vleugje tirolermuziek. De manager is hoffelijk, en vertelt graag lang en gedetailleerd over elk afzonderlijk gerecht en de goede Štajerskadruiven. Uit Maribor hebben we alleen witte wijn, benadrukt hij, alsof hij de bestelling in de juiste richting wil sturen. Proef bijvoorbeeld Valhuber of Riesling.

Restaurant Pri treh ribnikih ('Bij de drie visvijvers') ligt in een aangename omgeving. Boven aan de trap aan het eind van het stadspark, als onderdeel van een 300 jaar oude herberg. Onder de mooie eetzaal bevindt zich een aangename wijnkelder. In de keuken worden lokale Sloveense gerechten bereid. Eten dat je weer weg moet werken met zware fysieke arbeid. Of met fiets- of wandeltochten in het Pohorjemassief, dat boven Maribor uitsteekt. Je kunt er buiten eten. Op het terras is plaats voor honderden gasten.

Ribniška 9, ✆ 02 23 44 170, www termemb.si, ⏲ ma-za 11-22, zo 11-21.

PESTMONUMENT ❺

Standwerkers verkopen honing en handgemaakte souvenirs. De cafégasten drinken koffie onder gekleurde parasols. Centraal op Glavni trg, het centrale plein van Maribor, staat het opvallende, vergulde pestmonument. De pest sloeg hier in de 17e eeuw in alle hevigheid toe en kostte en derde van de inwoners het leven. AlReeds in 1681 werd een gedenkteken opgericht, maar in 1743 werd dat vervangen door de Mariazuil van Jožef Štraub. Rondom de Maagd Maria zijn zes heiligen te zien, met biddende blik en gevouwen handen.

HANDIG OM TE WETEN OVER MARIBOR

✆ Netnummer 02.

ℹ TIC Partizanska cesta 6a, ✆ 02 23 46 611, www maribor-tourism.si, ⏲ ma-vr 9-19, za 9-17, zo en feestdagen 9-13. jul-aug in het weekend tot 18.

🚌 Avtobusna postaja Maribor, Mlinska ulica 1, ✆ 02 23 50 212. Dgl onder andere naar Ljubljana en Ptuj, internationaal naar Frankfurt en Stuttgart.

🚆 Centraal Station Partizanska cesta 50, ✆ 02 29 22 164. Ljubljana-Maribor 2,5 uur,

ŠTAJERSKA

TERWIJL SOMMIGEN VAN HET LEVEN GENIETEN IN DE MASSAGEWATERVAL EN HET STOOMBAD, MOETEN ANDEREN ZWAAR WERK OP HET LAND VERRICHTEN.

10-14 €. Rechtstreeks naar onder andere Wenen, Venetië, Zagreb en Boedapest.
Radio taxi, 02 25 00 777, 02 25 17 755, van station naar centrum 4-5 €.

PTUJ 2

De gekleurde barokgebouwen omringen kleine stadspleintjes, waar na het werk het glas geheven wordt. Van hoofdstraat Prešernova ulica gaat het verkeer richting het middeleeuwse kasteel. Hier boven heb je mooi uitzicht over de Dravarivier en de omliggende wijngaarden. Binnen zijn een paar regionale historische verzamelingen te zien.

Terwijl de eerste sporen van bewoning uit het stenen tijdperk stammen, brachten de Romeinse keizers Putj pas tot bloei. De stad wordt voor het eerst genoemd in het jaar 69, toen Vespasianus tot leider gekozen werd. Poetovio, zoals de stad in het Latijn heette, ontwikkelde zich tot handels- en militair centrum. Na de val van het Romeinse Rijk ging het bergafwaarts voor Sloveniës oudste stad. De Hunnen staken grote delen in brand en Avaren en Slaven trokken binnen voordat de Duitse Franken de macht overnamen. Later kwam Ptuj met de rest van Slovenië onder de Habsburgers en werd de wijnbouw, reeds bekend onder de Romeinen, uitgebreid.

De erfenis van beide machthebbers is nog steeds merkbaar. Ptuj heeft een van de grootste wijnkelders van Slovenië. En even buiten het centrum kun je, net als de patriciërs duizenden jaren geleden deden, ontspannen in de weldadige thermische baden. Romeinse legionairs en kooplieden brachten ook het Mithraïsme, een van oorsprong Griekse godsdienst, naar Ptuj en op meerdere plaatsen zie je resten van tempels en heiligdommen ter ere van de god Mithras.

KASTEEL PTUJSKI GRAD

Verfijnde snaarinstrumenten en kleine roodgelakte piano's. Op de begane grond zie je hoe de adel en gegoede burgerij 's avonds de tijd verdreef. Behalve de instrumentenverzameling bevinden zich hier mooie wandtapijten, 16e eeuwse meubels, carnavalsmaskers en -kostuums uit vroeger tijden en portretten van zelfingenomen bewoners.

In het kasteel huisten vanaf de middeleeuwen wisselende feodale heren. Maar het is ook zeker een bezoek waard om het mooie uitzicht over de Dravarivier en de omliggende wijngebieden. Het gebouw zelf werd gemoderniseerd en verbouwd en kent nu gedeelten met renaissance- en barokelementen.
02 74 80 360, pok-muzej-ptuj.si, 15 okt-30 apr 9-17, 1 mei-14 okt 9-18, jul-aug za-zo 9-20, volwassenen 4 €, senioren 3 €, kinderen 2,5 €.

Kaart p. 130

PTUJSKA KLET
In woord en beeld kom je alles te weten over wijn in dit grootste wijnproducerende gebied van Slovenië sinds eeuwen. De wijnkelder van Ptuj is meer dan 400 jaar oud en bevat onder andere Sloveniës oudste wijn, een *zlata trta* uit 1917. Je krijgt uitgebreid de gelegenheid om de producten te proeven. Of een fles voor thuis te kopen in de winkel van de wijnkelder.
Vinarski trg 1, ✆ 02 78 79 810, wijnhandel ✆ 02 78 79 827, ☞ rondleidingen ma-vr 9-15, www pullus.si.

THERMEN EN WELLNESS VALENS AUGUSTA
Het licht onder water verandert van kleur. Rode, blauwe en groene lichtstrepen bewegen zich door de ruimte gevuld met klassieke, rustgevende new age. Srečko Šorli staat in zijn zwembroek, met verwelkomende glimlach, klaar in het bassin. Het warme water van 34 graden komt tot zijn borstkas. 'Ga zitten op de kant,' stelt hij voor. En zonder uitleg doet hij zwembandjes om je enkels. 'Ben je klaar?' vraagt hij daarna en na een kort knikje begint de reis.

In het water lijk je in de handen van Srečko een vlieger in de macht van een geroutineerde vliegeraar. Tijdens de hele sessie lig je met gesloten ogen op je rug, met je hoofd boven water. Srečko ondersteunt je nek en draait je rond in het bassin, terwijl hij je voorzichtig in alle richtingen strekt. Soms zijwaarts, af en toe naar achteren. Soms voelt het alsof je lichaam lichter wordt, soms of je naar de bodem zinkt. De tijd houdt langzaam op te bestaan. Er rest slechts beweging en een langgerekt nu. Watqi, zoals het genoemd wordt, is Srečkos eigen uitvinding. Een soort meditatie te water. Het enige wat je nodig hebt is totale overgave en ongeveer 45 euro.

Srečko Šorli is een van de belangrijkste krachten in Thermen en Wellnesscentrum Valens Augusta, gevestigd in het chique Grand hotel Primus (▷134). Als je geen zin hebt in die meditatie te water, kun je je tevredenstellen met sauna, therapeutische behandelingen en thermale baden in de Flavia-afdeling. Of zwemmen en zonnebaden in Vespasianus' zwembad. De kinderen willen misschien naar de andere kant van de weg. Bij Therme Ptuj hebben ze namelijk behalve massage, kruidenbaden, sauna en solarium ook waterglijbanen!
Pot v Toplice 9, ✆ 02 74 94 500, www grandhotelprimus.si.

HANDIG OM TE WETEN OVER PTUJ

✆ Netnummer 02.
ℹ TIC Slovenski trg 5, ✆ 02 77 96 011, www ptuj-tourism.si, ⏲ 9-20.
🚆 Osojnikova cesta 11, ✆ 02 77 11 491.
🚌 Station Osojnikova cesta 2, ✆ 02 29 24 622. Ptuj-Maribor 35-40 min. 5,60 €. Ook naar onder andere Ljubljana en Budapest.
🚲 Verhuur BIKE EK, Jadranska ulica 2, Ptuj, ✆ 02 77 12 441 of bij de receptie in Terme Ptuj (▷133), Pot v toplice 9, ✆ 02 74 94 100.

LEUK OM TE DOEN

TERME OLIMIA ❸
Ga onder de massagewaterval terwijl je geliefde een bodypeeling met zoutkristallen ondergaat. Of neem samen een Turks of Japans stoombad; in de mist zie je slechts contouren. Wellnessdorp Terme Olimia is misschien de belangrijkste reden voor een bezoek aan Oost-Slovenië. Het is het grootste zelfverwennerijresort en volgens experts in het hele land het beste in zijn soort.

Je kunt genoegen nemen met een bezoek aan water- en saunaland Termalija en je wentelen in zwembaden, meditatieprogramma's en weldadige rust- en warmteruimtes waar naakt-zijn naar Sloveens gebruik verplicht is. Er zijn in totaal 9 sauna's in een kleurenscala van rood naar blauw. Als je jezelf het hele verwenpakket cadeau doet, moet je overnachten in een hotel of appartement in de omgeving. Hotel Sotelia (▷134) met eigen massagecentrum is het beste en het mooiste.

Ben je met kinderen, dan ligt er verderop nog Zwemland Aqualuna. Dat heeft alles op het gebied van waterglijbanen – met banden en veiligheidsriemen. Het is echter slechts geopend van mei tot oktober.
Terme Olimia, Zdraviliška cesta 24, Podčetrtek, ✆ 03 82 97 000, www terme-olimia.com. Wellness centrum Termalija, ⏲ dgl 8-22, za 8-0, sauna ma-vr 11-22, za 10-0, zo 10-22, 🎫 10 € voor een hele dag, gratis voor hotelgasten.

OVERNACHTEN

MARIBOR

↔ **Park hotel Ptuj**, Prešernova 38, ✆ 02 74 93 300, www parkhotel-ptuj.si. Buiten kun je al zien dat Park hotel meer dan een dak boven je hoofd is. Die indruk wordt bevestigd in de foyer waar mooi, gepolijst antiek je verwelkomt. De gangen en kamers zijn ingericht met een mix van barok en een stijlvol Frans badhotel, met op elke etage goede kunst aan de muur. Het verzorgde ontbijt wordt geserveerd in de oude, sfeervolle kelder, waar de huispianist onder de gewelven op een feestelijke aanleiding wacht. De buitenmuren stammen uit de 16e eeuw. Er is een goede internetverbinding.

↔ **Grand hotel Primus**, Pot v Toplice 9, ✆ 02 74 94 500, www grandhotelprimus.si. De kamernummers hebben Romeinse cijfers. De gastvrouwen van het restaurant verwelkomen je in witte toga's. De grote attractie van het hotel, Therme en Wellnesscentrum Valens Augusta (▷133), moet je gedachten leiden naar keizerlijk Romeins genot. Het hotel zelf is vernoemd naar de Romeinse generaal Marcus Antonius Primus, die Ptuj op de landkaart zette. De kamers zijn mooi ingericht en hebben balkons met uitzicht op het oude kasteel boven in Ptuj. In het wellnessimperium zorgt een competente staf van therapeuten en masseurs voor prettige, af en toe vernieuwende behandelingen (▷133).

↔ **Hotel Sotelia**, Zdraviliška cesta 24, ✆ 03 82 97 000, www terme-olimia.com/si. Smaakvol designhotel met respect voor de omgeving. Passend bij de eisen van de doelgroep op wellnessvakantie. 's Avonds, als de badjassen verruild zijn voor avondjurken, neemt de huispianist plaats achter de toetsen en wordt in het restaurant gedekt voor diner bij kaarslicht.

ETEN & DRINKEN

MARIBOR

↔ **Restaurant Pri treh ribnikih** (▷131). Goede lokale gerechten, goede wijnkaart en prima prijzen.

↔ **Restaurant Rožmarin** (▷130). Maribors beste restaurant. Nieuwe Sloveense keuken met Franse ruggengraat.

PTUJ

↔ **Ribič**, Dravska ulica 9, ✆ 02 78 77 560. Visrestaurant, gehuisvest in 400 jaar oude arbeiderswoning bij de Dravarivier. Ribic zit hier al sinds 1920 en is een van Ptujs gerenommeerdste restaurants. Goed terras buiten en rustieke sfeer binnen. Landelijke inrichting, een labyrint van ruimtes die rust en ruimte bieden en een haard in het midden van het restaurant. Visspecialiteiten.

+ **Gostilna Amadeus**, Prešernova 36, ✆ 02 77 17 051, ⏲ ma-do 12-22, vr-za 12-23, zo 12-16. *Štruklji* – kaasgevulde deegrolletjes – en andere solide kost in centraal gelegen restaurant aan de voet van het middeleeuwse kasteel.

UITGAAN

MARIBOR

Theehuis Čajek, Slovenska ul. 4, ✆ 02 25 02 986, ⏲ 10-0. Een jonge geest heeft zich laten gelden op de deur van het herentoilet: *MariBoring*. Maar eerlijk is eerlijk: ook al wordt Maribor nooit New York, er zijn genoeg leuke plaatsen om je dorst te lessen of te genieten van het uitgaansleven. Een daarvan is theehuis Čajek. En je kunt er ook iets anders krijgen dan thee.

Stuk, Gosposvetska 83, ✆ 02 25 14 583, www stuk.org. Veel minder MariBoring, veel meer studentenfeest. Een van Maribors grootste en levendigste uitgaansgelegenheden. Met af en toe liveoptredens en altijd iets te beleven.

PTUJ

Kavarna Ptujski Studentov, Vodnikova 2, ⏲ 9-24. Levendige studentenclub met Mac en draadloos internet. Centraal gelegen bij Slovenski trg en het lokale theater.

Bo Café Bar, Slovenski trg 7, ✆ 02 78 41 384, ⏲ ma-do 8-22, vr-za 8-0.30, zo 9.30-20. Het lievelingscafé van de lokale jeugd. De eigenaar zorgt zowel voor de huiselijke inrichting als de goede bediening. Prima koffie en perfecte ligging.

SHOPPEN

MARIBOR

De designwinkel KOBB, Postna ulica 3, ✆ 05 99 27 823, ⏲ ma-vr 10-13 & 15-19, za 8-13. Geen verkeerd woord over de kledingwarenhuizen C&A en New Yorker, die zijn neergestreken op de beste retailadressen in Maribor. Maar als je iets mee naar huis wilt nemen is het leuker om langs KOBB te gaan. KOBB is een omgekeerde samentrekking van eigenares Barbara Kosir, die zich alleen richt op Sloveense designers. 30 Verschillende sieradenkunstenaars en textieljongleurs.

Vinag (▷131). Zeer goede, ruim geassorteerde wijnhandel met veel Sloveens geproduceerde wijn.

Škrinja, Gosposka ul. 28, ✆ 02 23 42 636, ⏲ 9-19, za 8-13. Sloveens kunsthandwerk, kwaliteitssouvenirs en goede cadeaus.

PTUJ

Ptujska klet (▷133) Goede Sloveense wijn in een winkel verbonden aan Sloveniës oudste wijnkelder.

100% ACTIEF

TE LAND, TE WATER EN DE HOOGTE IN

Misschien moeten zijn woorden hoop bieden, zijn stem onthult echter niks. Misschien sprak hij ze uit met lachende ogen, maar die zijn verborgen achter zijn zonnebril. Hiking Bob wijst in de richting van de besneeuwde toppen die enigszins doen denken aan een kroon. 'Je weet het - alle Slovenen moeten minstens een keer in hun leven Triglav beklimmen'. Ergens daarboven in het tegenlicht ligt Sloveniës hoogste punt en zonder verder iets te zeggen begint de berggids de verdere expeditie. De late voorjaarssneeuw heeft de alpenviooltjes en de bewegwijzering met verse sneeuw bedekt, maar Bob heeft - zoals zo veel van zijn landgenoten - deze tocht al honderden keren gemaakt.

ROUTE VAN SMARAGD

Van tevoren hebben we ons in een berghut moed ingedronken met kruidenthee en zelfgestookte kruidenbitter. Een deel van de lol van het wandelen in de bergen- of hiken - zijn de pauzes. De weg ernaartoe is net zo belangrijk als het doel. De liefde van Slovenen voor de natuur is overal merkbaar en je kunt makkelijk aan informatie en goede raad komen over bijzondere wandelroutes. Niet alleen op het net of bij toeristenbureaus. Ook van de vele andere wandelaars die je toevallig op de hellingen tegenkomt krijg je meestal veel tips. Behalve de mannelijkheidstest op Triglav neemt ook de Route van Smaragd een bijzondere plaats in het hart van de Slovenen in. Die route loopt helemaal van de noordelijke Alpen over het Dinarische Karstgebied naar de Adriatische Zee. Het is zo een compacte reis door drie totaal verschillende landschappen en klimaatzones. De route dankt zijn naam aan de magische kleur van de Sočarivier, de levensader en het oriëntatiepunt van de route.

LOOPGRAVENROUTES

Het gebied rond de bovenloop van de Soča staat bekend om enkele van de bloedigste gevechten tijdens de Eerste Wereldoorlog. Aan het Isonzofront, onder andere beschreven door Ernest Hemingway in zijn *A Farewell to Arms*, lieten vele honderdduizenden soldaten het leven. Behalve langs watervallen, diepe kloven, beboste hellingen en vruchtbare dalen tussen de steile rotswanden zijn er routes uitgezet door landschappen waren mijnen, granaten, tunnels en loopgraven het uiterlijk van de natuur veranderden. Een wandeling in de sporen van de oorlog voert naar de kleine stad Kobarid, met een museum over een van de grootste veldslagen in de wereldgeschiedenis.

RAFTING EN PARAGLIDING

Onder adrenalineverslaafden staat Soča ook bekend als een van Europa's beste raftingrivieren. De vele grote en kleine watervallen, kronkelige bochten en smalle doorgangen met kristalhelder water maken Soča een

RIVERRAFTING OP DE SOČARIVIER – EEN VAN DE ADRENALINE-ERVARINGEN IN DE SLOVEENSE NATUUR.

populair doel voor white water-liefhebbers en kajakers. De rivier ontspring in het Trentadal in de Julische Alpen, stroomt door het Triglav Nationale Park en mondt 140 kilometer verderop uit in de Adriatische Zee. Raftingoperators zijn te vinden rond de wintersportstad Bovec en als snelheid niet je ding is, zijn er vele zwemmogelijkheden langs de zijrivieren Nadiža en Idrijca. Je Icarusdroom kan echter ook vervuld worden langs de Soča – een van de beste plekken voor paragliding ligt op de Kobalahoogvlakte tegenover de stad Tolmin.

MET DE HENGEL

Soča en zijn zijrivieren bevatten ook veel vis en vanaf 1 april - als de winter bijna voorbij is - vullen de oevers zich met enthousiaste vliegvissers. Zelfs de minder geoefende kunnen vlagzalmen, regenboog- en beekforellen vangen. De meer ambitieuze vissers komen voor de speciale marmerforel, die alleen in dit gebied voorkomt. Marmerforellen kunnen 140 centimeter lang worden en 24 kilo wegen - zonder opscheppen! - dus als je er zo eentje aan de haak slaat heb je voor meerdere dagen te eten. Behalve het gebied rond Soča, bieden de bergmeren Bled en Bohinj ook mooie viservaringen. Bled levert veel karpers terwijl Bohinj, Sloveniës grootste natuurlijke meer, gedomineerd wordt door trekzalmen en duizenden kopvoorns.

TE PAARD OF OP DE FIETS

Met zijn gevarieerde landschap en goede wegen is Slovenië een droomland voor wielrenners. De tochten over de hoge passen in de Julische Alpen dichtbij de Oostenrijkse en Italiaanse grens zijn veeleisend maar bevatten geen extreme stijgingspercentages of dodelijke afdalingen. In en rond de meren Bled en het iets grotere Bohinj liggen veel goede routes die de meesten met goede conditie en dito fiets aan kunnen. Ook in Oost-Slovenië nodigen de zachte groene heuvels uit tot een actieve vakantie voor fietsende levensgenieters. Tussen de routes rond Maribor en Ptuj bevinden zich veel resorts waar je kunt herstellen en herbergen om je reserves aan te vullen met stevige dagelijkse kost.

Aan de andere kant van Slovenië kun je je stalen ros inruilen voor echte paardekracht. In Lipica kunnen liefhebbers van klassieke dressuur de beroemde witte lippizaners uitproberen - het ras dat al eeuwenlang gebruikt wordt door De Spaanse Rijschool in Wenen. Hier vind je training en lessen in klassieke dressuur voor zowel beginners als gevorderden - en voor zowel groepen als individuen. Tussendoor kun je de wedstrijdrijders zien en ontmoeten die op bezoek zijn om te trainen voor een groot concours of die komen lesgeven. Er ligt een wereld van verschil tussen Hiking Bob in zijn relaxte trekkingkleding en de excentrieke ruiters, die in *Lawrence of Arabia*-kostuums over de trainingsbaan paraderen.

IZPRAZNITEV NABIRALNIKA
RITIRO DELLA POSTA
ob delavnikih ob 18.00 uri,
giorni lavorativi alle ore 18.00,
ob sobotah ob 11.00 uri,
il sabato alle ore 11.00.

PRAKTISCH

VOOR VERTREK

BESTE REISPERIODE

In Kroatië lokken 's winters de bergen en wintersport en 's zomers de 6000 kilometer lange kust. De hoofdstad Zagreb biedt het hele jaar door veel te doen. In het zuiden en langs de Adriatische Zee heerst het middellandse zeeklimaat met warme zomers en milde, vaak vochtige winters. In het noorden en landinwaarts heerst het centraal europees klimaat met warme zomers, koude, vaak sneeuwrijke winters en meestal een koel voor- en najaar. Tot slot kennen de hoogste Dinarische bergen een alpine klimaat met grote hoeveelheden winterse neerslag.

Slovenië is een Alpenland met goede wintersportmogelijkheden, een mooie korte kust die zomers aantrekkelijk is en de hoofdstad Ljubljana is altijd leuk om te bezoeken, vooral rond Kerst en Nieuwjaar als de stad prachtig versierd en verlicht wordt. Het klimaat is hetzelfde als dat van Kroatië, dat wil zeggen eigenlijk zijn er drie verschillende klimaten in de drie verschillende regio's.

Volg de actuele weerberichten op respectievelijk www meteo-info.hr en www vreme.si, en kijk verder onder 'Agenda' (▷146) en 'Nuttige websites' (▷141).

VACCINATIES

De voorschrifen veranderen regelmatig, dus vraag je huisarts of de plaatselijke GGD om advies, of kijk op www lcr.nl. Het algemene advies voor Kroatië en Slovenië is om inentingen tegen difterie, tetanus en polio (DTP) en tegen Hepatitus A te nemen. Afhankelijk van je eigen gezondheid kunnen andere vaccinaties nodig zijn, vraag bij twijfel altijd advies.

ALGEMENE INFORMATIE

Met het steeds populairder worden van Kroatië als vakantieland, groeit de stapel reisgidsen evenredig. Terwijl veel gidsen álle informatie willen bevatten, probeert deze 100% gids te focussen op wat je niet mag missen. Elke bezienswaardigheid, restaurant of bar die genoemd wordt, vinden wij de moeite waard. Mocht je over een specifieke plaats nog meer willen weten, kijk dan bij de plaatselijke toeristismebureaus, die te vinden zijn in alle grote steden of kijk op internet. Er zijn goede sites met een prima overzicht van de afzonderlijke bezienswaardigheden in de verschillende regio's.

Hetzelfde geldt voor Slovenië - hoewel daar nog niet zo heel veel boeken over te krijgen zijn.

BOEKEN

Beleef de ineenstorting van Joegoslavië en de uittreding van de republieken - waaronder Kroatië en Slovenië - in de scherpzinnige analyses van BBC-correspondent Misha Glenny in zijn boek *De ondergang van Joegoslavië*, uitgegeven door Kosmos in 1993.

Maak een rondreis in de Kroatische natuur in het gezelschap van Rudolf Abraham met de gids *Walking in Croatia*, uitgegeven door Cicerone Press in 2004.

Lees een grondige uiteenzetting van de

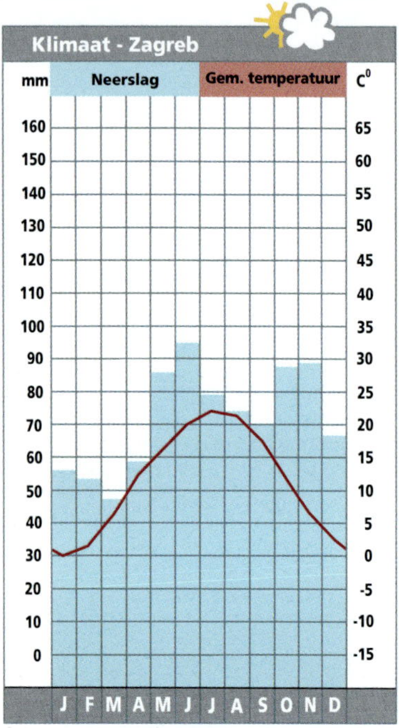

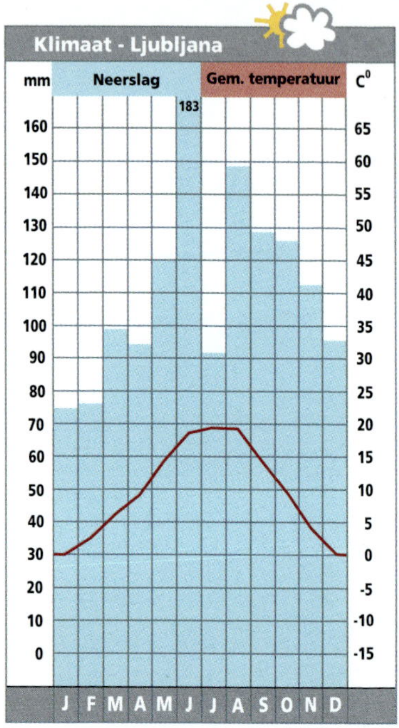

Kroatische geschiedenis van voor Christus tot de conflicten van na 1990, in de optiek van de Kroatische historicus Ivo Goldstein. Het boek heet *Croatia: A History*, en is verschenen bij McGill-Queen's University Press 2000.

Verder zijn aan te raden:

De Brug over de Tata, Frank Westerman, Olympus Pockets, 2006
Joegoslavië achter de schermen, Yaël Vinckx, Prometheus, 2004 (Geeft een goed beeld van het voormalig Joegoslavie en de oorlog.)
De poppenspeler en de duivelin, Johan de Boose, Meulenhoff/Manteau, 2009 (J. de Boose gaat op zoek naar de idealen en taboes van Kroatië)
De geschiedenis van Slovenië, Georges Castellau, Voltaire, 2000
Moederland, David Albahari, Cossee, 2003
New Architecture in Slovenia, Matevz Celik, Springer 2007.
Identity by design (over Jože Plečnik), Georgia Watson, Architectural Press 2007.

TOERISMEBUREAUS

De meeste kleine en grote steden in zowel Slovenië als Kroatië hebben een toerismebureau voor al je vragen over de stad en de omgeving. Deze kantoren verstrekken meestal gratis stadsplattegronden. Die zijn niet altijd even gedetailleerd maar prima als je gewoon de weg wilt vinden naar de belangrijkste bezienswaardigheden. Kijk voor adressen in de afzonderlijke hoofdstukken.

SIGHTSEEING

In Kroatië en Slovenië krioelt het bijna overal van sightseeing-aanbiedingen en excursiemogelijkheden per bus en per boot. Vergelijk meerdere aanbiedingen en kijk wie er het meest waar voor je geld biedt en vraag advies bij de toerismebureaus. Nederlandse reisorganisaties kunnen natuurlijk ook behulpzaam zijn bij het vinden van de beste excursie. Zorg ervoor dat je je paspoort bij je hebt als de excursie naar een van de buurlanden voert.

NUTTIGE WEBSITES

www croatia.hr biedt een overzicht van de verschillende regio's en steden, overnachtingstips, activiteiten en advies hoe je naar en van de afzonderlijke plaatsen reist.

find-croatia.com vergelijkbaar met bovenstaande site.
zagreb-touristinfo.hr - Toeristische organisatie met achtergrond- en praktische informatie over Zagreb en omgeving.
vlada.hr - Informatie van de Kroatische regering over Kroatië.
hr/croatia - Informatie over de verschillende verhoudingen in Kroatië + interactieve kaarten
netherlandsembassy.hr - Informatie van de Nederlandse ambassade in Kroatië.
diplomatie.be/zagreb - Informatie van de Belgische ambassade in Kroatië
slovenia.info biedt een overzicht van de verschillende regio's en steden, overnachtingstips, activiteiten en advies hoe je naar en van de afzonderlijke plaatsen reist.
slovenia.si vergelijkbaar met de site hierboven.
visitljubljana.si - Toeristische organisatie met achtergrond- en praktische informatie over Ljubljana en omgeving.
vlada.si - Informatie van de Sloveense regering over Slovenië.
netherlands-embassy.si - Informatie van de Nederlandse ambassade in Slovenië.
diplomatie.be/ljubljana - Informatie van de Belgische ambassade in Slovenië.

STADSPLATTEGRONDEN EN WEGENKAARTEN

Bijna alle grote toerismebureaus hebben bruikbare stadsplattegronden en wegenkaarten, vaak gratis. Daarnaast heeft de ANWB goede kaarten van Kroatië en Slovenië.

PASPOORT EN VISUM

Staatsburgers van de EU hebben geen visum voor Kroatië en Slovenië nodig. Staatsburgers van andere landen moeten informeren bij reisorganisaties of ambassades (▷146). Omdat visaregels vaak veranderen is het je eigen verantwoordelijkheid voor je vertrek te onderzoeken hoe de regels op dat moment zijn. Kijk eventueel op de website van het ministerie van buitenlandse zaken minbuza.nl of op diplomatie.be.

ZIEKTEKOSTENVERZEKERING

Vanaf 2008 geldt de dekking van de ziektekostenverzekering uitsluitend in EU-landen en in Noorwegen, IJsland, Liechtenstein en Zwitserland. In geval van ziekte moet je dan wel zelf de kosten van transport naar huis betalen. De regels voor ziektekostenverzekering veranderen regelmatig. Check de laatste regels bij je verzekeringsmaatschappij.

Vraag voor vertrek een Europese gezondheidskaart (EHIC) aan via je zorgverzekeraar of op ehic.nl. Met deze kaart heb je recht op noodzakelijke medische zorg. De kosten worden veelal rechtstreeks bij de zorgverzekeraar gedeclareerd.

VALUTA EN WISSELEN

De Kroatische munteenheid heet kuna. 1 kuna komt overeen met ongeveer 0,14 euro. Bij de meeste geldinstellingen in Nederland en België kun je Kroatische kuna kopen, maar je moet die meestal van tevoren bestellen. In Kroatië zelf wisselen of geld opnemen bij geldautomaten is natuurlijk geen probleem - en in de meeste grote winkels, supermarkten en restaurants kun je betalen met internationale credit- en betaalkaarten.

Slovenië heeft de euro ingevoerd. Ook hier vind je overal geldautomaten. Ook in Slovenië kun je prima terecht met internationale credit- en betaalkaarten.

BAGAGE

Luchtvaartmaatschappijen hebben verschillende regels voor de hoeveelheden (hand)-bagage. Onderzoek dat bij het boeken en vraag het na bij de luchtvaartmaatschappij.

HUISDIEREN

Je kunt je hond of kat meenemen naar Kroatië en Slovenië, maar het dier moet ouder dan 3 maanden zijn, voorzien van identiteitsnummer of microchip en de laatste jaren zijn ingeënt tegen hondsdolheid. Vergeet niet de vaccinatiekaart (EU-dierenpaspoort voor dieren), met datum en stempel van de dierenarts, mee te nemen. Vraag de dierenarts eventueel om extra inentingen (parvovirus, hepatitis, leptospirose). dierenpaspoot.nl

DOUANEBEPALINGEN

Vanuit Kroatië en Slovenië mag je, net als uit alle EU-landen, vrij 800 sigaretten of 400 sigaren invoeren, 10 liter sterke drank (meer dan 22% alcohol) of 20 liter drank (minder dan 22% alcohol),90 liter tafelwijn en 110 liter bier. Bij het inreizen uit landen die geen lid van de EU zijn mag je slechts goederen voor een beperkt bedrag invoeren. Goederen uit andere EU-landen voor eigen gebruik mogen vrij worden ingevoerd.
De regels worden voortdurend geactualiseerd op douane.nl

NIET VERGETEN

Geldig paspoort
Geldig visum (indien vereist)
Ziektekostenverzekeringspasje, EHIC-kaart
Eventuele reisverzekering
Vlieg-/bus-/treinticket
Eventueel dierenpaspoort
Eventueel studentenkaart
Eventueel campingcarnet en stayokay card
Eventuele vaccinatiepapieren, (preventieve) medicijnen en medicijngegevens.

REIS EN AANKOMST

MET HET VLIEGTUIG

Croatia Airlines is de enige luchtvaartmaatschappij die directe vluchten aanbiedt tussen Amsterdam en Zagreb. Ook vanuit Brussel kun je alleen met deze luchtvaartmaatschappij rechtstreeks naar de Kroatische hoofdstad. De prijs ligt - zowel vanuit Brussel als Amsterdam - rond de 250 euro per persoon. Je kunt ook kiezen voor een vlucht met een tussenstop met KLM of Lufthansa, maar die extra reistijd wordt duur betaald: al snel het dubbele. Zagrab Airport, Zracna Luka, ligt 14 km ten zuidoosten van het centrum. ☎ +385 1 456 2222, www zagreb-airport.hr. In sommige gevallen is het goedkoper om naar Slovenië te vliegen, waarvandaan prima trein- en busverbindingen naar Zagreb zijn.

Ook als je naar Split vliegt ben je met Croatia Airlines het goedkoopste uit, zij het met een tussenstop. Er zijn geen directe vluchten. Andere luchtvaartmaatschappijen maken twee tussenstops.

Vanuit Amsterdam vliegt Adria Airways dagelijks naar de Sloveense hoofdstad Ljubljana. Vanuit Brussel vliegt, naast Adria Airways, ook Brussels Airlines dagelijks rechtstreeks naar deze stad. Vliegen met Adria vanaf Schiphol is vaak (veel) goedkoper en het is dus aan te raden de prijzen goed te vergelijken. Met een beetje mazzel zit je voor 100 euro per persoon al in Slovenië. De luchthaven van Ljubljana, Brnik, ligt 23 kilometer van het centrum. ☎+386 4 206 1000, www lju/airport.si. Chartermaatschappijen zoals Transavia vliegen naar Portorož aan de kust.

MET DE TREIN

Kroatië is rechtstreeks verbonden met Slovenië, Bosnië, Hongarije en Oostenrijk of respectievelijk Ljubljana, Sarajevo, Boedapest en Wenen. Alle treinen vertrekken van/eindigen in Zagreb. Er vertrekken ook rechtstreekse treinen naar Venetië. Kroatië is samen met Polen, Tsjechië, Slowakije, Hongarije en Bosnië en Herzegovina lid van de Interrail groep D.

Slovenië (Ljubljana en Maribor) is behalve met Kroatië ook verbonden met Italië en Oostenrijk. Slovenië maakt ook deel uit van de Interrailregeling Global Pass. www slo-zeleznice.si.

MET DE BUS

Meerdere Nederlandse reisorganisaties hebben busreizen naar Kroatië en Slovenië in het programma.

MET DE AUTO

Kroatië en Slovenië zijn goed bereikbaar met de auto. Rijd vanuit Nederland en België over de A9 naar München en de A99 (Münchenring) richting Oostenrijk en daarna verder over de A8 via Salzburg tot aan de grens. In Oostenrijk verder over de Tauern-Autobahn A10 naar Villach. Volg de borden van Villach naar Ljubljana, Zagreb of naar Istrië.

Denk aan je rijbewijs, kentekenbewijs, SOS International, groene kaart en gevarendriehoek. Vergeet niet een Sloveens tolvignet te kopen – 35 euro voor 6 maanden. Het is te koop bij benzinestations, postkantoren en krantenkiosken. Als je geen vignet hebt kun je een boete van 300 tot 800 euro krijgen. Lees meer op www amzs.si. Vind de beste route naar je plaats van bestemming op www viamichelin.com.

VERVOER

LOKAAL VERKEER

BUS

Het is meestal niet moeilijk om in Kroatië en Slovenië je weg met openbaar vervoer te vinden - maar 's zomers is het een goed idee om rekening te houden met files op motor- en smallekustwegen. En niet alle Alpensteden hebben even goede

verbindingen. Check de dienstregelingen en de prijzen thuis op www ap-ljubljana.si (Slovenië) en www akz.hr of www ak-split.hr (Kroatië).

LOKALE BUS

Afgezien van Zagreb zijn er in Kroatië niet zulke hele grote steden, dus kun je overal prima te voet de stad verkennen. Maar in alle grotere steden zijn er ook lokale bussen. Vergeet dienstregelingen. De bus komt als hij komt - en wil je weten waar hij naartoe rijdt kun je dat het beste aan de chauffeur vragen of aan mensen bij de halte. In Zagreb is de tram een beter alternatief. Ze rijden bijna de klok rond - een kaartje kost 8 kuna en is te koop in de kiosk. Een dagkaart kost 25 kuna. Tramkaartjes moet je afstempelen bij het instappen. Bus- en treinkaartjes voor de langere ritten zijn te koop in de respectievelijke bus- en treinstations.

Ook in Slovenië kun je de stadsgrens wandelend bereiken - zelfs in de hoofdstad Ljubljana. Heel af en toe is de bus misschien handiger.

TREIN

De trein is niet populair in Kroatië, het spoorwegennet is ook niet wat het geweest is. Reis je toch met de trein, tel dan wat op bij de officiële reistijd. Daar staat tegenover dat de rit vaak een grote belevenis is. Het traject van Split naar Zagreb gaat via smalle bergcorridors en voelt een beetje als een achtbaan.

In Slovenië is de trein veel populairder. Ook hier biedt de reis vaak mooie ervaringen. Dat geldt niet in het minst voor de autotrein van Bohinjska Bistrica naar Most na Soči en de museumtrein van Jesenice naar Most na Soči. Check www slo-zeleznice.si

TAXI

In Kroatië is vervoer per taxi duur. De startprijs is meestal 20-25 kuna en 8 kuna per gereden kilometer. De taxi's rijden met een meter. Per koffer wordt tevens 5 kuna extra gerekend. In Slovenië kost een taxi door de bank genomen hetzelfde als in Nederland. Lokaal kan de startprijs echter 5 euro zijn.

BOOT/FERRY

De eilanden in Kroatië hebben goede verbindingen met het vasteland - en met elkaar. Staatsrederij Jadrolinija vertrekt uit de grootste havenplaatsen meerdere keren per dag met zowel autoveerponten als catamarans naar de belangrijkste eilanden. Kijk voor dienstregeling en prijzen op www jadrolinija.hr.

In Slovenië zijn er vaarroutes tussen de kuststeden onderling en naar onder andere het Kroatische deel van Istrië en Italië, waaronder Venetië - lees meer onder 'Handig om te weten over Primorska'(▷105).

FIETS

In de meeste Kroatische kuststeden zijn de afstanden zo kort dat men liever loopt - tussen de steden zijn de wegen meestal smal en heuvelachtig. In Istrië wordt echter meer gefietst dan in het zuiden. In grote steden als Zagreb en Split is de fiets lang zo populair niet als in Nederland en de fietsomstandigheden zijn beduidend slechter. Kun je het toch niet laten om een fiets te huren, informeer dan bij de lokale toeristische informatie.

De Slovenen fietsen meer, de wegen zijn over het algemeen goed en er zijn meerdere mooie, goed aangegeven routes zowel in het binnenland als aan de kust, onder andere de bekende Parenzanaroute (▷110); ooit een bekende spoorwegverbinding van Triëst in Italië naar Kroatië. In bijna alle steden kun je fietsen huren.

AUTORIJDEN IN KROATIË EN SLOVENIË

Als je Kroatië en Slovenië per auto wilt leren kennen, moet je je voorbereiden op smalle kustwegen en af een toe een bergritje. Verkeersdeelnemers staan tamelijk ontspannen tegenover verkeersregels. Er wordt overal ingehaald - ook bij doorgetrokken strepen. De politie is niet afwezig, maar automobilisten gebruiken verschillende codes met veelvuldig gebruik van zowel claxons als lichten. Als de verkeerspolitie in de buurt is, wordt er onderling gewaarschuwd. Toch zouden ze beter hun rijstijl aanpassen, want vooral in het hoogseizoen komen er op de Kroatische wegen dagelijks veel automobilisten om het leven. Gebruik dus maar gewoon je gezonde verstand, dan staan je mooie ervaringen te wachten.

Bij ongevallen in Kroatië moet je de politie waarschuwen (✆ 92), die hierna een procesverbaal opmaakt dat getoond moet worden bij de uitreis. Bij grotere carrosserieschade mag je Kroatië niet verlaten. Wegenwacht: de Kroatische automobielclub Hak ✆ 987 of +385 1 66 11 999 987, hak.hr.

In Slovenië grotere schade melden bij de politie (✆ 113). Wegenwacht en informatie op ✆ 1987 of + 386 1 5305 100.

TOL

In Kroatië moet je voor de snelweg tol betalen, dus moet je niet vergeten geld bij je te hebben voor de verschillende trajecten :
A1 Zagreb-Bosiljevo-Zadar-Šibenik-Dugopolje (Split).
A2 Zaprešić-Krapina-Macelj.
A3 Bregana-Zagreb-Slavonski Brod-Županja-Lipovac.
A4 Zagreb-Varaždin-Goričan en A7 Rijeka-Rupa.
Bosiljevo-Rijeka.
Istriës Y.
Betalen bij "Tunel Učka".
Betalen bij "Mirna" en Krčki most.

In Slovenië moet je een tolvignet kopen – 35 euro voor 6 maanden. Het is te koop bij benzinestations, postkantoren, en krantenkiosken. Als je geen vignet hebt bedraagt de boete tussen de 300 en 800 euro. Lees meer op amzs.si of informeer bij de ANWB.

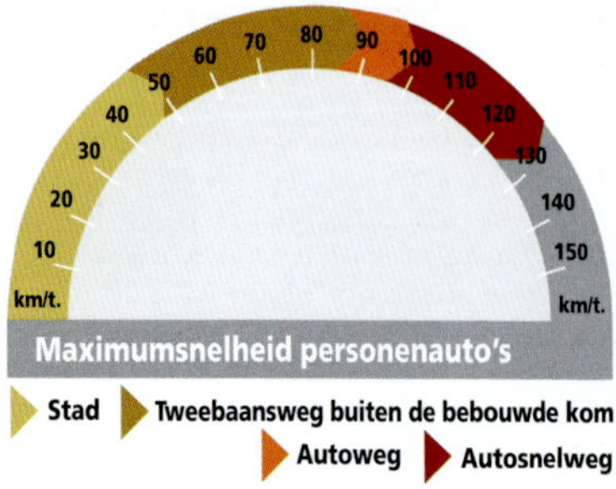

MAXIMUM SNELHEID

In zowel Kroatië als Slovenië is de maximale snelheid binnen de bebouwde kom 50 kilometer per uur, buiten de bebouwde kom 90 kilometer, op wegen alleen bestemd voor gemotoriseerd verkeer 110 kilometer en op snelwegen 130 kilometer per uur. Voor auto's met caravan, busjes en busjes met aanhangers maximaal 80 kilometer per uur. Bij nat wegdek moet je je snelheid aanpassen, telefoneren tijdens het rijden is verboden, veiligheidsriemen zijn verplicht en het toegestane alcoholpromillage bedraagt 0,5. Dat is minder dan één biertje, dus je kunt beter helemaal niet drinken als je nog moet rijden. Lees meer op hak.hr. of op amzs.si.

PARKEREN

Parkeren kost in Kroatië meestal rond de 8 kuna per uur of meer, afhankelijk van de stad en parkeerzone. Soms zijn er bemande parkeerterreinen waar je betaalt bij de parkeerwachter, anders moet je betalen bij de dichtstbijzijnde parkeermeter.

In Slovenië schommelt de prijs rond de 1,5-2 euro per uur, afhankelijk van stad en parkeerzone. Ook hier zijn bemande parkeerterreinen of automaten.

AUTOVERHUUR

Alle grote autoverhuurbedrijven hebben vestigingen in Kroatië en Slovenië.

Europcar kom je bijvoorbeeld tegen in Zagreb, Split en Opatija. Avis, Budget en Hertz hebben kantoren op de luchthavens van Zagreb en Split, en verder zijn er overal in het land autoverhuurbedrijven. In Slovenië hebben Europcar en ABC kantoren in Ljubljana en Bled en aan de kust. Soms is een auto huren bij een lokaal verhuurbedrijf goedkoper - maar de grote internationale firma's hebben het voordeel dat je de auto niet hoeft in te leveren op de plaats waar je hem huurt.

PRAKTISCHE INFO

OPENINGSTIJDEN

De meeste winkels in Kroatië zijn open van 8 uur 's morgens tot 20 uur 's avonds, in het weekend tot 14 of 15 uur. Sommige kruideniers en supermarkten gaan echter al om 7 uur open en pas om 22 uur weer dicht. Andere -vooral aan de kust - houden een soort siësta midden op de dag en zijn dan gesloten van ongeveer 13 tot 16 uur. Openbare instellingen zijn meestal geopend op werkdagen van 8 uur tot 16 uur.

In Slovenië zijn de meeste winkels open van 9 uur 's morgens tot 19 uur 's avonds en tot 15 of 16 uur in het weekend. In sommige plaatsen houdt men siësta van 13 tot 16 uur. Banken zijn meestal geopend tussen 7 en 19 uur. In restaurants en cafés kun je van 's morgens vroeg tot middernacht terecht

ALGEMEEN PRIJSPEIL

Zowel in Kroatië als in Slovenië liggen de prijzen nog steeds onder Nederlands niveau. Een café- en restaurantbezoek is meestal een aangenaam goedkope beleving - reken op ongeveer 1,50 euro voor een kop koffie en 2 euro voor een biertje. Hotel- en pensionprijzen zijn over het algemeen ook goedkoper dan in Nederland. Aan de Kroatische kust kunnen de hotelprijzen echter wel eens onaangenaam hoog zijn. Er bestaan ook regionale verschillen - een stad als Dubrovnik is veel duurder dan de andere kuststeden.

BETALEN/CREDITCARDS

Betalen met creditcards is overal in Kroatië en Slovenië mogelijk. In de meeste grote winkels, supermarkten en restaurants kun je met VISA en andere internationale betaalkaarten betalen. In kleinere cafés en fastfoodrestaurants heb je toch vaak cash nodig.

VREEMDE TALEN

De meeste mensen in Kroatië en Slovenië beheersen ten minste één vreemde taal. In Zagreb en Ljubljana is dat hoofdzakelijk Engels, terwijl je aan de kust ook veel hebt aan Italiaans. In het grensgebied met Oostenrijk zijn er ook veel mensen die Duits spreken.

INTERNET

Het is bijna nooit moeilijk om een internetcafé te vinden. In veel hotels in Slovenië is internetgebruik gratis en sommige pensions hebben wifi. In de Kroatische kuststeden wordt de toerist iets harder uitgeknepen - daar kun je meemaken dat internetten ruim 5 euro per uur kost. In hotels wordt af en toe ook geld gevraagd, maar daar varieren de prijzen.

IN GEVAL VAN NOOD

ZIEKTE

Meestal moet je voor doktershulp en medicijnen betalen. Bij thuiskomst wordt het bedrag vergoed - vergeet daarom niet de rekening te vragen, en vergeet ook je verzekeringspapieren niet. Bij ernstige ziekte moet je contact opnemen met je verzekeringsmaatschappij.

DIARREE

Behandel lichte gevallen van diarree met rust en veel drinken van bijvoorbeeld thee met honing. Als er bloed in je ontlasting zit kunnen er verschillende bacteriën en parasieten in het spel zijn en moet je naar de dokter om de oorzaak te laten vaststellen.

ALARMNUMMERS

In Kroatië: In geval van nood ☎ 112 / Politie ☎ 92 / Brandweer ☎ 93 / Ambulance ☎ 94 / Wegenwacht en info ☎ 987 (00 1 987 vanaf een buitenlands mobiel nummer).

In Slovenië: In geval van nood, brandweer en ambulance ☎ 112 / Politie ☎ 113 / Wegenwacht en info ☎ 1987 of + 386 1 5305 100.

APOTHEKEN

Zowel in Kroatië als in Slovenië zijn er veel apotheken, met zowel lokaal als buitenlands vervaardigde medicijnen. De meeste grote steden hebben minstens één 24-uurs apotheek.

DIEFSTAL EN OVERVALLEN

Kroatië en Slovenië zijn over het algemeen veilige landen om in te reizen. Overvallen op personen zijn zeldzaam. In geval van nood: Politie ✆ 92 (Kroatië), Politie ✆ 113 (Slovenië).

BLOKKEREN VAN CREDITCARDS

De volgende kaarten kunnen op onderstaande nummers geblokkeerd worden:
American Express ✆ +31 205 048 666
Diners Club ✆ +31 206 545 511
MasterCard ✆ +31 302 835 555
VISA ✆ +31 206 600 611
Belgische betaalkaarten kunnen geblokkeerd worden via Cardstop: ✆ +32-70 344 344

VERLOREN TICKET/PASPOORT

Neem bij verlies van ticket of paspoort contact op met de ambassade.

NUTTIGE ADRESSEN

De Nederlandse ambassade in Kroatië: Medvešćak 56, 10000 Zagreb, ✆+ (385) 1 4642 200, www.netherlandsembassy.hr
De Nederlandse ambassade in Slovenië: Poljanski nasip 6, Palaca Kapitelj, 1000 Ljubljana, ✆ +386 1 4201460, www.netherlands-embassy.si
De Belgische ambassade in Kroatië, Pantovčak 125 b/1, 10000 Zagreb, ✆ + 385 1 457 89 01, www.diplomatie.be/zagrebnl
De Belgische ambassade in Slovenië:Trg Republike 3/IX,1000 Ljubljana,✆ + (386) (1) 200 60 10,www.diplomatie.be/ljubljananl

LOKALE GEBRUIKEN

POST

Postzegels voor het buitenland zijn te koop in het postkantoor en kosten 3.50 kuna in Kroatië of 0,40 euro in Slovenië. Een ansichtkaart doet er meestal drie dagen over voor hij in Nederland is.

TELEFONIE

Kroatië: 00 + landcode 385 + netnummer + nummer. Slovenië: 00 + landcode 386 + netnummer + nummer. Het is erg duur om met een Nederlandse mobiele telefoon naar het buitenland te bellen. Als je tijdens je vakantie veel wilt bellen, loont het de moeite om ter plekke een prepaid SIM-kaart met een lokaal nummer te kopen. Die zijn verkrijgbaar in alle krantenkiosken.

DRINKWATER

Het water uit de kraan is meestal ongevaarlijk. Als je twijfelt of als je het water teveel naar chloor vindt smaken, kun je beter water in flessen kopen.

VEILIGHEID

Kroatië is een veilig land om in te reizen - een van de veiligste landen van Europa - en ook Slovenië is relatief veilig. Probeer niet om drugs het land in en/of uit te smokkelen. De grenspolitie houdt dat soort zaken nauwlettend in de gaten. Het grootste veiligheidsrisico wordt gevormd door het verkeer. Denk aan safe seks. Condooms zijn te koop bij alle apotheken en in de meeste supermarkten.

ALCOHOL

Mensen in Kroatië en Slovenië doen niet moeilijk over alcoholgebruik, maar in het openbaar zie je zelden stomdronken Kroaten of Slovenen.

NARCOTICA

Gebruik, koop of verkoop van alle soorten is verboden.

AGENDA

In de grotere steden in Kroatië (Zagreb, Split, Pula, Dubrovnik) en Slovenië (Ljubljana, Maribor) en in de kuststeden kun je het beste in de lokale krant kijken voor een agenda met de belangrijkste gebeurtenissen van dat moment. Kijk ook in folders en flyers in cafés, toerismebureaus en de receptie van het hotel. Check ook 'nuttige websites' (▷141).

KROATIË

APRIL

De biënnale voor moderne avantgardemuziek (oneven jaren). Concerten en voorstellingen, performances en installaties op verschillende plaatsen in Zagreb. Sinds 1961 krijgt het festival prominent bezoek van de grootste avantgardekunstenaars

- o.a. John Cage en Sjostakovitj. www bien-nale-zagreb.hr

JUNI
Vip INmusic Festivval. Festival voor progressieve en alternative ritmische muziek aan het Jarunmeer in Zagreb. Nick Cave was de grootste naam in 2008. www vipinmusicfestival.com.

Animafest. Het internationale animatiefilmfestival in Zagreb heeft binnen de branche een hoge status. Zagreb is sowieso trots op zijn animatiefilmtraditie. Het festival wordt in de even jaren gehouden in juni. Een nieuwe toevoeging is echter een apart festival in oktober - in oneven jaren - voor langere animatiefilms. Meer info op www animafest.hr.

JUNI/JULI
EuroKAZ, theaterfestival in Zagreb de laatste helft van juni. Meer op www eurokaz.hr

Grožnjan Art Circle. Grožnjan in het achterland van Istrië is een kleine stad met een grote kunstenaarskolonie die veel Kroatische kunstenaars aantrekt.

JULI
Pula Film Festival. Amfitheater in Pula, Istriës nationaal theater, Istriës historisch museum en Pula Kaštel vormen het toneel van een van de belangrijkste festivals van Kroatië. www pulafilmfestival.hr.

ATP Croatia Open Umag. De kuststeden verwelkomen toptennissers als het jaarlijkse ATP-toernooi naar de stad komt. www croatia-open.hr.

JULI/AUGUSTUS
Dubrovnik Zomer Festival. Anderhalve maand met meer dan 80 klassieke concerten, muziekoptredens en dans. www dubrovnik-festival.hr.

Split zomerfestival. Een maand met groots opgezette concerten, opera, muziek en dans in de openlucht en rond het paleis van Diocletius. www splitsko-ljeto.hr.

Motovun Film Festival. Kroatiës beroemdste filmfestival met veel independent films in de openlucht. Juryhoofdprijs eerder gewonnen door onder andere Lars von Trier (Dogville). www motovunfilmfestival.com.

Histria Festival. Eros Ramazzotti, Andrea Bocelli, Jose Carreras, Goran Bregović en de Kroatische superpianist Maksim Mrvica. Het Histriafestival biedt grote muzikale belevenissen in en rond het 2000 jaar oude amfitheater in Pula. www histriafestival.com.

SEPTEMBER
Queer Zagreb, een jong festival voor homo's en lesbiennes www queerzagreb.org.

OKTOBER
Zagreb Film Festival. Niet een van Europa's meest prestigieuze festivals, maar dat maakt het niet minder interessant. Bekijk het programma op www zagrebfilmfestival.com.

International Jazz Days. Een van de twee grote, jaarlijks terugkerende jazzevents in Zagreb www jazz.hr.

Truffeldagen in Livade. Het najaar brengt de truffeljacht met zich mee en in het truffelbolwerk Livade in het Mirna-dal wordt dat gevierd met een lange reeks feestelijkheden. www istra-gourmet.com.

SLOVENIË

JUNI
Ljubljana Jazz Festival. Groot internationaal jazzfestival met 40 jaar historie. www cd-cc.si.

JUNI/JULI
Festival Lent in Maribor. Feest in de openlucht met klassieke muziek, dans, kinderworkshops, sportevents, wijngezang en nog veel meer. www nd-mb.si.

JULI/AUGUSTUS
Ljubljana Zomerfestival. Culturele en folkloristische programmaonderdelen. Sport en muziek-workshops. www ljubljanafestival.si.

SEPTEMBER
Wijnfestival in Maribor. Viering van 's werelds oudste wijnstok, in Lent bij de Drava-rivier (▷130) www maribor-pohorje.si.

OKTOBER
Biënnale voor industrieel design in Ljubljana – groots opgezet designfestival, dat al bestaat sinds 1966. Wordt in de even jaren gehouden. www bio.si.

DECEMBER
Ljubljana Gay and Lesbian Film Festival. www ljudmila.org/siqrd/fglf.

NATIONALE FEESTDAGEN

Behalve Nieuwjaar en de christelijke feestdagen met Pasen en Kerst worden de volgende dagen gevierd:

KROATIË:
6 jan: Driekoningen
1 mei: Dag van de Arbeid
30 mei: Dag van de Grondwet
25 juni: Nationale feestdag
15 aug: Maria-hemelvaart
8 okt: Onafhankelijkheidsdag
1 nov: Allerheiligen

SLOVENIË:
8 feb: Prešeren-dag, Sloveense cultuurdag
27 apr: Dag van het verzet
1-2 mei: Dagen van de Arbeid
25 juni: Nationale feestdag
15 aug: Maria-hemelvaart
31 okt.: Dag van de Reformatie
1 nov: Allerheiligen
26 dec: Onafhankelijkheidsdag

OVERNACHTEN

VAKANTIEHUIZEN

In de maat met Kroatiës stijgende populariteit als vakantiebestemming, bieden steeds meer reisbureaus vakantiehuizen en -appartementen te huur aan. Als je een huis wilt huren in Kroatië kun je het best in zee gaan met ID

PRAKTISCH

RIVA Tours, ✆ 010 – 4111128 (voor Nederland), 02 – 2194111 (voor België), www.idriva.nl dat met meer dan 2500 verschillende woningen op bijna elke plek langs de Kroatische kust vertegenwoordigd is. De huizen liggen meestal goed en centraal ten opzichte van de interessantste steden of de beste stranden.

In Slovenië bestaat nog geen uitgebreid aanbod van vakantie-huurwoningen. ID RIVA biedt ook huisjes aan in Slovenië

HOTELS

Veel oude staatshotels zijn de laatste jaren gerenoveerd en omgetoverd tot mooie design- en onafhankelijke boetiekhotels. De duurste liggen meestal langs de kust, terwijl de hotels landinwaarts een stuk goedkoper zijn - dat geldt ook voor de hotels in Zagreb en Ljubljana, waar je in verhouding voor het zelfde comfort minder betaalt dan bijvoorbeeld in Istrië of Dalmatië. In het weekend en het zomerseizoen kun je daarom behoorlijk goedkoop overnachten in goede hotels in Zagreb.

Prijscategorieën
- +++ Duur, meer dan 135 euro voor een tweepersoonskamer
- ++ Middel, tot 135 euro voor een tweepersoonskamer
- + Goedkoop, minder dan 67 euro voor een tweepersoonskamer

PENSIONS EN HOSTELS

Je ziet ze in alle Kroatische badplaatsen - de oude vrouwtjes of juist jongetjes die in de zomer iets extra's willen verdienen. Meestal staan ze strategisch opgesteld bij de stations of de veerbootterminals en bieden ze hun eigen huis te huur aan. Het is helemaal je eigen verantwoordelijkheid om op hun aanbod in te gaan; dit kan zowel goed als slecht uitpakken.

In Slovenië zijn er hostels in Ljubljana en de meeste toeristische steden, zoals Bled en in Istrië. Aan de kust en in de bergen liggen veel kleine pensions waar je voor relatief weinig geld kunt logeren.

CAMPING

Kamperen is populair in Kroatië en er zijn overal ontelbare campings met goede faciliteiten - vooral in Istrië. De mooiste campings in Slovenië liggen rond Bled. Informeer bij het toerismeburau of bij de reisorganisator en kijk op www camping.hr.

BOERDERIJEN

Op meerdere plaatsen in Kroatië en Slovenië kun je logeren op de boerderij - het populairst is dat bij het Bohinj-meer en in het Savinjadal in Slovenië en Istrië in Kroatië. Elk jaar wordt er een dikke catalogus gemaakt - vraag naar The Association of Tourist Farms of Slovenia en kijk op www istra.hr/agroturizam.

WEBSITES MET OVERZICHTEN

Op www accommodationincroatia.net en www croatiahotelsguide.com krijg je een goed overzicht van de verschillende overnachtingsmogelijkheden in Kroatië en op www slovenia.si vind je een overzicht van de meeste Sloveense hotels, pensions en campings.

ETEN & DRINKEN

De Kroatische gastronomie maakt een stormachtige ontwikkeling door, maar je hebt nog de kans om voor niet te veel geld te eten in een van de toprestaurants. De meeste liggen in Istrië en de Kvarnerbaai - vooral rond Rovinj, Pula, het achterland van Istrië en de oude badplaats Opatija.

Overal langs de kust liggen goede visrestaurants maar voor het garnituur slooft men zich meestal niet uit. In de hoofdstad Zagreb en in Dubrovnik zijn er de laatste jaren meerdere prima fastfoodrestaurants bijgekomen, maar je eet hier nog steeds waar de Balkanlanden bekend om staan: gegrild vlees
In Slovenië bestaan grote regionale verschillen onder invloed van onder andere Oostenrijkse en Italiaanse tradities. De beste restaurants liggen in Ljubljana, Kobarid en Maribor, terwijl er aan de kust sprake kan zijn van grotere afstanden tussen de echt goede restaurants.

Prijscategorieën:
- +++ Meer dan 67 euro per persoon inclusief drank
- ++ Tot 67 euro per persoon inclusief drank
- + Minder dan 26 euro voor 2 personen inclusief drank

SHOPPEN

Zagreb kent veel interessante Kroatische designers, en de grote internationale merken zijn natuurlijk ook aanwezig. Overal langs de kust kun je lokaal geproduceerde olijfolie, wijn en lavendelproducten kopen. In Istrië verkopen ze truffels in de vele grote en kleine delicatessenwinkels.

Bijna elke stad heeft zijn eigen lokale groente- en fruitmarkt. Het interessantst zijn de grote Dolacmarkt in Zagreb en de vismarkt in Split.

In Slovenië zijn wijn, honing, zout, kant, kristal en sieraden dé producten om te kopen. Ben je op jacht naar iets unieks, bezoek dan Ljubljanas markt langs de Ljubljanica-rivier en de Tromostovjebrug: art nouveau- en art deco-antiek, militaire objecten en Joegoslavische geldbriefjes.

UITGAAN

In Kroatië is veel te beleven. Veel cafés sluiten dan wel om 1 uur, in zowel Zagreb als de badplaatsen in Istrië, Kvarner en Dalmatië gaan de feesten in de strandbars en clubs echter tot in de kleine uurtjes door. De uitbundigste feestzones bevinden zich in Split, op Hvar, op het eiland Pag en in Poreč op het schiereiland Istrië

Slovenen zijn natuurmensen - dat is ook te zien aan het aanbod van nachtclubs. Aan de kust vind je echter meerdere grote discotheken, waar tot vroeg in de morgen gefeest wordt. In Ljubljana zitten veel goede cafés en bars die tot laat open zijn, en een paar uitstekende clubs.

HANDIG OM TE WETEN

HOMOSEKSUELEN

In Kroatië loopt men zelden met homoseksualiteit te koop. Ook al proberen de verkeersbureaus en andere goedbedoelende organisaties het voor te stellen alsof Kroatië homoseksuelen verwelkomt, is het beter om de gewone Kroaat wat dat betreft niet uit te dagen. Slovenië heeft minder moeite met homo's en lesbiennes, maar er zijn niet veel ontmoetingsplaatsen voor homoseksuelen

GEHANDICAPTEN

In Kroatië is het niet makkelijk voor gehandicapten om zich te verplaatsen. Meestal bestaan er grote hindernissen in de vorm van smalle, heuvelachtige straten met kinderkopjes en stranden die zich voorbij rotsen bevinden. Als er iemand bij je is om je te helpen, wordt het natuurlijk al beter te doen.

Slovenië is over het algemeen beter ingesteld op gehandicapten en meerdere openbare gebouwen en musea hebben liften en andere hulpmiddelen.

KINDEREN

De meeste kuststeden hebben speeltoestellen en georganiseerde activiteiten voor de kleinsten. In de buurt van stranden, hotels en vakantieresorts vind je ook veel vertier. Meestal hebben Kroaten en Slovenen geen problemen met kinderen en de jongste gezinsleden gaan gewoon mee naar cafés en op avondwandelingetjes. Kinderen zijn ook welkom in vrijwel alle soorten restaurants.

WOORDENLIJST

Kroatisch (hrvatski) is een Slavische taal, nauw verwant met vooral Servisch en Bosnisch, maar ook met Sloveens en Tsjechisch. Sloveens (slovenščina) is een Slavische taal. Het alfabet is Latijns en heeft 25 letters. In bepaalde gebieden zijn respectievelijk Italiaans en Hongaars de officiële talen, op één lijn met het Sloveens.

Nederlands	Kroatisch	Sloveens
BEGROETINGEN		
Goedemorgen	*Dobro jutro*	*Dobro jutro*
Goedendag	*Dobar dan*	*Dober dan*
Goedenavond	*Dobro veče*	*Dober večer*
Goedenacht	*Laku noć*	*Lahko noč*
Hallo	*Bok*	*Živjo*
Alstublieft	*Prijatno*	*Dober tek*
Hoe gaat het?	*Kako ste?*	*Kako ste/si?*
Het gaat goed	*Dobro sam*	*Hvala, dobro*

TIJDEN		
Ochtend	*Prije podne*	*Dopoldan*
Middag	*Poslijepodne*	*Popoldan*
Avond	*Veče*	*Večer*
Nu	*Sad*	*Zdaj*
Vandaag	*Danas*	*Danes*
Gisteren	*Juče*	*Včeraj*
Morgen	*Sutra*	*Jutri*
Voorjaar	*Proljeće*	*Pomlad*
Zomer	*Ljeto*	*Poletje*
Najaar	*Jesen*	*Jesen*
Winter	*Zima*	*Zima*

NUTTIGE UITDRUKKINGEN		
Ja	*Da*	*Ja/da*
Nee	*Ne*	*Ne*
Misschien	*Možda*	*Morda*
Goed	*Dobro*	*Dobro*
Slecht	*Loše*	*Slabo*
Bedankt	*Hvala*	*Hvala*
Weinig	*Malo*	*Malo*
Veel	*Puno*	*Veliko*
Niemand, die niet...	*Nema*	*Nič, ni*
Sorry	*Oprostite*	*Oprostite*
Mag ik alstublieft	*Dajte mi*	*Dajte mi prosim*
Ik wil graag	*Želim*	*Želim*
Hoe	*Kako?*	*Kako?*

Nederlands	Kroatisch	Sloveens
Hoeveel	*Koliko?*	*Koliko?*
Hoeveel kost…	*Koliko košta?*	*Koliko stane?*
Wat	*Šta?*	*Kaj?*
Wie	*Ko?*	*Kdo?*
Wanneer	*Kada?*	*Kdaj?*
Waar ligt (is).	*Gdje je?*	*Kje je?*
Waarvandaan	*Odakle?*	*Od kod?*
Weet u?	*Znate li?*	*Ali veste?*
Dat weet ik niet	*Ne znam*	*Ne vem*
Ik begrijp het niet	*Ne razumijem*	*Ne razumem*

IN GEVAL VAN NOOD

Ziekenhuis	*Bolnica*	*Bolnica*
Eerste hulp	*Hitna pomoć*	*Urgenca*
Koorts	*Groznica*	*vročina*
Overval	*Napad*	*Napad*
Allergie	*Alergija*	*Alergija*
Pijn op de borst	*Bol u prsima*	*Bolečina v prsih*
Hartaanval	*Srčani napad*	*Srčni napad*
Epileptische aanval	*Epileptički napad*	*Epileptični napad*
Vergiftiging	*Trovanje*	*Zastrupitev*

GETALLEN

Een	*Jedan*	*Ena*
Twee	*Dva*	*Dva*
Drie	*Tri*	*Tri*
Vier	*Četiri*	*Štiri*
Vijf	*Pet*	*Pet*
Zes	*Šest*	*Šest*
Zeven	*Sedam*	*Sedem*
Acht	*Osam*	*Osem*
Negen	*Devet*	*Devet*
Tien	*Deset*	*Deset*
Twintig	*Dvadeset*	*Dvajset*
Vijftijg	*Pedeset*	*Petdeset*
Honderd	*Sto*	*Sto*
Duizend	*Hiljada*	*Tisoč*

WEEKDAGEN

Maandag	*Ponedeljak*	*Ponedeljek*
Dinsdag	*Utorak*	*Torek*
Woensdag	*Srijeda*	*Sreda*
Donderdag	*Četvrtak*	*Četrtek*
Vrijdag	*Petak*	*Petek*
Zaterdag	*Subot*	*Sobota*
Zondag	*Nedjelja*	*Nedelja*

Nederlands	Kroatisch	Sloveens

BOODSCHAPPEN DOEN

Apotheek	*Ljekarna*	*Lekarna*
Boekwinkel	*Knižara*	*Knjigarna*
Kruidenier	*Ducan*	*Trgovina (z živili)*
Geld	*Novac*	*Denar*
Contanten	*Gotovina*	*Gotovina*
Ansichtkaart	*Razglednica*	*Razglednica*
Postkantoor	*Pošta*	*Pošta*
Prijs	*Cijena*	*Cena*

TRANSPORT

Auto	*Auto, vozilo*	*Avto*
Parkeren	*Parkiranje*	*Parkiranje*
Trein	*Vlak*	*Vlak*
Bus	*Autobus - Bus*	*Avtobus*
Vliegtuig	*Zrakoplov*	*Letalo*
Ticket	*Karta*	*Vozovnica*
Treinstation	*Željeznički kolodvor*	*Železniška postaja*
Benzinepomp	*Benzinska postaja*	*Bencinska črpalka*
Aankomst	*Dolazak*	*Prihod*
Vertrek	*Polazak (Odlazak)*	*Odhod*
Ingang	*Ulaz*	*Vhod*
Uitgang	*Izlaz*	*Izhod*

ORIËNTEREN

Links	*Lijevo*	*Levo*
Rechts	*Desno*	*Desno*
Rechtdoor	*Pravo*	*Naravnost/naprej*
Omhoog	*Gore*	*Gor*
Naar beneden	*Dole*	*Dol*
In de buurt	*Blizu*	*Blizu*
Ver weg	*Daleko*	*Daleč*
Voor	*Prije*	*Pred*
Na	*Poslije*	*Potem/za*
Dag	*Dan*	*Dan*
Nacht	*Noć*	*Noč*

IN HET HOTEL

Heeft u ...	*Imate li...?*	*Ali imate... ?*
Heeft u een kamer?	*Imate li sobu*	*Ali imate sobo?*
Hoeveel kost	*Koliko košta...?*	*Koliko stane ...?*
Eenpersoons kamer	*Jednokrevetna*	*Enoposteljna soba*
Tweepersoons kamer	*Dvokrevetna*	*Dvoposteljna soba*
De rekening	*Račun*	*Račun*
Ontbijt	*Doručak*	*Zajtrk*
Lunch	*Ručak*	*Kosilo*
Diner	*Večera*	*Večerja*

INDEX

100% Kroatië & Slovenië is een uitgave van mo'media bv, postbus 3936, 4800 dx breda, info@momedia.nl, www.momedia.nl. Deze uitgave is met de grootst mogelijke zorg samengesteld. Voor eventuele onjuistheden in de tekst, zijn zowel mo'media als JP/Politikens Forlagshus A/S niet aansprakelijk. Mocht je een foutje ontdekken of wijzigingen en aanvullingen op deze gids hebben, dan horen we dat graag. Reacties kun je richten aan bovenstaand adres.

auteur Tom Nørgaard
vertaling Alida Boere
eindredactie Ezra van Wilgenburg, Heleen Ferdinandusse, Dieuwy Solle
projectleiding Marjolein Rutgers
ontwerp omslag Oranje Vormgevers
ontwerp binnenwerk Embryo Design
cartografie Jesper Roug
foto cover Corbis, Jonathan Blair
fotografie Monika Dinek, met uitzondering van: Polfoto 12, Casper Tybjerg 92, 113, 116. Afbeelding 91: Borut Peterlin (fotograaf), Matej Leskovšek (foto van het gezicht van premier Janša) Ivian Kan Mujezinović (ontwerp), Robert Botteri (creative director)
aan de oorspronkelijke uitgave werkten mee Søren Sattrup (uitgever) Gunhild Riske (hoofdredactie) Kristoffer Flakstad (projectleiding) Rebecca Bailey (redactie) Pipaluk Balslev Fabricius (beeldredactie) Tine Christoffersen (opmaak)

1e editie, 1e druk
ISBN 978-90-5767-424-2
NUR 510/512

Oorspronkelijke serietitel: Turen Går Til

Politiken Travel Guides, Vestergade 26, 1456 Kopenhagen, Denemarken, www.politikensforlag.dk

over de auteur Tom Nørgaard (1972) is schrijver en freelancejournalist. Hij studeerde Deens, literatuur en kunstgeschiedeins en heeft in bijna alle delen van de de Balkan gewoond en gereisd. Hij heeft vele artikelen geschreven over deze regio voor Deense tijdschriften en kranten.

de auteur bedankt Lucija Jager en Brina Čehovin, het Sloveens Verkeersbureau, Helene Bjerre Olesen, het Kroatisch Verkeersbureau, Ozren Grbavcić, het Istrisch Verkeersbureau, Dina Petranović, de Ambassade van Slovenië, Eva Strauss, Kasper Trojlsgaard, Culture Adventure, 3glav Adventures, het Dubrovniks Verkeersbureau, het Zagrebs Verkeersbureau, het Bleds Verkeersbureau, Novasol, Tina Puhar.

COLOFON